Sigrid Bonkowski & Marion Schuckart

Australien ruft Südheide

Ein Jahr - Zwei Leben - 25 Briefe

Drachenmond Verlag

Copyright © 2010 by Sigrid Bonkowski & Marion Schuckart
Copyright © der Originalausgabe 2010 by

DRACHENMOND VERLAG

Astrid Behrendt
Rheinstraße 60
51371 Leverkusen
http: www.drachenmond.de
E-Mail: info@drachenmond.de

Satz, Layout & Bildbearbeitung:
Astrid Behrendt, Leverkusen
Umschlagfotos:
Foto Uluru: © Thomas Schoch, Lizenz: CC-BY-SA-3.0
Foto Wahrenholz: © Marion Schuckart, Wahrenholz
Foto Auto: Sigrid Bonkowski, Bonn

Druck und Verarbeitung:
Advantage Printpool, Gilching

ISBN 978-3-931989-60-6

Alle Rechte vorbehalten

Für meine Mutter
Sigrid

Für meine Kinder
Marion

Wer nicht auszieht, kommt nicht heim.

Verfasser unbekannt

Australien ruft Südheide

THAILAND

11. – 20. September 2007

12. September 2007

Liebe Schnecke,

mein Kopf dröhnt leise, meine Verdauung reagiert unerwartet heftig auf den Oxygen-Magnesium-Abführ-Drink und eine ganze Batterie von Sprays, Pulvern und Tropfen wartet darauf, meine Geschmacksnerven zu drangsalieren. Gegessen habe ich den ganzen Tag lang nichts, getrunken dafür umso mehr. Allerdings nur Wasser und dünne Säfte. Und morgen gibt es die allseits beliebte Einführung in die Finessen der Darmspülung!

Hast du dir den ersten Brief aus dem Paradies anders vorgestellt? Rauschende Palmen, türkisfarbenes Meer garniert mit leuchtend weißen Segelbooten und feinem Sandstrand? Klar, all das habe ich hier auch, aber faules Räkeln in einer Hängematte ist nicht der eigentliche Grund, warum ich hergekommen bin. Ich bin hier um zu fasten, freiwillig, und hör bitte auf mit den Augen zu rollen! *„Fasten? Du? Hast du doch gar nicht nötig!"* Doch, hab ich, meine Liebe! Es heißt schließlich Heilfasten und Entschlacken und Entgiften, was ich hier mache, und das habe ich nach sechs Jahren Leben in Peking wahrlich nötig! Pekinger Luft einzuatmen entspricht schließlich angeblich dem Rauch von 70 Zigaretten am Tag.

Graue Erinnerungen – das kommende Jahr schenkt mir den bunten Kontrast: Thailand, Tibet, Australien, Neuseeland und Kanada stehen als Stationen auf meinem Round-the-world-Ticket, die Feinabstimmung findet vor Ort statt. Elf Monate schauen und staunen über Neues, Langersehntes, Unbekanntes, Unerwartetes. Wie soll ich das nennen, was ich hier auf Koh Samui beginne? Urlaub? Zu kurzlebig. – Sabbatjahr? Zu faktisch. – Mein Lebenstraum? Zu pathetisch. – Meine Reise? Meine Reise! Der Weg ist das Ziel, Inhalte offen. Ich freue mich so!

15. September 2007

Um sieben Uhr früh klopft es. Tong, ein immer liebenswürdig lächelnder Thai, steht mit einem Tablett, beladen mit mehreren Plastikpötten, vor der Tür und reißt mich aus dem Tiefschlaf, der sich bei der Hitze und resultierender Schlaflosigkeit gerade erst eingestellt hatte. „Morning, breakfast!" Ist dieses Lächeln wirklich nur typisch Thai, also lieb und herzlich, oder schwingt da ein leicht sadistisch angehauchtes, völliges Unverständnis mit, das besagt: „Wieso kommen diese merkwürdigen Ausländer scharenweise hierher, um im kulinarischen Paradies von Phat Thai, Tom Yam und Kaeng Phanaeng zu hungern und sich stattdessen dieses widerliche Zeug einzuverleiben? Aber egal, Hauptsache sie sorgen für mein Gehalt und Irren soll man bekanntlich möglichst milde und freundlich entgegentreten." Daher also sein Lächeln? Bei dem Frühstück in Plastikpötten handelt es sich um drei Teelöffel Bentonite, zwei Teelöffel Psyllium mit etwas Saft gut geschüttelt, nicht gerührt und dann runter damit, aber zackig, sonst verwandelt sich das Zeug in annähernd das, wonach es ohnehin klingt: Beton. In Wirklichkeit sind es Vulkan-Asche, die meinen Magen-Darmtrakt reinigt, und ein pflanzliches Quellmittel, die zusammen meinen Darm von innen auskratzen - dazu später! - und entgiftet.

Einmal wach, liege ich noch eine ganz Weile faul und zufrieden im Bett, lausche den Wellen vor meinem Fenster, den Vögeln in den Büschen hinterm Haus und sehe zu, wie es vollends hell wird. Der Tag könnte so wunderbar weitergehen, aber jetzt wird

Australien ruft Südheide

es richtig eklig und nur der Gedanke an die folgenden anderthalb Stunden Yoga kann mich aufrecht halten: Es geht hinunter in den Hauptraum der Anlage, ein nach allen Seiten offenes, gemütliches Restaurant mit angeschlossener Folterkammer. Hier stehen nämlich auf einem Tisch die Giftkörbchen all derer, die zurzeit am Fastenprogramm teilnehmen. Gefüllt sind sie mit diversen hübsch bunten Plastik- oder Glasfläschchen, die gesunde Dinge enthalten: Heal Detox Mix, Liquid Chlorophyll, Spirulina, Colloidal Silver, Ocean Trace Minerals, Oxygen Spray, Psyllium, Oxygen-Magnesium Drink, Female Herbal Tonic und Guarana. Das lass dir mal auf der Zunge zergehen! Besser gesagt: unter der Zunge, denn dahin sprüht man sich die Tinkturen, hält sie mit Todesverachtung eine Minute lang und schluckt sie dann herunter. Mahlzeit! Und weil's so schön ist, macht man das fünfmal täglich, immer abwechselnd mit einem gerüttelt und geschüttelt Maß an Psyllium-Bentonite, das man sich nach dem Frühstück am Bett für den Rest des Tages selbst verabreichen darf. Diese Gebräue schmecken genauso sagenhaft, wie sie klingen, aber schließlich ersetzen sie die dem Körper während des Fastens fehlenden Nährstoffe und werden mit einer Entschuldigung an meine Geschmacksnerven akzeptiert.

Davon allein kann der Mensch natürlich nicht satt werden, also stehen im großen Kühlschrank neben den gefürchteten grauen Gefäßen mit Beton drei Saftsorten, von denen man so viel trinken darf, wie man möchte. Sie sind verdünnt, denn sonst würde man zu viel Zucker aufnehmen. Außerdem wird Gemüsebrühe serviert, die erschreckend gut schmeckt, was sicher lediglich dazu dient, die gepeinigten Gäste zu verwirren!

Nach dem ‚Essen' nun zum Entertainment, das neben dem bunten Feuerwerk an physischen Auswirkungen, die es entfachen soll – Steigerung der Energie, zügige Verabschiedung aller Parasiten aus dem Darm, Stimulierung der Ausscheidungsfunk-

Australien ruft Südheide

tion der Haut, Entrümpeln der Venen – dazu dient, uns nicht auf dumme Gedanken kommen zu lassen, wie zum Beispiel: „ICH HABE HUNGER!!!" Zu diesem Zweck befinden sich an unterschiedlichen Orten des Geländes neben einem erstaunlich normalen Pool eine Qi-Machine, die dem Dahingestreckten herrlich den ganzen Körper durchschüttelt; ein Mini-Trampolin, das hier auf den wesentlich klangvolleren Namen *Lymphasizer* hört, auf dem man mehrmals täglich 5-10 Minuten nach Norden gewendet auf eine bestimmte Art und Weise mit einer noch bestimmteren Atemtechnik hüpfen muss; einige Geräte zur Anregung der Fußreflexzonen; ein Ding mit Namen *Vibral Blood Cleanser*, der in der Nähe meines Pulses fixiert durch minimale Vibration meine Venen vom Schlamassel der letzten 48 Jahre befreien soll, und *last but not least* mein absoluter Liebling: Der *Polarity Zapper*! Diese wunderliche Erfindung ist der Schrecken meiner Darmparasiten, denn durch das Vibrieren, das – er – freundlicherweise für mich unbemerkt – durch meinen Darm jagt, haben ganze Familien von Parasiten keinen Appetit mehr auf mich und ziehen während der Darmspülung, die ich zweimal täglich selbst vornehme, aus. Und das geht so: Bei meinem ersten Aufenthalt wunderte ich mich über eine sehr kräftige Metallschlaufe an der Decke über der Toilette. An der Wand hing ein merkwürdiger Haken, den ich als verkrachten Toilettenpapierhalter identifizierte.

Achtung: Falls du nicht eingefleischter Fäkal-Freund oder zumindest tapfer genug bist, einer bevorstehenden Darmspülung ins Auge zu blicken, überspring bitte den Rest dieses Absatzes. Am Abend des zweiten Tages, nachdem sich reichlich Beton- und Parasiten-Mischung in mir angesammelt hatte, wurde uns erklärt, wozu Haken und Öse im Bad da sind: Nämlich zum Aufhängen eines stattlichen 10-Liter Eimers voller Wasser, dort zuvor angebracht von eben jenem freundlich lächelnden Tong, der uns auch das Frühstück beschert und der mir mit seinem Grinsen zunehmend unheimlich wird. Du selbst befindest dich zum Zeitpunkt des Anschlages auf einer Plastikliege, auf der du dich mit Hilfe eines Hockers und des Klos in eine stabile Rückenlage bringst. Zuvor hast du Liquid Oxygen und 2 Liter heißes Wasser in den bereits fast vollen Eimer gegeben, die Liege nochmals desinfiziert und ein mit Gleitmittel bestrichenes Röhrchen in – nun, sagen wir, die optimale Lage gebracht. Showtime! Die kleine Klemme, die auf dem Schlauch zwischen Eimer und mir steckt, wird entfernt und schwupp, kann es losgehen. Der Rest ist Schweigen. Oder eher das Gegenteil. Trotzdem verabschiede ich mich zusammen mit meinen Parasiten sowohl aus dem Bad wie aus dieser launigen Erzählung, der Rest geht nur noch meinen Darm und mich etwas an.

Du kannst wieder weiterlesen!

Da es sich bei meiner Person angesichts solcher Prozeduren trotzdem nicht um eine ausgemachte Masochistin handelt, muss es Gründe geben, warum ich zum dritten Mal hier bin. So trifft sich hier ein Sammelsurium von interessanten Menschen, die für amüsante und spannende Gespräche sorgen. Viele führen ein Expat-Leben, wie ich es in Peking hatte, in Hongkong, Shanghai, Tokio, Bangkok oder Abu Dhabi, andere leben hier auf Samui und fühlen sich in der Oase genau wie ich einfach nur pudelwohl. Einige von ihnen kommen ab und zu auf ein Bierchen oder ein Glas Wein vorbei, was wir Fastenden natürlich besonders bösartig und gemein finden, ähnlich wie das hämische Verhalten derer, die ihre Fasten- und Entschlackungskur bereits hinter sich haben und sich auf die Genüsse aus Alessandros Küche stürzen. Schon der Duft hebt die Vorfreude auf die Zeit nach dem Fasten!

Dieses Jahr hapert es mit den faszinierenden Menschen noch etwas, aber ich bin noch vier Tage hier, da kann sich noch einiges tun! Mit den jungen Frauen, die Paulo Coelhos Bücher

Australien ruft Südheide

für die spirituelle Erleuchtung ihres Lebens halten und sich ansonsten darüber unterhalten, wo man sich auf Samui am besten die Wimpern dauerwellen lässt, kann ich nicht viel anfangen. Das führt dazu, dass ich viel Zeit zum Schreiben habe und neben allen möglichen Zappern und Vibratoren ausgiebig alles andere nutze, was das Resort bietet: stundenlange Spaziergange am Strand, lesen, Mails schreiben, lesen, schwimmen, dösen, lesen (Schnitt hier: alle zwei Tage ein Buch, zu Hause alle zwei Monate!) mit einem der Kajaks rauspaddeln, lesen, ein Dampfbad nehmen oder mir einfach auf einer gemütlichen Liege am Strand den Kopf darüber zu zerbrechen, warum Palmen trotz eines Neigungswinkels von 45 Grad nicht umkippen oder ob Schmetterlingen beim Herumgeworfenwerden in dieser herrlichen Brise wohl schwindelig wird.

Auf zwei Aktivitäten freue ich mich jeden Tag besonders: Morgens mache ich anderthalb Stunden Yoga und nachmittags oder abends genieße ich die tägliche Massage. Beides findet draußen statt, in einem nur von einem Spitzdach beschirmten, wunderschönen teakhölzernen Yoga Sala direkt am Strand. Auch wenn ich morgens noch ungelenkig und steif bin, mir vorkomme wie ein klobiges Trampeltier verglichen mit einigen, die neben mir scheinbar mühelos ihre Glieder verknoten, genieße ich diese anderthalb Stunden jeden Tag sicher am meisten. Ich spüre die Brise, höre das Rauschen der Wellen, die sich zehn Meter entfernt sachte am Strand brechen, und das Zirpen der Zikaden, die schon seit Stunden jenes unverkennbare Geräusch machen, ohne dass man sich einen Urlaub im Süden schwerlich vorstellen kann. Kopfüber huschen an der Decke Geckos über uns hinweg. Aus der Küche weht der Duft von frischem Pesto, Gemüsesuppe oder grünem Curry herüber. Üppig wachsende Blumen und Büsche beginnen nach der kühleren Nacht in der Wärme des Tages ihren Duft zu verströmen. Oft döse ich am Ende der Stunde

11
Australien ruft Südheide

einfach ein, entspannt, geborgen. Die Yoga Master, die ich hier kennengelernt habe, sind sehr ungewöhnliche Menschen: Senta, die schöne und weise Inderin; Lin, die drahtige Chinesin; Michael, der Deutsche mit den großen blauen Kinderaugen, mein Reiki-Lehrer und ein begnadeter Heiler. Für sie ist Yoga kein Sport, sondern eine Weltanschauung. Das spürt man nach diesen Stunden, ich fühle mich ruhig, leicht, die Seele lächelt.

Der andere Höhepunkt jedes Tages ist die Massage, die eine ähnliche Hochstimmung in mir auslöst wie das morgendliche Yoga. Obwohl ich von Peking massageverwöhnt bin, was die Quantität angeht, mangelt es dort manchmal an Qualität. Die Prozedur kann recht beliebig sein, lieblos hingeknetet nach einem 3-wöchigen Crashkurs. Hier auf Samui war zwei Urlaube lang Pai für mich die Größte. Vielleicht, weil sie als *boy-girl*, wie man Transsexuelle in Thailand nennt, sowohl die nötige Kraft als auch das nötige Einfühlungsvermögen mitbringt. Außerdem spricht sie gut Englisch, hat es faustdick hinter den Ohren und ist immer und mit jedem zum Schäkern aufgelegt. Aber heute hat Pai frei und ich bin im wahrsten Sinne des Wortes in die Hände einer etwas älteren Thai mit einem Glasauge geraten, Boon. Ich will hier nie wieder weg! Oder kann ich Boon bitte mitnehmen? Dagegen ist Pai ein Waisenknabe (sorry Pai, ich weiß, du hasst es, wenn man dich als Knabe bezeichnet)! Ich schnurre leise vor mich hin, lang ausgestreckt in reichlich Massageöl mariniert lausche ich den Wellen oder dem wohligen Schnaufen von der Matratze neben mir und spüre kundige Hände auf meinem Körper. Kann Boon Gedanken lesen? Mal mehr Druck, mal ein sanfteres Streicheln, mal eine kurze Pause. Warum dauert eine Stunde eigentlich manchmal drei Jahre und manchmal zwei Minuten? Die Entführung wird wohl nicht klappen, aber zumindest von dem Massageöl nehme ich wieder ein Fläschchen mit. Es duftet wie frisch gerösteter Toast mit Kokosnuss in Butter gebraten, falls es so etwas gibt. Wenn nicht, wird es Zeit, dass ich das ausprobiere ... wenn ich wieder essen darf!

16. September 2007

Was für ein Tag! Es fing ganz normal an: 8.30 Uhr Yoga mit Daniel; eine halbe Stunde Darmspülung mit mir selbst. Aber dann: 11 Uhr Beginn meines EFT 1 Kurses mit Alister. EFT steht für *Emotional Freedom Technique*. Bei dieser alternativen Heilmethode klopft man unter Anleitung an bestimmten Punkten auf Gesicht und Oberkörper, kommt sich unendlich dämlich vor und hofft, dass einen niemand sieht ... aber es wirkt! Wir haben stundenlang geredet, geschrieben, Trainingsvideos angesehen, geklopft, geübt, gelernt, wieder geübt, miteinander diese verrückte Therapieform ausgeleuchtet. Alister stellte sich als kompetenter Trainer heraus, mit dem ich mich sehr wohl fühle. Hinterher war ich völlig ausgepowert, sicher auch weil ich merkte, dass das Ganze sehr viel mit mir, mit meinem Ziel, einige Knoten in meiner Seele zu lösen, zu tun hat. Bin gespannt auf Teil zwei morgen! Nachdem ich heute schon eine kleine Behandlung an Alisters Zahnschmerz vornehmen durfte, hat sich für morgen Anna, eine junge Frauen, mit der ich oft zusammensitze, als Versuchskaninchen zur Verfügung gestellt.

Und wieder wird mir klar, warum ich hier bin, was ich brauche und wonach ich so häufig vergebens suche: innere Ruhe.

Klingt banal, wenn ich es so hinschreibe. Viele finden es sicher auch vollkommen überflüssig, dafür bis ans andere Ende der Welt zu fliegen, wenn man Ruhe auch zu Hause bei einem Glas Burgunder und einem guten Buch in den eigenen vier Wänden finden kann. Wenn. Und wenn nicht? Wenn ich es trotz meiner 48 Jahre noch immer nicht gelernt habe, nicht ständig

Australien ruft Südheide

auf dem Sprung zu sein, mich nicht vor jeden Karren spannen zu lassen und Zeit für mich selbst zu finden? Stattdessen habe ich irgendwann das Gefühl, den Kopf nicht mehr lange genug über Wasser halten zu können, um genügend Luft fürs nächste Abtauchen schnappen zu können. Um zu lernen was mir gut tut, was ich brauche, fliege ich hierher. In den vergangenen Jahren gelang das schon sehr gut – für ein paar Wochen oder Monate, bis irgendetwas passierte, das Kraft und Stärke innerhalb kurzer Zeit verpuffen ließ, oder bis der alltägliche Stress im Beruf mich auffraß und ich vergaß, mich um mich selbst zu kümmern. Es ist so einfach sich zu vernachlässigen.

Um das zu ändern, bin ich gezielt zu Beginn meines Sabbatjahres hierher gereist. Dieses Mal gehe ich nicht direkt zurück in die tägliche Hetze, sondern habe ein ganzes Jahr lang Zeit, alles, was ich hier aufgenommen habe, im Kopf und im Bauch wirken zu lassen, mich von alten Gewohnheiten zu befreien, um in einem Jahr, wenn ich wieder zu Hause bin, beruflich wie privat neue oder zumindest geänderte Routinen aufzubauen, mehr Raum für mich zu schaffen.

Diese Zielstrebigkeit und dieser ernste Hintergrund entsprechen nicht den Erwartungen von Freiheit, Abenteuer und Seele baumeln lassen, die ich von vielen Leuten im Vorfeld meiner Reise gehört habe. Du warst eine der wenigen, die nicht vor Entzücken oder unverhohlenem Neid ins Schwärmen gerieten und am liebsten mitgekommen wären. Warum wohl du nicht und warum die anderen? Kennen sie mich so wenig oder kennst du mich so gut?

Die Frage, ob ich anschließend mit dem Kajak rauspaddle, erübrigte sich, denn es fing an zu schütten. Eines dieser typisch tropischen Unwetter mit Regenstürmen, die die Welt außerhalb eines Radius von zehn Metern versinken lassen. Das auf- und abschwellende Rauschen der Wellen ist inzwischen dem gleichmäßigen Rauschen des Regens gewichen, das mich einlullt. Manchmal gehe ich bei solchem Regen zum Strand, aale mich im Wasser, bin kaum in der Lage zu unterscheiden, wo das Meer anfängt und der Regen aufhört. Wohlig behagliches Schweben.

Schrumpfende oder sich erweitende Horizonte lockten mich aber heute nicht, denn jetzt begann die irrwitzigste Veranstaltung des Tages: eine einstündige Einführung in die Geheimnisse des Tantra, und zwar der sexuellen Variante, nicht der religiös-philosophischen Lehre! Bitte beachte: Es handelte sich um eine rein theoretische Unterweisung! Wir fielen also nicht etwa übereinander her, befriedigten uns weder als Paar noch im Rudel gegenseitig, noch nicht einmal selbst, sondern saßen brav im hell erleuchteten Seminarraum und lauschten staunend den schräg-skurrilen Erläuterungen. Toni, eine steinalte, karikatureske Amerikanerin, die schon so oft geliftet war, dass sie den Kopf kaum noch bewegen konnte, gab uns drei anwesenden Frauen einen Einblick in das, was sie während ihres 4-tägigen Wochenendseminars treibt (erstaunlich, wie lang Wochenenden für einige Menschen sein können, aber ich will mich momentan nicht beschweren!) Ich habe noch nie jemanden erlebt, der so auf Sex, Sex und nochmals Sex fixiert war wie diese Dame! Tantra und Tantra-Yoga mögen ja tolle Lebensbereicherungen sein, aber man kann auch übertreiben. Fanden wir drei. Sie nicht. So endete die Stunde in ange- oder besser erregten Diskussionen über Sinn und Ziel von Liebe, Ehe, Partnerschaft, Ehrlichkeit und multiplen Orgasmen. Wir hatten richtig Spaß an dem herrlich absurden Gespräch, in dem Toni unseren Standpunkt, dass Sex zwar sehr schön, aber in einer Partnerschaft möglicherweise nicht das allein Seligmachende sei, offensichtlich überhaupt

Australien ruft Südheide

nicht nachvollziehen konnte und stattdessen die Welt auf den Genitalbereich reduzierte.

Die Sex-Inspirierte gehört zu einer Gruppe von Ausländern, die man besonders in Thailand recht häufig findet: Spät-Hippies zwischen mindestens 50 Jahren und seeehr alt, die in quietschebunten Batiksachen und vermutlich selbst geflochtenen Jesuslatschen über die Insel schleichen, die grauen, langen Mähnen der Männer und merkwürdigerweise oft raspelkurz geschorenen Haare der Frauen wehen im Wind – oder auch nicht. Sie werfen einem ein spaciges Lächeln zu oder verstricken einen wie Tantra-Toni in kuriose Gespräche über den Sinn des Lebens. Viele scheinen wie Toni das gefunden zu haben, was sie suchen. Multipel.

Klingt alles in allem wie der perfekte Tag, nach dem ich in einen tiefen zufriedenen Schlaf hätte fallen können. Weit gefehlt! Dem im Wege stand unaufgefordert der *Liver Flush*, der Zeitpunkt, zu dem es laut Resort Manager Graham an der Zeit ist, nachdem wir im gesamten Körper tagelang Großreinemachen veranstaltet haben, den Putzlappen auszuwaschen, nämlich die Leber! Hübsches Bild, klingt logisch, ist aber das Unangenehmste, was einem in der gesamten Zeit hier widerfahren kann. Man bekommt keinen Frühstücks-Beton ans Bett, darf nur noch eine letzte Darmspülung veranstalten, und bekommt statt all der inzwischen fast lieb gewordenen Torturen ein übersichtliches Sortiment von ganzen drei Fläschchen: bitterste Lebertropfen, einen halben Liter Orangensaft-Knoblauch-Cayennepfeffer Gebräu und 100ml Olivenöl-Limonensaft Gemisch. All das trinkt man dann über den Tag verteilt. Die Folgen sind, dass man a) bestialisch nach Knoblauch stinkt und b) zum ersten Mal wieder richtig Hunger hat. Nicht weiter schlimm, wäre da nicht die anschließende Nacht, die selbst der hart gesottene Graham als „nicht eine deiner besten" ankündigt. Normalerweise findet in dieser Nacht nämlich ein reges Treiben auf der Toilette statt, was

Australien ruft Südheide

wünschenswert wäre, wenn anschließend der Putzlappen gut durchgespült und gereinigt wäre und damit alles seine Ordnung hätte. Konjunktiv. Wenn man aber auf die Olivenöl-Limonen Mischung so reagiert wie ich, geht gar nichts mehr. Gott, ging es mir schlecht! Gut dass man nur zwei Enden des erweiterten Verdauungstraktes hat! Hinterher fühlte ich mich nicht nur lebermäßig völlig ausgewrungen und fiel endlich erschöpft im Morgengrauen in Tiefschlaf. Ähnlich schlecht ging es mir im vergangenen Jahr nach dem *Flush*, folglich steht mein Entschluss bombengranatenfest: Beim nächsten Fasten auf Samui fällt der *Liver-Flush* aus, die Darminnenseiten final ramponieren soll sich wer will, ich nicht!

19. September 2007

Es ist vollbracht! Nach dem Fasten begann die Aufnahme fester Nahrung sehr behutsam! Wie intensiv Papaya und Ananas nach sechs Tagen Enthaltsamkeit doch schmecken! Eines meiner Lieblingsgerichte in Alessandros Restaurant ist Grüner Papaya Salat. Probier ihn doch mal aus!

Grüner Papaya Salat Som Tom für 2 Personen

1 grüne, unreife Papaya
6 grüne Bohnen
1 kleine Karotte
5 Kirschtomaten
1-2 frische nicht zu scharfe Chilis
2 Essl. geröstete Erdnüsse

1 Limone (Saft)
1 Essl. Palmzucker
1 Knoblauchzehe
Salz

Papaya und Karotte mit Küchenraspel in dünne Streifen schreddern, die Bohnen in etwa 1cm lange Stückchen schnibbeln. Die Knoblauchzehe als erstes im Mörser zerstoßen, dann grob zerkleinerte Chilischote, halbierte Kirschtomaten und Bohnenstückchen beigeben, kurz anquetschen. Zucker, Limonensaft und Salz hinzufügen und gut durchmischen.

Papaya, Möhren und Erdnüsse ebenfalls darunter geben, etwas durchziehen lassen – buon appetito!

Australien ruft Südheide

Gestern hatten Alister und ich unser abschließendes EFT-Treffen. Stunden voller Lachen und Weinen, großen Gefühlen und kleinen Erkenntnissen, Vergangenem und Zukünftigem, Niedergeschlagenheit und Zuversicht. Jetzt weiß ich, warum ich in diesen zehn Tagen immer wieder das Gefühl hatte, vielleicht zum letzten Mal hier zu sein: Trotz des Durcheinanders in meinem Kopf sehe ich plötzlich vieles klarer. Mir ist fast schwindelig, Gedanken schwirren durcheinander, alte Fragen suchen neue Antworten, alte Antworten suchen neue Fragen. Vielleicht schaffe ich es endlich zu erkennen, was mir wirklich wichtig ist, was ich brauche? Vielleicht beginne ich, den für mich richtigen Weg zu sehen, schaffe es, ihm Beachtung zu schenken?

20. September 2007

Welcome to China. Shanghai Airport. Ungepflegt und schmutzig, laute, wuselige Massen. Neben mir sitzen vier Chinesen und unterhalten sich unnötig laut, lachen grölend, popeln, rülpsen und fläzen sich schenkelklopfend breitbeinig auf den Sitzen herum. Wenn gleich noch einer anfängt, sich in aller Öffentlichkeit mit einem Clip die Zehnägel zu stutzten, fühle ich mich schon fast wie zu Hause in Peking! Rüpelhaftes Benehmen, drängeln, schubsen, rotzen, Trolleys fahren einem über Füße und an Beine ohne den Hauch einer Kenntnisnahme des Steuernden, geschweige denn einer Entschuldigung.

Gleich geht mein Flug nach Beijing. Ich freue mich auf die kommenden Tage. Wie es wohl sein wird, die Stadt wieder zu sehen, die sechs Jahre lang mein Zuhause war? Und meine Freunde ... ob ich mich wohl noch dazugehörig fühle oder ob die Welt sich in dieser ungeheuer schnelllebigen Stadt weiter gedreht hat, neue Kollegen und Bekanntschaften die alten

Australien ruft Südheide

haben vergessen lassen? Wie viel sind diese kurzen, aber intensiven Freundschaften wirklich wert?

Einen herzlichen Gruß an dich, meine älteste Freundin, von der ich ganz genau weiß, was sie und unsere Freundschaft mir wert sind!

Deine Sigi

SÜDHEIDE

20. September 2007

Liebe Peking-Ente,

das war ja mal eine anschauliche Reisebeschreibung. Da kann ich mir derlei Erfahrung am eigenen Leib getrost ersparen.

Natürlich beneide ich Dich doch ein bisschen. Zum Beispiel um die Zeiten, die Du auf Koh Samui für Dich allein hattest. Traumhaft die Schlagzahl beim Bücherlesen, Kajakfahren, am Strand unter Palmen dösen! Hungern, *Liver Flash* und Darmspülungen sind die Programmpunkte, die ich auslassen könnte.

Aber immerhin: im Urlaub waren wir auch! In St. Peter Ording für eine Woche. Na gut, nicht ganz so exotisch wie Koh Samui, aber auch klangvoll und mit jeder Menge Sand. Die ersten drei Tage übte ich mich jedoch in Selbstzerfleischung wegen eines drohenden Kontrollverlustes: Zu Hause in Wahrenholz lassen wir gerade unseren Garten umgestalten. Ich wollte es jetzt richtig schön machen (lassen): mit Mauern, phantasievollen Pflasterungen, Sandsteinterrassen und üppigen Pflanzungen. Und so heuerten wir einen eher künstlerisch veranlagten Gärtner an und ließen uns dabei nicht lumpen. Zwei Wochen war der mit seiner Crew schon bei uns im Einsatz, als wir in den Urlaub fuhren. Leider musste ich ihn bis dahin zwei Mal seiner künstlerischen Freiheit berauben, weil mir das Resultat einfach nicht gefallen wollte. Und nun saß ich an der Nordsee und haderte mit mir, ob ich vielleicht wahnsinnig sei, ein paar tausend Euro aus dem Fenster in den Garten zu schmeißen und den dann anschließend wegen Beleidigung des eigenen Geschmacks nur mit Widerwillen zu betreten, und das in Zeiten des Klimawandels, der unseren Garten über kurz oder lang ohnehin nur noch für Reisanbau oder Bootstouren taugen lassen wird. Der

Südheide ruft Australien

Gärtner wurschtelte in Wahrenholz und ich steigerte mich heimlich – Hans-Joachim hätte da, um es milde auszudrücken, kein Verständnis aufbringen können – in den bei Hausbesitzern so gefürchteten Gartenflash. Einzige Rettungsmaßnahme: Schwesterchen Susi anrufen, Not erläutern und ganz allmählich all die Argumente, die man vorher allein nicht hat gelten lassen, die aber, von der Schwester vorgetragen, ein ganz neues Gewicht bekommen, akzeptieren. Trotzdem war die Erleichterung doch beträchtlich, als wir nach Hause kamen und der Garten sich kaum verändert hatte. Die Jungs hatten nämlich kaum etwas geschafft. In diesem Fall war ich sogar dankbar. An den Fortschritten seit unserer Rückkehr habe ich nichts zu meckern, die Gartenflash-Gefahr scheint gebannt.

Ansonsten war der Urlaub schön aber unspektakulär. Zeit zum Buddeln, Besichtigen, Bummeln. Auch in dieser Ferienwohnung ging mir wie in jedem anderen Domizil durch den Kopf, wie es wohl wäre, dort immer zu wohnen. Gleich stelle ich in Gedanken die Möbel um, lasse Einbauschränke zimmern, vernichte die Gardinen. Ist das Nestbautrieb?

Als besonderen Urlaubsgag ließ ich mein Handy ins Klo fallen – Totalschaden! Am nächsten Tag war mein 48. Geburtstag und neben dem fertigen Frühstück, Rosen, Küssen und Liebesbeteuerungen von Mann und Sohn gab es ein neues Handy! Glückes Geschick! Ich hatte also nur unwissentlich die Entsorgung des alten vorweggenommen. Technisch bin ich jetzt wieder auf dem neuesten Stand, ich muss nur noch den Festmeter Gebrauchsanweisung studieren. Wie ich mich kenne, wird mich der Fortschritt vorher wieder überrollt haben. Feststellen musste ich zu meinem Bedauern allerdings bereits, dass auch dieses Handy weder bügeln noch den Backofen reinigen kann, also ist kein wirklicher Durchbruch in der Handytechnik gelungen.

Nun sind wir wieder zu Hause – mit den Gärtnern als Tagesgäste auf anscheinend unbestimmte Zeit. Nach dem Urlaub stürzte es von allen Seiten gleichzeitig auf mich ein: die haushaltsmäßige Nachsorge (Wäsche, einkaufen etc.), Geburtstagsgratulanten, die Arbeit als Pastors rechte Hand, ein netter Abend mit meiner Freundin Gaby mit Kabarett-Besuch, die krampfhafte Suche nach einem Geburtstagsgeschenk für meinen Mann und der Artikel zum Thema „Glück". Da Dir meine Gemeindebriefe schon immer gefallen haben, will ich sie Dir natürlich auch während deines Sabbatjahres nicht vorenthalten. Hier also mein neues Werk:

Glück

Im feinsten Zwirn und perfekt herausgeputzt schreitet man erwartungsfroh und feierlich über den Vorplatz der Oper und …platsch! – kreuzt eine Taube den Luftraum und erleichtert sich dabei boshaft im genau falschen Augenblick. Und als wäre dies noch nicht Unbill genug, meint dann noch jemand die völlig aus der Luft gegriffene Worthülse zum Besten geben zu müssen: „Das soll ja Glück bringen!". Was gäbe man in einem solchen Moment für eine zweite Taube, die dem vorlauten „Tröster" Glück bringt! Und wie groß wäre die Genugtuung, wenn man dann noch ein spöttisches „ein Unglück kommt selten allein" anbringen könnte!

So steht man im Waschraum und zerkrümelt Papiertücher großflächig auf der festlichen Robe und wartet auf das Glück. Vielleicht liegt es darin, dass man den Prosecco verpasst und sich Kopfschmerzen spart. Vielleicht ist nun die Gelegenheit da, sich nach einer neuen Abendgarderobe umzusehen und man wird ein traumhaftes und gleichzeitig sensationell günstiges Kleid erstehen. Vielleicht – vielleicht auch nicht – vielleicht ist der Spruch von dem glückbringenden Vogeldreck einfach nur kompletter Blödsinn.

Scherben sollen ja auch Glück bringen. Das muss man aber jemandem ins Gesicht sagen können, der gerade einen Stapel kostbarer Sammeltassen hat fallen lassen, ich jedenfalls würde es mir verkneifen.

23
Südheide ruft Australien

Es gibt zwei Möglichkeiten für die Annahme, dass das Pech das Glück heraufbeschwören könnte. Entweder man glaubt, dass man sich das Glück geduldig verdienen muss. So heißt es bei Karat im „Sieben-Brücken-Song: „Sieben Mal wirst du die Asche sein, aber einmal auch der helle Schein". Dabei ist das auffallend grobe Missverhältnis zwischen Glück und Unglück Wasser auf die Mühlen aller Pessimisten und Katastrophiker. Die zweite Möglichkeit ist die simple Beobachtung, dass Glück und Pech oder auch Glück und Unglück so willkürlich über den Menschen hereinbrechen, dass die Wahrscheinlichkeit für einen Glückstreffer nach einer Häufung von Pech- oder Unglücksfällen eine Idee größer wird.

Ich kenne eigentlich niemanden, der nach einer Taubenattacke mit einem Lottogewinn rechnet. Auch zwingt der Spruch „Glück im Spiel, Pech in der Liebe" keinen Skat-König zur Ehescheidung.

Offenbar dienen diese „Glückstheorien" nur dazu, dem zufälligen oder schicksalhaften Wechselspiel von Glück und Pech oder sogar Unglück einen trügerischen Hauch von Planbarkeit anzudichten. Dabei wissen wir doch alle: Das Glück ist nicht irgendwann an der Reihe, man kann es sich auch nicht verdienen, es kommt oder es kommt nicht, und wenn es kommt, zugreifen und das Geschenk annehmen! Sonst wär' man ja unhöflich, wenn nicht sogar ein bisschen blöd.

Aber manchmal kommen uns vielleicht doch Zweifel, wie gerecht es mit der Verteilung von Glück und Unglück zugeht. Da gibt es Menschen, die haben alles: Erfolg, Schönheit, Liebe, Reichtum und was man noch alles gut gebrauchen könnte, so etwa wie George Clooney. Und es gibt welche, denen das Pech an den Hacken klebt, tragische Figuren, für die ich kein Beispiel finde, weil nur wenige dieser Menschen berühmt werden, da sie naturgemäß höchstens Zweiter werden.

Zum Glück hängt aber das gefühlte Glück eines Menschen nicht unbedingt von seinem objektiv messbaren Glück ab. Menschen, die man ohne Zögern in die Pechvogel- oder Unglücksraben-Kategorie einteilen würde, können glücklich sein trotz oder vielleicht sogar wegen ihres Unglücks. Da behauptet jemand, dem gerade das halbe Obergeschoss seines Hauses ausgebrannt ist, dies sei der glücklichste Tag seines Lebens. Ein Kranker, der eine Transplantation überstanden hat, genießt jeden gewonnenen Lebenstag trotz Schwäche, heftiger Nebenwirkungen der notwendigen Medikamente und drohender Abstoßung. Wenn dagegen die Reichen und Schönen uns in Talk Shows ihre Lebensgeschichte aufdrängen, sind es oft genug peinliche Klagelieder von kaputten und unglücklichen Menschen.

Also ist das wahre Glück: Sich glücklich fühlen können – auch ohne Glück!

Und dann waren da noch in meinem wirklichen Leben: die Elternvertretersitzung im Kindergarten, das Protokoll der DRK-Vorstandssitzung, die Erntedank-Andacht der Landfrauen – aber halt! Die fiel für mich aus. Denn an diesem Tag wurde ich ausgebremst: Christian war krank!

Ja, du hast richtig gesehen: es ist ein Ausrufezeichen am Ende des Satzes, denn das lässt meinen Alarmzustand wenigstens andeutungsweise ahnen.

Schon morgens beim Blick in die müden Augen meines Sohnes war mir die Petersilie verhagelt. Es ist völlig unangemessen, wie ich auf Krankheiten oder auch nur Unpässlichkeiten des Kleinen reagiere. Sogar die Gärtner haben es bemerkt und zuerst gedacht, mein Missmut hätte mit ihnen oder ihrer Arbeit zu tun. Christians Fieber setzte erst am Nachmittag ein, aber ich wusste schon morgens um acht Uhr, dass er krank ist. Ich versuchte mich zu beruhigen, dass ein bisschen Fieber kein Drama sei, aber meine Stimmung sank ein paar Stockwerke tiefer. Christian schien es gar nicht so furchtbar zu finden, er wollte nur schlafen oder fernsehen, dann wieder schlafen. Ich fühlte mich kraft- und hilfloser als er: „Möchtest du dies, trink mal das, tut dir was weh?..." Im Laufe des Tages habe ich mich in die Situation gefügt. Es gelang mir, mich mehr auf die

Südheide ruft Australien

Pflege meines Sohnes als auf meine Anspannung zu konzentrieren, und ich ließ ihn schlafen oder las ihm etwas vor, wenn er wach war. Ich schätze, dass zumindest ansatzweise die meisten Mütter übertrieben reagieren, wenn der Nachwuchs schwächelt, aber ich fürchte doch, dass die Traumata aus den Zeiten mit Ronja längst nicht überwunden sind, obwohl schon neun Jahre seit ihrem Tod vergangen sind. Und auch wenn wir bei Christians großer Schwester schon kurz nach der Geburt wussten, dass wir mit ihrem Tod rechnen mussten, haben wir es doch sechs Jahre lang nie wirklich getan. Vielleicht bin ich deshalb sehr misstrauisch bei jedem Anzeichen von Krankheit, ob sie sich tatsächlich als harmlos erweist. Es bleibt zu hoffen, dass wir Christian nicht allzu viel von diesem Paket aufladen.

Die folgenden drei Tage konnte ich weder zur Arbeit, was ich nun eigentlich nicht so tragisch fand, und eben auch nicht zu den Landfrauen – dito. Christian erholte sich schnell, so dass ich mich wieder auf positive Normallaune einpegelte. Tatsächlich genossen wir beide den Rest der Woche in Ruhe – abgesehen von den Gärtnern: keine Termine, keine Arbeit, kein Kindergarten, Zeit zum Spielen und zum Schreiben. Es war fast wie Urlaub.

In Wahrheit haben wir es Christians Infekt zu verdanken, dass ich Dir so ausführlich antworten konnte. Aber glaube ja nicht, dass ich meinen Kleinen barfuß in den Schnee treibe, wenn Dein nächster Brief kommt!

Alles Liebe und viel Spaß in der weiten Welt!

Marion

Australien ruft Südheide

CHINA

20. September – 23. Oktober 2007

25. September 2007

Meine Liebe,

danke für deinen Brief über Urlaub und Garten, der meinen Abend wesentlich verschönert hat! Wie froh bin ich über die Entscheidung, ein kleines, leichtes Laptop zu kaufen und vor allem über deine Anregung, diesen ausführlichen Briefwechsel zu beginnen, sonst hätte ich jetzt und hier den in fast jedem Urlaub wiederkehrenden schlimmen Koller bekommen: Was zum Teufel mache ich hier eigentlich? Kann ich nicht wie andere auch einfach nur gemütlich zu Hause bleiben oder mir teure Reisen von irgendwelchen Tour-Anbietern zusammenstellen lassen mit 5-Sterne Hotels und privatem Chauffeur? Oder Gruppenreisen buchen? Die *Rajasthan*-Reise an Weihnachten war doch ein voller Erfolg! Trotzdem reizt es mich immer wieder viel mehr, mir den Rucksack auf den Rücken zu schnallen und mit einem Zug- oder Flugticket und dem *Lonely Planet* Reiseführer im Gepäck aufzubrechen und dann vor Ort alles Weitere einfach auf mich zukommen zu lassen. Leider gibt es dann am Anfang einer solchen Reise diese 2-3 traurigen, einsamen Tage, nachdem ich meine gemütliche Wohnung und meine Freunde hinter mir gelassen habe und bevor ich entweder nette Leute kennen lerne oder an einem besonders schönen Ort ankomme und damit beginne, all das, was *meine* Art zu reisen für mich ausmacht, zu genießen. Ich schätze es sehr, meine Entscheidungen selbst treffen zu können: 5-Sterne Hotel oder Schlafsaal in der Jugendherberge. Flugzeug und Taxi oder Bus und Bahn. Gediegenes Restaurant oder Suppenküche an der Straßenecke. Die Gesellschaft von Familien und Paaren

Australien ruft Südheide

in Standard-Hotels oder die von anderen Rucksacktouristen in Hostels. Dafür nehme ich Anlaufschwierigkeiten in Kauf. Und sitze in so einem gottverlassenen Hotelzimmer wie jetzt gerade, krieg das heulende Elend und beneide jeden, der brav in zivilisierte Gefilde fährt und sich dort einfach mal so richtig erholt. Ich hatte mir mal vorgenommen, mir die ersten Nächte durch besonders schöne Hotels zu versüßen, aber das ist in China schwierig, da es hier oft nicht die Auswahl im Mittelfeld gibt. Entweder man wohnt in einer Absteige mit papierdünnen Wänden, Spucknapf auf dem Flur und ohne eigenes Bad – wenn keine Rohre im eigenen Zimmer münden, hat das immerhin den Vorteil, dass mich die allgegenwärtigen Kakerlaken nicht finden. Oder man residiert in einem teuren 5-Sterne Hotel mit westlichem Standard, aber die sind eben nicht wirklich landestypisch und haben nichts von dem, was mich zum Reisen treibt. Denn ich treffe dort keine Menschen, die noch das alte, ursprüngliche, nicht von Fernsehern, *fakes* und Versprechungen verdrängte China darstellen. Oder Thailand. Oder Chile. Ich habe oft den Eindruck, eine Generation zu spät dran zu sein, was Reisen, Entdeckungen und spannende Andersartigkeit betrifft. Natürlich ist heute jeder entlegene Winkel bequem zu erreichen, lieb gewordene Annehmlichkeiten wie gewohntes Essen fast überall zu kaufen. Aber manchmal stellt sich ein schaler Beigeschmack ein, wenn vieles eben *zu* einfach ist, Folkloristisches nur noch für die Touristen inszeniert wird und einem Scharen von kleinen, wirkungsvoll zerlumpten oder halbnackten recht rabiaten Kindern entgegen gelaufen kommen, die Hände ausgestreckt: *Hello, money!* Keine Frage, eine Feststellung. Da kommt das Geld. Die alte Binsenweisheit bestätigt sich: Der Tourismus zerstört das, was er sucht.

Meinem Urlaubs-Anfangs-Blues hilft momentan nur, dass ich es mir jetzt mit einem Becher heißer Schokolade gemütlich mache – dem Reisetauchsieder sei Dank – und warte, bis der Anfall vorbei ist. Morgen fahre ich in die Berge nach Xiahe, in eines der drei größten tibetischen Klöster außerhalb Tibets. Dort geht es mir immer gut.

Aber lass mich dir zuerst von meinem Besuch in Peking erzählen.

Manchmal kommt es mir vollkommen unwirklich vor, dass ich dort bis zum Beginn meines Sabbatjahres gerade sechs Jahre lang gelebt haben soll, aber heute hatte das Wiedersehen mit dieser Stadt und meinen Freunden etwas von nach Hause kommen. Ich hatte mich sehr darauf gefreut, nach zweieinhalb Monaten Abwesenheit wieder hinzufahren, aber dass die Tage so voll, so abwechslungsreich und so ... ja, beglückend sein würden, hatte ich nicht zu hoffen gewagt. Meine Befürchtung war es gewesen, dass meine Bekanntschaften in Peking sich im Nachhinein als sehr schnelllebig und flüchtig herausstellen würden, dass ich inzwischen fast vergessen wäre. Weit gefehlt! Ich bin sicher noch nie an einem Tag von so vielen Leuten geknuddelt worden! Kolleginnen und Kollegen, Mütter, Schülerinnen ... so ein herzlicher Empfang! Und immer der gleiche Blick: Erst nur das übliche ‚Guten Morgen' zur Begrüßung, dann hörte man es hinter leicht gerunzelter Stirn förmlich rattern: „Moment, das ist doch ... was macht die denn ...", und schon umarmte und drückte man sich, klönte ein paar Sätze und schon kam der Nächste vorbei und das Spiel begann von vorn! Herrlich! Eigentlich wollte ich nur eine Stunde bleiben, gegangen bin ich nach sechseinhalb! ‚Meiner' Klasse, die ich sehr mochte und von der der Abschied tränennass war, geht es auch gut mit all den neuen Lehrern – auch ohne mich geht es weiter, natürlich, aber der liebe Empfang war doch herzlich und wohltuend! Unbewusst habe ich offenbar einen sehr geschickten Weg des Loslösungsprozesses von meinem Leben in Peking gefunden: Der Abschied im Juli war nicht radikal, sondern wird durch meine zwei Kurzbesuche in diesem und im nächsten Monat abgefedert.

Australien ruft Südheide

Das Leben während eines beruflichen Auslandseinsatzes ist in vieler Hinsicht faszinierend: Man fühlt sich als jemand Besonderes an diesem fremden Ort, fällt oft schon rein äußerlich als Ausländer auf, der Landessprache und Gepflogenheiten nicht beherrscht. Man hat möglicherweise einen besonders interessanten, wenn auch häufig anstrengenden und fordernden Job an ungewohntem Arbeitsplatz und wird auch privat in ein völlig neues, fremdes soziales Umfeld geworfen. Das stellt für viele auch sprachlich eine Herausforderung dar, weil sie Englisch als internationale Verkehrssprache nicht gut genug beherrschen, um inhaltsreiche Gespräche zu führen. So wird es schwierig für sie, ihre Persönlichkeit in allen Facetten zu zeigen, wahlweise lustig oder ernsthaft zu sein, Smalltalk oder kluge Konversation zu machen. Gleichzeitig müssen sie auf zurückgelassene Freunde und Bekannte verzichten, mit denen man sich über das Neue austauschen könnte.

Je nach Persönlichkeitsstruktur und Offenheit der fremden Kultur gegenüber kann der Start ins neue Leben im Ausland sehr hart sein, besonders für die mitgereisten Ehefrauen. Die Kinder werden in der Schule meist sehr gut aufgenommen, da dort sowohl Mitschüler als auch Lehrer die Situation aus eigener Erfahrung kennen und alles tun, um beim Eingewöhnen zu helfen. Die Männer haben ihre Arbeit. Und die Frauen? Die hängen erstmal in der Luft und tun sich manchmal schwer in ihrem neuen Leben, nachdem die Umzugskartons ausgepackt sind. Was nun? Viele haben in Deutschland ihre Arbeit zurückgelassen, dürfen hier in China jedoch nicht arbeiten und müssen sich eine neue Aufgabe suchen. Es war über die Jahre interessant, die unterschiedlichen Frauen zu beobachten: Einige engagierten sich in der Schule und ihre Mitarbeit bedeutete eine große Bereicherung für die Schulgemeinschaft. Andere fanden ein Hobby, stiegen zum Beispiel mit großer Konzentration in chinesische Sprachkurse ein oder fanden endlich Zeit, ein Instrument, Golf oder malen zu lernen. Wieder andere hatten nichts Besseres zu tun, als an allem und jedem herumzunörgeln und damit sich und anderen das Leben schwer zu machen. Gott sei Dank waren die in der Minderheit, aber auch als einzeln auftretendes Exemplar schon nervig genug. Ignorieren half.

Ich hatte das große Glück, eine tolle Schule vorzufinden und damit eine spannende und sehr abwechslungsreiche Arbeit zu haben, die mir trotz der sehr hohen zeitlichen Belastung großen Spaß machte. Mit meinen Berichten ließ ich Freundinnen in Deutschland, die auch Lehrerinnen sind, regelmäßig vor Neid erblassen: kleine Klassen, manchmal nur 12 oder 14 SchülerInnen, eine architektonisch wunderschöne, sehr gut ausgestattete Schule mit einer umfangreichen Bibliothek, einer Medienanlage inklusive Beamer in jedem Klassenraum und einer Profi-Kaffemaschine fürs Wohlfühlen zwischendurch in der Küche; zahlreiche gemeinsame Aktivitäten außerhalb des Unterrichts für Schüler, Lehrer und Eltern; eine mitreißende und unterstützende Schulleitung; begeisterungsfähige, spontane, engagierte Kolleginnen und Kollegen, viele aktiv mitarbeitende Eltern und *last but not least* in der Mehrzahl sehr angenehme Schülerinnen und Schüler: aufmerksam, höflich, motivierbar und lernwillig. Oft war zu beobachten, dass Jugendliche aus Deutschland die dort übliche Schulattitüde mitbrachten: desinteressiert, motzig, frustriert. Innerhalb kurzer Zeit veränderten sie sich völlig und waren ohne Aufregung in die Klasse integriert, weil sie einfach merkten, dass Schule hier anders läuft, im Zwischenmenschlichen wie im Fachlichen. Wenn ich nur einen Grund benennen sollte, woran das liegt, dann ist die Antwort für mich sonnenklar: die Klassenstärke. In einer Klasse von maximal 23 Schülern kann niemand durch die Ritzen fallen, jeder wird ständig gefordert und das führt zu einem viel besseren Unterricht und damit besseren Ergebnissen und

Australien ruft Südheide

größerem Spaß beim Arbeiten. Das gilt für Schüler wie für Lehrer. Schulen müssen kleine Klassen haben. So einfach ist es, Schule erfolgreich zu gestalten und 95% aller Probleme im schulischen und sogar im sozialen Umfeld junger Menschen zu lösen. Davon bin ich felsenfest überzeugt.

Fürchterlich, dass Lehrer aber auch immer von Schule reden müssen – ich hör's schon wieder! Ja, müssen wir. Schließlich ist es ein Beruf, der sehr viel von einem fordert und den man nicht mal eben so beim Verlassen des Schulgeländes ablegen kann. Die Jugendlichen können einen rund um die Uhr beschäftigen, im Positiven wie im Negativen. Da bleibt es nicht aus, dass Menschen in sozialen Berufen das Bedürfnis haben, miteinander darüber zu reden. Auch gerne mal einen ganzen Kneipenabend lang oder über Stunden in einer Ecke bei einer Party.

Apropos Kneipe: Mein Lieblingslokal in Peking, das dir sicher auch gut gefallen würde, ist der *Bookworm*, eine kuriose Mischung aus Buchladen, Bibliothek, Bar, Internetcafé und Restaurant, in dem zum Beispiel viele Vorträge und Buchvorstellungen von bekannten Autoren oder Journalisten stattfinden, die persönliche Einblicke in ‚ihr' China geben, das sie zum Teil schon seit Jahrzehnten kennen. Besonders freute mich, dass in meine vier Besuchstage zwei Veranstaltungsarten im *Bookworm* fielen, die nur einmal im Monat stattfinden. Die erste läuft unter dem Titel *Basically Beethoven*, ein *open-mike* Abend, an dem jeder Besucher sich musikalisch betätigen kann, die meisten allerdings Profis sind. Das Niveau war wie immer bemerkenswert, die Atmosphäre entspannt und behaglich. Der zweite Abend, nach dem ich immer große Probleme mit dem Aufstehen hatte und in der ersten Stunde Stillarbeit angesagt war, als ich noch hier arbeitete, ist das *Wine-Tasting*. Bei dieser feuchtfröhlichen Weinprobe stellt ein junger Franzose vier Weine vor und erzählt humorvoll und kenntnisreich eine Menge dazu, immer zu Beginn des Abends in geballter Form, weil er - wie er sagt - am Ende des Abends dazu nicht mehr in der Lage sei. Zwei quietschvergnügte Abende mit Peter, Hélène, Jennifer und Haiwen – diesmal konnte ich sogar ausschlafen!

Zu den köstlichen Weinen wurden Jean-Marcs nicht minder köstliche Canapés gereicht. Den Wein kann ich dir leider nicht kredenzen, aber folgendes genial einfaches Canapé solltest du probieren:

Gefüllte Lychees

Man nehme frische Lychees, entferne Schale und Kern und fülle die Früchte dann mit Gorgonzolacreme und verstopfe die Öffnung mit einer frischen Erd- oder Walnuss.

Nachdem ich dann auch die letzten Bestellungen bei Schneider und Juwelier aufgegeben hatte, konnte ich endlich in den Zug in Richtung Westen steigen. Ich liebe Zugfahrten! Man kommt langsam und gemütlich voran, erreicht das Ziel erst, nachdem man die Zeit hatte, sich in aller Ruhe von der Hektik zu Hause zu lösen und auf den Urlaubsort vorzubereiten. Oder noch besser: Der Weg ist das Ziel, wie zum Beispiel während der dreieinhalbwöchigen Reise mit einem guten Freund per Transsibirischer Eisenbahn von Peking nach Moskau vor ein paar Jahren. Eisenbahn um der Eisenbahn willen. Herrlich, besonders die Mongolei! Grasland oder Wüste bis zum Horizont, Nomaden, Pferde, das fantastische *Nadam Festival*, ein Reiter-, Ringer- und Bogenschützen Wettbewerb, der jedes Jahr vom 10. bis 13. Juli stattfin-

Australien ruft Südheide

det und zum komplett Verrücktesten gehört, was ich je gesehen habe, absolutes Muss einer Transsib Reise.

Nun also per Zug von Beijing nach Xining in Qinghai, einer der größten, leersten und ärmsten Provinzen Chinas, die sich direkt nördlich an Tibet anschließt und von der Freunde berichteten, sie sei nicht gerade eines der Traumziele Chinas. Mir dient sie lediglich als Akklimatisierungsstopp auf etwa 2500 Metern Höhe auf dem Wege nach Tibet.

24 Stunden Zugfahrt. Für viele ein Horror, den sie sich freiwillig nie antun würden, für mich der optimale Urlaubseinstieg. Wieso Einstieg, ich bin doch schon seit drei Wochen unterwegs? Richtig, aber jetzt fahre ich endlich in unbekanntes Terrain! Bislang waren Koh Samui und Beijing wie Besuch bei Freunden, bekannt, vertraut. Jetzt erst scheint es richtig los zu gehen. Nach einer größeren Umpack-Aktion – Bikini und Sandalen raus, Daunenjacke und lange Unterhosen rein – stand ich also mit einem 15 kg schweren Rucksack, 7 kg Handgepäck und einer 4 kg schweren Wasser- und Futtertasche im luftleeren Wartesaal 4 des Pekinger Westbahnhofs. Nur wenige Chinesen kennen ein Bedürfnis nach körperlicher Distanz, so steht und sitzt man sehr eng auf-, neben- und übereinander, rempelt und knufft, was das Zeug hält, als meinte man, der Zug führe ohne einen ab oder er verließe den Bahnhof durch das Drängeln auch nur eine Sekunde früher. Aber das geschieht garantiert nicht! Wenn es in China irgendetwas gibt, was pünktlich abfährt, sind es Züge. Und das bei dem ungeheuer weit verzweigten Eisenbahnnetz, das nur nachts beansprucht zu sein scheint: Egal wohin man fährt, ob es nur 300 km sind oder 1200, immer ist es eine Nachtfahrt. Da braucht man allerdings ein Bett und hat die Auswahl zwischen *hard-* oder *soft-sleeper*. Letztere sind genau wie unsere 4-Bett Abteile abgeschlossene Zimmerchen mit Tür, neuerdings sogar mit einem Bildschirm pro Koje. Das entspricht mir natürlich gar nicht, schließlich muss ich

sehen, was draußen auf dem Flur los ist, also reise ich immer im *hard-sleeper*, wobei der Name irreführend ist: Die Betten sind keineswegs härter, höchstens etwas schmaler als die in der *soft*-Klasse. Außerdem handelt es sich um 6-Bett-Abteile, die aber nicht durch Wände vom Gang abgetrennt sind, so dass man wie in einem Großraumwagen liegt und genau mitbekommt, was da so alles geschieht. Nicht immer angenehm, aber ausgesprochen interessant. Wenn man wie ich häufig die einzige Langnase im ganzen Zug ist, gibt es manchmal einen regelrechten Langnasen-Tourismus, viele wollen schließlich einmal solch ein fremdartiges Wesen beim Essen, Trinken, Schlafen ansehen, vielleicht mit irgendetwas füttern. Zurzeit vorwiegend mit Mondkuchen, der typischen kuchenartigen Süßspeise zum anstehenden Mondfest, die gefüllt ist mit Leckereien wie hartem Eigelb in marzipanartiger Masse oder rote-Bohnen-Paste. Zu den übrigen Jahreszeiten findet die Fütterung mit Obst oder Keksen statt, die einem direkt mit der Hand in den Mund gestopft werden.

Auch an meinem außerkulinarischen Gebaren wird reges Interesse genommen: So werden meine Lektüren immer wieder von einem Mitschläfer von schräg über mir, ohne zu fragen oder auch nur einen Blick in Richtung der Besitzerin zu verschwenden, entführt. Besonders das Buch über Lhasa und eine alte Brigitte scheinen beliebt, haben auch wirklich schöne Bilder, was wichtig ist, denn Englisch oder Deutsch lesen kann niemand von meinen Nachbarn. Wie gesagt, mit der Distanz hat man es hier nicht so. Je nach meiner subjektiven Verfassung oder der Anzahl der Fütterer, ungenierten Gaffer oder Mitleser ist das manchmal lästig, aber schließlich ein Stückchen China, frei gewählt und für mich Teil des Vergnügens.

Irgendwann ist es dann soweit: 99% der Zuginsassen, ob *hard*- oder *soft*-Schläfer, packen das aus, was die klassenübergreifende Einheit Chinas noch aufrecht erhalten wird, wenn es

Australien ruft Südheide

die kommunistische Partei eines Tages schon nicht mehr gibt: die Nudelsuppe! Ausgewählt aus einem riesigen Angebot von Pötten, die zwar unterschiedlich bedruckt sind, deren Inhalte für mich jedoch völlig gleich schmecken, wird der Topf von einer Plastikfolie befreit, der Stanniol-Deckel bis auf eine kleine, aber sehr wichtige Stelle abgeschält, dem Behälter ein Plastik-Minigäbelchen entnommen und die drei im Becher befindlichen Cellophantütchen nacheinander auf den zum Vorschein kommenden runden Pressnudelblock entleert: Gewürze (leider zum Großteil Glutamat, aber darüber sehen selbst eingefleischte MSG-Gegner wie ich bei ihrer Lieblingssuppe hinweg), winzige Trockengemüseschnipselchen und eine Fett-Gewürzmischung unbekannter Provenienz. Man begibt sich sodann zum riesigen metallenen Heißwasserspender am Ende eines jeden Waggons, in dem es vor sich hin köchelt, lässt etwa 200 ml kochendes Wasser in seinen Bottich laufen, klappt den Deckel wieder über die Brühe, die kompetentesten Obersuppennasen klemmen die vorerwähnte Gabel geschickt so an den Becherrand, dass der Deckel nicht wieder hochschnellt, sondern die Suppe wunderbar heiß hält, und dann werden Hunger und Geduld auf eine harte Probe gestellt: Man muss etwa fünf Minuten warten, bis die Nudeln aufgeweicht sind und man in den Bottich abtauchen darf. Welch ein Schlabbern und Schlürfen, Sabbern, Schwitzen und Triefen angesichts dieser scharfen und ungemein sättigenden Nationalspeise! Dann noch ein kleines oder größeres Bäuerchen und man darf sich zufrieden und satt grunzend zur Nachtruhe niederlegen.

Chinesen müssen Lippen aus Asbest haben. Sie schlürfen die kochendheiße Suppe in Rekordzeit in sich hinein, die dampfenden Nudeln, die ihnen eben noch zwanzig Zentimeter aus dem Mund hingen, verschwinden in Sekundenschnelle, ohne erkennbare Brandspuren zu hinterlassen und ohne durch das tiefe, geräuschvolle Einatmen direkt in die Lunge gesaugt zu werden. Erstaunlich und nicht zur Nachahmung empfohlen.

Nudelsuppe im Zug ist Kult. Der Gedanke, ohne Nudelsuppe einen Zug zu besteigen, ist so absurd wie der Besuch eines Schwimmbades in einer Daunenjacke. Je nach Länge der Fahrt führt jeder Reisende ein bis vier Pötte mit. Auf einer der längeren Strecken am Rande der Taklamakan Wüste in Xinjiang im Seidenstraßen-Westen Chinas haben wir vor einigen Jahren einmal hochgerechnet, wie viele Pötte das auf den ganzen 19 Waggon langen Zug ungefähr ergibt und kamen darauf, dass man mit den dicht an dicht ineinander gestapelten leeren Bechern mühelos einen Zugwaggon füllen könnte. Nur gut, dass Fenster in chinesischen Zügen nicht zu öffnen sind, sonst wäre sicher schon so manches Bäuerlein am Wegesrand von Flugmüll erschlagen worden.

Der nächste Morgen bringt diesmal nach einer angenehm durchschaukelten Nacht ohne lauten Schnarcher in der unmittelbaren Nachbarschaft leider ein sehr diesiges Erwachen, nachdem wir in Peking noch bei relativ klarer Luft losgefahren waren. Die Omi mit etwa 15 Monate altem Baby im Bett neben mir schält sich gerade aus der Decke. Ihre Nachtruhe kann angesichts des raumgreifenden kleinen Mädchens neben sich kaum der Rede wert gewesen sein. Aber süß ist die Kleine! Sehr zufrieden beschäftigt sie sich stundenlang damit, den Verpackungskarton einer Zahnbürste genauestens zu untersuchen, unter der Bettdecke zu verstecken, ihn von der anderen Seite freudestrahlend wieder auszugraben, ihn mir, ihrer Oma und den anderen Familienmitgliedern von nebenan zu zeigen und ihn schließlich in seine Einzelteile zu zerlegen und auf meinem Bett zu deponieren. Dabei stelle ich belustigt fest, dass sich meine Chinesischkenntnisse offenbar auf dem Niveau dieses kleinen Mädchens befinden, denn ihre Verwandten sind angesichts ihrer Aussprache, ihrer Töne, genauso ratlos, wie meine ‚Gesprächs'-partner es oft

Australien ruft Südheide

sind. Omi und Tante wiederholen das Wort, das Lütti gluckst, in allen in Mandarin möglichen vier Tönen und blicken verständnislos drein, bis eine von ihnen einen Geistesblitz hat und der Kleinen das Wort mehrfach in der einzig richtigen Bedeutung mit dem einzig wahren Ton vorspricht. Ich hab's schon immer gewusst: Eine Oma braucht der Mensch, dann hätte selbst ich vielleicht Chinesisch gelernt! Ich würde so gerne verstehen, was die Leute um mich herum sagen! Chinesen unterhalten sich viel und angeregt, lachen oft und gestikulieren heftig – und ich verstehe nur wenige Wörter, was aber zur Folge hat, dass ich noch neugieriger werde und mich ärgere, so wenig verstehen, geschweige denn sprechen zu können.

Aber wie viel Sprache braucht der Mensch? Ich hatte zu Beginn meiner Jahre in Beijing einen dreimonatigen Intensivkurs belegt, der mich jedoch jeglichen Soziallebens beraubte, denn außer Arbeit und Chinesischkurs war nichts mehr möglich. Er brachte sogar eine Menge, ich konnte Dinge sagen wie: „Ich gehe heute Nachmittag um viertel nach drei mit meiner Freundin auf den Russenmarkt hinterm Ritan Park und kaufe meiner Mutter in Deutschland ein goldenes Teeservice und einen Kaschmirschal zu ihrem 70. Geburtstag am kommenden Montag." Da ich aber beruflich nichts mit Chinesen zu tun hatte, verlernte ich das allermeiste leider sehr schnell und beherrsche jetzt nur noch das, was ich im täglichen Leben brauche: empörtes Feilschen auf den Märkten, Restaurant- und Reisewortschatz und unabdingbare landestypische Smalltalk-Bröckchen: Woher kommst du? Wohin fährst du? Was arbeitest du? Wie viel verdienst du? Wie alt bist du? Waaaaas, so alt schon? - Danke bestens! Chinesen können offenbar das Alter von Westlern genauso schlecht einschätzen wie anders herum.

Überhaupt scheint *ein* Chinese, *ein* Deutscher, *ein* einzelner, welcher Nationalität auch immer, über das gleiche zu lachen oder zu weinen und stimmt gerne in irgendwelche Lieder im Bordsender ein, in denen es unweigerlich um Liebe geht – *wo ai ni*, ich liebe dich – und ist im Großen und Ganzen umgänglich. Wo ist dann der Knackpunkt? Wo setzen die nationalen Eigenarten ein? Wo entwickelt das Kollektiv in China diese Rücksichtslosigkeit gegenüber jedem, der nicht zur Familie oder zur *danwei*, einer Art Arbeits- und Nachbarschaftsgruppe, gehört? Respektlosigkeit und Selbstsucht, die sich zum Beispiel im pöbelhaften und groben Verhalten im Straßenverkehr, beim gewissenlosen Kopieren jeglicher Konsum- und Produktionsgüter oder dem massiven und egoistischen Einmischen in die Politik afrikanischer Staaten zeigen? Es gilt Darwinismus, wer sich nicht wehren kann oder Skrupel zeigt, wird platt gemacht, ausgenutzt. Auch hier bedaure ich es, die Sprache nicht zu beherrschen: Ich will hinterfragen, wenn ich etwas beobachte, mich einschalten. Nicht missionieren, sondern einfach aus meiner Verständnislosigkeit heraus und dem Interesse daran, wie die Chinesen ticken, Fragen stellen. Wenn ich die berühmten drei Wünsche frei hätte, wäre einer mit Sicherheit, sofort alle Sprachen dieser Welt zu beherrschen. Auch wenn Sprache nur *ein* Medium ist und ich immer noch sehen, riechen, hören und spüren kann, was um mich herum geschieht, fehlen mir die Sprachkenntnisse in solchen Momenten sehr.

Es ist 14 Uhr. Kuriose, interessante oder einfach schöne Dinge gleiten entlang der Bahnstrecke an uns vorüber: eine pittoreske kleine Tempelanlage; ein verlassenes Schwimmbad mitten in der Löß-Steppe; zahlreiche in die Hänge gehauene, zum Teil nicht mehr bewohnte Lehmhöhlen; die unter Mao in unmenschlicher Plackerei angelegten Terrassenfelder; malerische oder ärmliche Gehöfte und Dörfer, die sich in den Schutz hoher Stampflehmmauern schmiegen; zerklüftete, erodierte oder wieder aufgeforstete Hänge und immer wieder vereinzelte, gebückt arbeitende Bauern. Der Waggonboden ist bedeckt mit ausgespuckten

Sonnenblumenkernhülsen, Plastikverpackungen, Birnenschalen und anderem Müll – es wird Zeit, dass wir ankommen.

26. September 2007

Es ist kalt. Saukalt. Xining war eine Enttäuschung, ein zwar ganz hübscher, großzügig angelegter Ort, aber eben doch nur eine weitere chinesische Großstadt und so bin ich gleich am nächsten Morgen in Richtung Xiahe weitergereist. Eingepfercht zwischen zwei alten Pilgerinnen, die dem Ziel ihrer Pilgerreise im Kloster Labrang in diesem kleinen, zugigen und trotzdem verqualmten Bus rasch näher ruckelten, und einem jungen Pärchen saß ich auf dem mittleren Platz hinten im Bus. Unschöne Erinnerungen an meinen Busunfall damals in Südchina wurden wach, wo der Überlandbus, in dem ich saß, frontal mit einem anderen Bus zusammenstieß, was mir zunächst ungewollte, dann aber durchaus nicht unangenehme Einblicke in eine Dorfklinik in tiefster Provinz bescherte. Man bemühte sich rührend um mich und so waren die Abschürfungen und das blaue Auge schnell verschmerzt, aber der Schock des Unfalls sitzt offenbar doch noch immer tief. Ach was, so etwas passiert einem nicht zweimal! Etwa die Hälfte der Passagiere waren Mönche, wie immer auf den Strecken nach Labrang, einer bedeutenden Pilgerstätte für Gelbkappenmönche wie für andere Gläubige. Die 6-stündige Busfahrt durch Regen und Wolken war deprimierend, vor allem, weil sich hinter den Nebelschwaden eine großartige Landschaft verbergen soll. Auch Xiahe wurde nach ein paar Stunden Sonnenschein bei unserer Ankunft später von eisigem Dauerregen eingehüllt, es schüttete und schüttete. Und schüttete. Erstaunlicherweise waren die Bergspitzen heute Morgen – soweit man sie trotz der Wolken sehen konnte – nicht mit Schnee gepudert. Mein Gott, ist das kalt hier! Bin lange in meinem mollig warmen Bett geblieben unter einer dicken, schweren Decke aus gezupfter Schafwolle, bei deren Herstellung ich schon oft zugeschaut habe. Denn das gehört für mich neben faszinierenden Landschaften und Wanderungen zum Interessantesten, was Urlaub in China bietet: Menschen bei ihren archaischen Arbeiten zu beobachten, während ich durch die Altstädte schlendere, soweit diese noch existieren und nicht dem so genannten Fortschritt zum Opfer gefallen sind. Kashgar ganz im Westen der chinesischen Seidenstraße ist zum Teil noch so ein Highlight, auch wenn die Adobe-Altstadt schon von allen Seiten von neuen Straßen und nichtssagenden, modernen Gebäuden angefressen wird. Dort kann man wie sonst vorwiegend in kleinen Dörfern meist alte Handwerker beobachten, die sehr stolz sind, wenn sich jemand für sie und ihre uralten, genial einfachen Maschinen interessiert: Besitzer von Erdnussölpressen und prähistorischen Nähmaschinen, Papierschirm- und -fächerhersteller, Ledergerber, Freiluft-Zahnärzte und -Barbiere, Schmiede, Müller, Färber, Nudelschneider, alle möglichen Schlächter und Schächter. All diese Betriebe sind sicher nicht auf dem neuesten Stand der Technik, entsprechen bestimmt nicht unseren Vorstellungen von Hygiene- oder Arbeitsschutzvorschriften, riechen oder klingen für unsere Nasen und Ohren unzumutbar, aber es sind sinnvolle, häufig sehr harte Arbeiten, die die Menschen ernähren und uralte, faszinierende Traditionen am Leben erhalten. Sie degradieren die Handwerker nicht zu stupiden Rädchen in einer der T-Shirt-, Sportschuhschnürsenkel- oder BH-Ösenfabriken, die überall in China stehen und uns die spottbilligen, aber unter moralisch fragwürdigen Bedingungen hergestellten Waren aus Fernost bescheren.

Dreimal war ich schon in Xiahe, so oft wie nirgends sonst in China. Irgendetwas zieht mich immer wieder zurück, wenn ich sozusagen in der Gegend bin, also aktuell nur 300 km entfernt. Xiahe steht synonym mit Labrang. In diesem aktiven tibetischen

Australien ruft Südheide

Gelbkappenmönch-Kloster leben noch zweitausend praktizierende Mönche unter einfachsten, sehr harten Bedingungen auf fast dreitausend Metern Höhe. Das Wetter ist bei meiner Ankunft kalt, nebelig und nass, das Klosterdorf liegt wie ausgestorben, nur einzelne Pilger oder frierende Mönche eilen gebeugt ihren Unterkünften entgegen oder vertreiben sich die Zeit im Dorf. Einige junge Mönche sitzen im einzigen Internetcafé, zwei spielen Ballerspiele. *Boys will be boys.* Die kargen Lebensbedingungen in Labrang haben etwas Mittelalterliches: Kloake in den Straßen, einfachste Zustände im Kloster – heutzutage allerdings mit Fluchtmöglichkeiten wie dem Internetcafé. Es herrschen am Tage nur 4 Grad – und das schon jetzt im September. Es ist erst Herbst, im Winter wird es hier auf 2800 Metern -20 Grad kalt. Ist das Glaube oder der Mangel an Alternativen? Viele der Mönche machen auf mich nicht den Eindruck tiefen Glaubens oder Wissensdurstes, denn Klöster sind hier, wo weiterführende Schulen oder gar Universitäten fern sind, noch immer Hauptorte der Wissensvermittlung, nicht nur der buddhistischen Religionslehre, sondern zum Beispiel auch der Medizin, Astronomie und Literatur. Es ist Tradition, dass *ein* Sohn der Familie Mönch wird – die ethnischen Minderheiten in China dürfen trotz Einkind-Politik mehrere Kinder haben – und es ist im Vergleich zu dem, was sie im entbehrungsreichen Leben im Hinterland ihr Zuhause nennen, wohl trotz der Härten ein vergleichsweise erstrebenswertes Heim.

Für mich als verwöhnte Westeuropäerin ist es kaum vorstellbar und zugleich bewundernswert, wie man auf solch eine Art und Weise überleben kann. Dieser Gedanke ist seit Jahren angesichts dessen, was ich manchmal unterwegs sehe, mein Dauerbegleiter: eine tief empfundene Dankbarkeit, dass ich zufällig, wirklich absolut zufällig und ohne mein Zutun oder ohne meinen Verdienst, zur richtigen Zeit am richtigen Ort geboren wurde. Hinein in ein so sicheres, reiches und lebenswertes Leben, frei von wirklichen Anstrengungen und täglichen Überlebenskämpfen. Nicht als Bauer in der chinesischen Provinz oder einem anderen x-beliebigen Entwicklungsland. Nicht als Kindersoldat in Zentralafrika. Nicht als Frau in einem für Frauen rechtsfreien Land. Stattdessen bin ich nur ein kurzfristiger Besucher, der sich nach angemessener Zeit, die er selbst bestimmen kann, wieder in sein sicheres Leben zurückzieht und den staunenden Freunden exotische Urlaubsfotos präsentiert. Fühlt sich manchmal ziemlich schäbig an, dass man nicht mehr tun kann, als ein paar Euro hier und da irgendwelchen Organisationen zukommen zu lassen und zu hoffen, dass das Geld an geeigneter Stelle verwendet wird. Aber ist nicht letztlich alles, was der Einzelne tun kann, maximal ein Tropfen auf den heißen Stein, der trotzdem getropft werden muss? Steter Tropfen ...

Du schreibst in deinem Brief über den Begriff Glück. Bin ich in meinem Leben glücklicher als diese Menschen? Sie kennen keine Alternativen, zumindest bis das Fernsehen in ihrem Dorf Einzug hält. Aber merkwürdigerweise scheinen die Menschen in China das, was ihnen da ins Haus flimmert, kaum auf sich zu beziehen. Sie nehmen die bunten Bilder nicht für bare Münze, fordern also nicht als vermeintlich logische Konsequenz für sich ähnliche Annehmlichkeiten, ein ähnliches Leben. Sehr klug! Ich denke, diese Dummheit begehen wir im Westen permanent: Jeder will aussehen wie die Models in der Werbung. Will die perfekte Beziehung führen – was auch immer das sein mag. Will ein Maximum an Spaß und eigener Erfüllung. Glück eben. Ganz schön vermessen! Und völlig unrealistisch, wie Umfragen über den allgemeinen Grad der Zufriedenheit in unterschiedlichen Ländern immer wieder zeigen. Da rangieren die Industrienationen, die objektiv so viel mehr haben, meist hinter irgendwelchen nach unseren Kriterien armen und potentiell unglücklichen Entwicklungsländern. Die Menschen hier scheinen noch mit einem kleineren,

Australien ruft Südheide

ganz konkreten Glück zufrieden, das häufig ihrem täglichen Leben entspringt. Sie laufen nicht großen, hehren Zielen hinterher, machen stattdessen das Beste aus ihrer Situation, freuen sich, wenn sie einen Lappen zum Abwischen haben, wenn die Taube sie von oben erwischt hat.

Wetter bestimmt immer stark die Stimmung, kein Wunder also, dass ich bei 4 Grad und Dauerregen so langsam schwermütig und miesepetrig werde und die Gedanken sich eher ernsten Themen zuwenden als bei 32 Grad im Schatten am Strand von Koh Samui. Bin eben kein Mensch für nasskaltes Schmuddelwetter. Aufheiterung muss her: Ein köstliches nepalesisches Essen im Everest Café und die Jagd nach einem erschwinglichen, original tibetischen Nomadenzelt für einen Freund in Deutschland schaffen den Durchbruch. Selbst Xiahe sieht wieder ganz freundlich aus und das liegt nicht nur an meiner subjektiven Wahrnehmung! Eine Münchner Freundin, die seit 15 Jahren jeden Sommer für 4-6 Wochen hier in die Gegend kommt und sich ein zweites Zuhause aufgebaut hat, berichtete neulich Erstaunliches: In einigen Orten im Hochland von Gansu und Sichuan scheint man aufgewacht zu sein, wohl nicht zuletzt, weil sich die Touristen beschweren: Alte Bauten lässt man nicht mehr verrotten, sondern restauriert sie mehr oder weniger behutsam. Eine einfache Kanalisation inklusive Klärgruben und eine Müllabfuhr (!!) werden eingerichtet. Es gibt in einigen Dörfern Auflagen für Hausbesitzer, die scheußlichen, weißen Kacheln, mit denen 80% aller Gebäude in ganz China verschandelt sind, zu entfernen und wieder Holz als das ursprüngliche Baumaterial zu verwenden. Auf unterster kommunaler Ebene gibt es in China so etwas wie demokratische Wahlen. Da tun die Bürgermeister, wenn sie wiedergewählt werden wollen, gut daran, Maßnahmen anzuordnen, die vordergründig Touristen anlocken, aber das Ergebnis ist letztlich die Verschönerung des Dorfes und vor allem die Schonung der

Australien ruft Südheide

Umwelt. Auch in Xiahe wird an der Hauptstraße gehämmert und gesägt, geschleift und gepinselt, gebohrt und gegraben. Bin schon auf meinen nächsten Besuch gespannt! Brauchst du zufällig ein hübsches tibetisches Zelt für deinen neu angelegten Garten?

Meine Laune ist abends bestens, das weiße Zelt mit wunderschönen blauen Applikationen und ein bisschen bunter Zubehör-Schnickschnack sind gekauft, verpackt, zur Post geschleppt und verschickt. Die quirlige und hilfsbereite Postangestellte mit der gleichen strubbeligen Dauerwelle wie vor einem Jahr schien mich sogar noch zu erkennen und strahlte erwartungsvoll, damals war ich gleich mit zwei Zelten angerückt. So viele bekloppte *laowai* (Ausländer), die Zelte um die halbe Welt schicken, hat sie wohl nicht zu bedienen. Mit viel chinesisch-deutschem Schnaufen und vierhändigem Quetschen landete das gute Stück schließlich im stabilen Karton, der aufwendige Papierkram war zwanzig Minuten später endlich erledigt und ich zog strahlend von dannen. Schlechtes Wetter? Kalter Regen? Berge im Nebel? Egal, *mission completed*, da kann ich morgen beruhigt nach Xining zurückfahren und mich der Vorfreude auf Tibet widmen!

27. September 2007

Jetzt geht's los. Die Türen sind geschlossen, der Zug rollt langsam aus dem Bahnhof von Xining in Richtung Südwesten, in Richtung Lhasa. Es ist 22.16 Uhr. Nur wenige brühen sich um diese Zeit ein Süppchen, es gibt wie üblich noch ein paar Missverständnisse, wem welche Koje gehört, jeden Moment müsste das Licht ausgehen. Das geschieht in chinesischen Zügen für gewöhnlich Punkt 22 Uhr, aber die Suchenden im Dunkeln tappen zu lassen, erscheint wohl sogar den notorisch schlecht gelaunten Zugbegleiterinnen

45
Australien ruft Südheide

zu bösartig. Für nicht zu rabiat erachten sie hingegen, den Reisenden um 7 Uhr morgens über Lautsprecher lautstark und auffällig vergnügt einen guten Morgen zu wünschen. Zackige Musik erklingt, das Licht geht an, der Run auf Toiletten und Waschbecken setzt ein. Man sollte tunlichst vermeiden, auf der Toilette die Nummer 57 von 60 Passagieren pro Waggon zu sein! Aber soweit sind wir noch nicht, zunächst einmal ist es einfach nur schön, in der Koje zu liegen, mit einem Tee in der Hand aus dem Fenster in die schwarze, mit einzelnen Lichtern gesprenkelte Nacht zu schauen und einfach die Gedanken schweifen zu lassen.

Die Rückfahrt nach Xining entschädigte für die Blindfahrt auf dem Hinweg: Alpine Kiefernschluchten, karge Steinwüsten, ein leuchtend türkiser Stausee, Felsformationen, die aussahen, als habe jemand mit einem riesigen Kamm Wellen- und Zickzack-Muster in einen gigantischen, mehrfarbigen Marmorkuchen gezogen. Strahlender Sonnenschein – und da sitzt man dann im Bus fest, eingequetscht zwischen rauchenden und röchelnden Mitmenschen und kann nicht raus! Diese Strecke würde ich gerne mit dem eigenen Jeep fahren, aussteigen, wann und wo ich möchte und zwischendurch immer wieder tagelang durch die Einöde trekken. Da war er wieder, der Haken mit dem allein reisen! In dieser Ecke des Landes gibt es kaum eine Backpackerkultur, man trifft sich nicht in immer gleichen Hostels und Kneipen, um sich für Trekks oder Ausfüge zu verabreden. Hier muss man schon mit jemandem zusammen herkommen. Mist.

Heute Morgen war ich der Verzweiflung nah: Man braucht immer noch eine teure schriftliche Genehmigung zum Preis von umgerechnet 100 Euro, um überhaupt nach Tibet reisen zu dürfen. Diese auszustellen dauert etwa 10 Tage, die ich in Peking nicht hatte, also sollte sie mir per E-Mail zugeschickt und dann ausgedruckt werden. Mein Reisebüro in Peking hatte mir eingeschärft, UNBEDINGT einen Farbausdruck machen zu lassen, da schwarz-weiß von den kontrollierenden Polizeibeamten nicht akzeptiert würde. Nun sollte man ja meinen, dass es nicht so schwierig sein kann, in einer 700.000 Einwohner zählenden Stadt einen Farbdrucker aufzutreiben. Fehlanzeige in den Internetcafés, blieben also gute Hotels. Mein Irrweg durch Xining führte mich in vier größere Hotels: Meiyou! Das ist das erste Wort, das man in China lernt, heißt soviel wie ‚Gibt es nicht, haben wir nicht, hatten wir noch nie und kriegen wir auch nicht wieder rein, also mach dich vom Acker, aber flott!' Nicht selten wird gewünschtes Gut nach dreimaligem Nachfragen oder verzweifeltem Blick oder festerem Auftreten oder nachdem eine 20 RMB Note den Besitzer gewechselt hat, dann doch unter dem Ladentisch herausgekramt. Besonders gemein fand ich, dass im Bus auf meiner Kreuzfahrt durch die Stadt ein Mann neben mir saß, der einen neu erstandenen Farbdrucker im Karton nach Hause transportierte. Zynismus des Schicksals.

Leichte Panik machte sich breit. Ich sah mich schon drei Wochen lang im Bahnhof Xining, einem Vorhof der Hölle, versauern, weil ich ohne Permit nicht in den Zug nach Lhasa darf. Dann das Business Center des einzigen 5-Sterne Hotels am Ort. Die Rettung erschien in Gestalt eines Angestellten an der Rezeption, der sehr gut Englisch konnte und – um die zweistündige Aktion abzukürzen – über einen Freund die Telefonnummer eines Bekannten, der in einer Werbeagentur arbeitet, herausbekam, Anruf, ok, wir können kommen, also zu Zweit dorthin, Farbkopien ausgedruckt, ich mich herzlich bei dem netten jungen Mann mit einem aufgezwungenen Scheinchen in seine Hemdtasche bedankt, fertig. Unglaublich! So ist es mir schon öfter in China ergangen: Man ist völlig verzweifelt, weil das einzige Wort, das man zu hören bekommt, mal wieder ein finales meiyou ist, und plötzlich erscheint von irgendwo her so ein Engel, der sich einfach nur

Australien ruft Südheide

freut, jemandem zu helfen und nebenbei seine Englischkompetenz vor staunenden Kolleginnen eindrucksvoll beweisen kann.

Dann noch ein entspannender Besuch im Kumbum Kloster, zwei Stunden Schlendern durch die engen Gassen am einzigen Sonnentag in Xining, herrliche Fotomotive ausnutzen und dann ging's zum Bahnhof, wo ich um 19 Uhr mit einer Dame aus dem örtlichen Reisebüro verabredet war, die mir mein Ticket für den Zug um 20.20 Uhr geben sollte. Leider hatte sie übersehen, dass mein Zug nach neuem Fahrplan erst zwei Stunden später abfuhr, was mir ganze drei einviertel Stunden im kalten, zugigen und stinkenden Bahnhof von Xining einbrachte! Eine Alternative gab es nicht, Cafés oder Kneipen sind nicht Teil der chinesischen Kultur oder werden erst ganz langsam aus dem Westen übernommen. Es gibt Momente, da würde ich meilenweit gehen für ein *Starbucks Café*!

Zugiger Bahnhof und endloses Warten liegen nun Gott sei Dank hinter mir, die Koje ist warm und gemütlich und endlich rolle ich in Richtung Lhasa! Jetzt wird geschlafen. Und von Tibet geträumt!

Herzlichst
Deine Sigrid

Südheide ruft Australien

Südheide

10. Oktober 2007

Liebe Sigimaus,

ehrlich gesagt, es schwirrte mir ein wenig der Kopf nach der Lektüre Deines Briefes. Diese Städte, Landstriche und Provinzen, von denen ich noch nie gehört hatte. Täglich tausend neue Eindrücke! Wie wenig überraschend ist dagegen mein täglicher Blick aus dem Fenster. Aber über einen monotonen Trott in meinem Leben brauche ich nicht zu klagen. Tatsächlich hätte ich ihn gerne hin und wieder, den Trott, aber jede Woche überraschen mich ungeplante Vorfälle oder Umstände.

Immerhin: Die Gärtner sind weg und das mediterrane Ambiente, das sie in unserem Garten hinterlassen haben, gefällt uns sehr. Ein paar Kleinigkeiten wollte der Gärtner noch erledigen, aber nun ward er seit einer Woche nicht mehr gesehen. Typisch Handwerker! Nun bin ich zwar im Moment ganz froh, keine Fremden im Haus zu haben, aber das weiß der ja nicht!

Zu den aktuellen Ereignissen: Die Viren, die über Christian hergefallen waren, haben fatalerweise bemerkt, dass da noch ein Organismus fröhlich vor sich hinlebte, ohne ihre Bekanntschaft gemacht zu haben. Das änderten sie sofort und erwischten mich voll. Wenig hilfreich war es, dass der Pastor in den Urlaub fuhr und vorher die Heizung für das ganze Haus und damit leider auch für das Büro, in dem ich arbeite, abgestellt hatte. Am Montag wärmte ich mich während der Bürozeit immer mal wieder draußen auf. Da lockten zwar auch nur 11 Grad, aber wenigstens schien die Sonne. Da man keine Chance hat, sich bei der Ausstellung von Taufurkunden, Urnenannahme-Bescheinigungen oder beim Kollektenzählen warm oder gar in Schweiß zu arbeiten, brachte ich mir am

Südheide ruft Australien

Mittwoch einen Heizlüfter mit. Sofort heizte ich die Bude derartig auf, dass ich mich in der heimeligen Atmosphäre etwas zu sehr in die Arbeit versenkte. Hätte nicht jemand um zwei Minuten nach vier angerufen und mich damit aus den Tiefen der Friedhofsverwaltung gerissen, hätte ich glatt den Feierabend verpasst. Das wäre prinzipiell nicht weiter schlimm gewesen, wenn da nicht der kleine Christian in der Garderobe des Kindergartens gesessen und auf seine Mama gewartet hätte.

Zu Hause beschränkte ich meine Dienstleistungen auf das Minimum und kümmerte mich ausschließlich um Christian und um die Erhaltung der Vitalfunktionen der gesamten Familie. So hatte ich viel Zeit für Spiele, die keine körperlichen Anforderungen stellen, für das geliebte Vorlesen und für die eine oder andere Fernsehpause, bei der ich vor mich hindämmern konnte.

Mein Sohn fand die Lage sehr angenehm, ebenso wie ich zuvor, als ich seinetwegen alle Termine abgesagt und mir damit einen halben Urlaub beschert hatte. In einer Nacht hatte er dann aber Gelenkschmerzen, die uns beide um den Schlaf brachten. Der Versuch, ihn durch Vorlesen vom Schmerz abzulenken, scheiterte, da mir dabei immer die Augen zufielen. Ich schlug vor, Lieder zu singen. „Welches denn?", nölte Christian. „Vielleicht *Der Mond ist aufgegangen?*" – „Zu traurig!" – „*Fuchs, du hast die Gans gestohlen?*" – „Zu brutal!" – „Na warte", dachte ich und fing an *Zehn kleine Negerlein* vorzuträllern, ein ihm unbekanntes Lied, das ich bisher wegen diskriminierender Wortwahl und Gewaltverherrlichung vermieden hatte. Dabei versuchte ich natürlich gleich, die „brutalen" Teile zu entschärfen: In der Scheun´ ist kein Negerlein vom Dach gefallen, sondern es hat sich nur im Heu versteckt, sechs kleine Jungs gingen auch nicht in die Sümpf, sondern nur ohne Strümpf und so fort. Dann klärte ich noch auf: „Ach übrigens, Christian, Neger darf man zu schwarzen Menschen nicht sagen, das ist eine ganz üble Beschimpfung und Beleidigung." Mein fünfjähriger Sohn zeigte sich verständig: „Ah, alles klar, so wie ´fick dich´, oder?" Schluck! Was sagt man dazu? „Äh ja, so ungefähr." Also weiter im Text. Als ich das Lied zu Ende gesungen hatte, gefielen mir einige Strophen noch nicht. Also fragte ich: „Fällt dir noch etwas ein, das sich auf ´sechs´ reimt? Das mit der Hex´ ist ja auch ganz schön fies." Mein Kind grübelte eine Weile und schmetterte dann stolz los: „Sieben kleine Negerlein spielten mit ´ner Flex, das eine hat sie an´ Kopf gekriegt, da waren es nur noch sechs!" Ich habe gebrüllt vor Lachen. Da macht man sich Gedanken, wie man Schaden von der kindlichen Seele abwendet und macht die kleinen Negerlein zu einem Rudel Schoßhündchen, und der mäht die ganze Bande einfach nieder! Immerhin hatte Christian seine Knieschmerzen vergessen, ich war wieder so wach, dass ich noch etwas Kindgerechtes vorlesen konnte und die Sache mit dem ´Fick dich´ habe ich am nächsten Kindergartentag geklärt.

Am Donnerstag raffte ich mich dann trotz Erkältung zur Theaterprobe auf. Nein, ich bin nicht einer plattdeutschen Laienspielgruppe beigetreten, ich habe nur einen taktischen Fehler begangen. Im letzten Kindergartenjahr hatte ich mich maßlos darüber geärgert, dass keine Fahrt zum Weihnachtsmärchentheater unternommen wurde. Ich lamentierte, dass so viele Kinder privat kaum mit Theater in Berührung kommen und wenn nicht Kindergarten und Schule den Kindern den Zugang zu dieser Welt öffnen, wer bitteschön dann und dergleichen mehr. Auf Christian trifft dies zwar nicht zu, den versuche ich schon aus Eigennutz für das Theater zu begeistern, aber es teilen nicht alle Eltern diese Vorliebe für kulturelle Genüsse und das Geld sitzt auch nicht überall so locker. In diesem Jahr nun wird der Kindergarten fünfzehn Jahre alt, also gemäß Wahrenholzer Sitte: großes Fest. Bei den Vorbereitungen von Festgottesdienst, Reden, Tombola, Kaffee und Kuchen dachten die Organisatoren: „Wäre doch schön, wenn die Eltern eine Theatervorstellung geben würden." Also beugte sich die Leite-

Südheide ruft Australien

rin in der Elternvertretersitzung zu mir herüber, kurz nachdem ich mal wieder das Weihnachtsmärchen eingeklagt hatte, und sprach: „Marion, du bist doch so für Theater. Willst du das nicht machen?" Bingo! Mir fiel spontan nichts ein, wie ich mich aus der Sache herauswinden könnte. Also schrieb ich ein Theaterstück in Anlehnung an ein altes Kinderbuch, ein bisschen witzig, ein bisschen poetisch, und nun proben wir jeden Donnerstag. Ich hoffe inständig, dass ich mein Image hier im Dorf nicht restlos ramponiere. Ich werde von der Aufführung berichten.

Auf der anderen Seite hörte ich ein paar nette Reaktionen auf meinen Gemeindebriefbeitrag. Offen gestanden dachte ich lange Zeit, dass die meisten das Blatt nur überfliegen und die Termine notieren, aber ich wurde eines Besseren belehrt. Viele lesen das tatsächlich von vorne bis hinten durch und knausern nicht mit Lob. Ist das nun nicht rundherum schön? Das baut doch auf!

Diese direkte, fast hemmungslose Art des Gebens und Nehmens in diesem Dorf ist einer der Gründe, warum ich mich hier wirklich zuhause fühle. Manchmal denke ich zwar „Was wollen die noch alles von mir?", zum Beispiel wenn es darum geht, Brötchen für aus Afghanistan heimgekehrte Soldaten zu schmieren oder mit der Sammelbüchse für das Rote Kreuz durchs Dorf zu betteln, aber andererseits hätte ich von selbst nie Theater gespielt oder Artikel verfasst und die Freude daran wäre mir entgangen.

In den schwersten Zeiten haben sie mich hier wirklich festgehalten. Als Ronja starb, zog sich niemand zurück. Keiner unserer Freunde und Bekannten hat der Angst oder Scheu, mit uns umzugehen, erlaubt die Oberhand zu gewinnen. Solange Ronja noch in der Kapelle aufgebahrt war, rief jeden Morgen die Mutter des Bestatters an, um zu sagen: „Es ist alles noch so wie gestern." Ich war wie vernagelt, so dass ich gar nicht begriff, was sie uns damit sagen wollte. Wir hatten einen Schlüssel für die Kapelle und konnten jederzeit zu Ronja, und diese Frau sah jeden Morgen erst einmal nach, ob der Anblick, der uns erwarten würde, nicht einen noch größeren Schock auslösen könnte. Als Hans-Joachim wieder arbeiten musste, war ich nie länger als zwei Stunden allein. Es kam immer Besuch, die Leute müssen einen richtigen Plan aufgestellt haben, um mir keine Zeit zu lassen, in meiner Trauer restlos zu versinken.

Damals habe ich zu diesem Gefühl von Zuhause sein etwas geschrieben, nur für mich, was ich jetzt aber mit Dir teilen möchte:

Heimat

Und Heidekraut pflanze ich nicht! Und wenn ich die gesamte Erde austauschen muss, hier werden die prächtigsten Blumen wachsen, versprochen!

Zuhause, in der Heimat, wächst der Weizen ohne Beregnung. Schwarze, satte Erde, 60 Bodenpunkte sind das Minimum. Und die Seen, in denen wir nach Kuhfladenweitwürfen zwischen schwarzbunten Kühen gebadet haben. Holsteinische Schweiz, gerade richtig zum Rodeln, wenn es auch nicht so viele schneereiche Winter gab, wie ich in Erinnerung habe. Mit sechs Personen im Käfer die Kastanienalleen entlang gebrummt. Mamas Kölnisch Wasser, Papas Juno und unser Tri Top in der Nase, bis mir schlecht wurde. Blühende Rapsfelder riechen süß und schwer nach Heimat.

Wieso gibt es eigentlich keinen Plural? Ich habe zwei – zwei Heimate, Heimats, Heimaten.

Holstein ist die eine trotz mittelmäßiger, ungewürzter Küche. Immerhin schütte ich mir immer noch Milch über die Erdbeeren. Sorglose Kindheit, es geht immer nur bergauf, und der Käfer fährt und fährt. Wir werden es besser haben. „Bezaubernde Jeannie" und „Einer wird gewinnen". Die Eltern verfallen nur im Zorn noch ins Plattdeutsche, sonst geben sie sich die allergrößte Mühe, uns ordentliches Deutsch beizubringen. Heute kann ich alles Plattdeutsche verstehen, aber nur Schimpfworte sprechen. Wir werden erwachsen: Udo Linden-

Südheide ruft Australien

berg, Deep Purple, Fahrschule schon im schnittigen Golf. Die Teststrecken für das Autofahren und für andere Übungszwecke schlängeln sich durch die hügelige Landschaft – und alle Naslang ein schützender Knick. Brokdorf, wilde Feten, Persico und Cola Rum bis zur großen Abschiedsparty.

Ein bisschen Wehmut, ein bisschen Sehnsucht. Aber genug, um zurück zu wollen? Die Freunde in alle Winde zerstreut, möchte ich wirklich meinem ersten Traummann wieder begegnen? Womöglich mit Fliege und spärlichem Haarkranz oder schlimmer: Immer noch im Parka auf der Kreidler Florett?

Und hier? Hier sind die Freunde – jede Menge. Und die haben viel für uns getan und haben uns gehalten in der trostlosesten Zeit. Die sind mit uns gealtert und wir haben es gar nicht bemerkt. Angezogen vom Lockruf des Gehalts mit Wüstenzuschlag haben wir hier unser Leben entworfen. Alle neun Monate ein neues Auto, heute gehe ich nicht einmal mehr vor die Tür, um mir das neue Auto anzusehen. Die Vorstellung, wieder höchstpersönlich beim TÜV vorzufahren, ist der blanke Horror.

Wohnen auf dem Lande, direkt am Werk lieber doch nicht. Neues wird vertraut. Im Spargelschälen Rekordversuche unternommen, Schützenfeste durchgefeiert, mit einem Hauch von Wir-Gefühl den VfL-Aufstieg verfolgt und mit ein bisschen Stolz jeden Gast in die Autostadt geschleppt.

Hier sind wir nur waagerecht gerodelt, denn mit Hügeln hat man es hier nicht so, baden kann man nur im Badeland und nicht im Meer, aber die Sterne haben wir vom Liegesessel aus über uns vorüberziehen lassen.

Manchmal, wenn es gerade geregnet hat, riecht der Raps auch hier wie damals, und ein Rest von Unbeschwertheit lässt sich ahnen. Aber nun liegst Du hier in der sandigen Erde für immer, mein Kind. Ich kann hier nie wieder weg, hier ist nun meine Heimat.

So, nun weißt Du, was bodenständig macht. Übrigens: Die Schleifen, die Du Ronja geschenkt hast, habe ich immer noch.

Marion

TIBET

28. September – 18. Oktober 2007

18. Oktober 2007

Die letzten Zeilen hatte ich auf der Fahrt von Xining nach Lhasa geschrieben, jetzt sitze ich in umgekehrter Richtung im Zug mit dem Ziel Beijing Westbahnhof, 48 Stunden non-stop. Vor dem Zug baut sich gerade ein Schneesturm auf. Die Tümpel entlang der Bahnstrecke sind auch jetzt im Oktober schon zugefroren, der kräftige Wind treibt den Schnee flach über den Boden. Die Arbeiter an der Bahnstrecke stemmen sich in ihren dick wattierten Mänteln und Balaklava-Mützen, aus denen nur die Augen herausblinzeln, gegen den Wind und blicken verfroren zu unseren Fenstern auf. Noch ist dieser Zug neu für sie, die spektakuläre Strecke wurde erst vor wenigen Monaten in Betrieb genommen. Im Westen türmen sich bizarre Wolkenformationen auf, Richtung Norden verdüstert sich der Himmel, dort schneit es schon. Parallel zur Schiene verläuft die einzige Verbindungsstraße von Lhasa Richtung Norden, auf der sich überladene Lastwagen voranquälen. Ob die Fahrer hier wohl auch mit den üblichen abgefahrenen Sommerreifen, die jede Fahrt zu einem Abenteuer werden lassen, unterwegs sind und im Führerhäuschen übernachten? 22 Uhr, minus 9 Grad, Herbst in Tibet.

Tibet liegt hinter mir: Die unsichtbare, aber eindeutig vorhandene innerchinesische Grenze zwischen Tibet und China muss irgendwo hier liegen. China – Tibet, was für ein Unterschied!

Schon die Ankunft mitten in der Nacht in Lhasa war ein spannender Einstieg in eine andere Welt. Mein Taxi fuhr mitten hinein in die Altstadt von Lhasa. Ich sah zum ersten Mal den Jokhang

Tempel und den ihn umkreisenden Barkhor Pilgerweg, die engen, nur spärlich von altertümlichen Straßenlaternen erleuchteten Gassen, die verlassenen und gespenstisch aus dem Dunkel auftauchenden Verkaufsstände, die den Barkhor säumen, roch den auch nachts noch allgegenwärtigen, intensiven Duft von buddhistischem Räucherwerk. Es qualmte aus den zahlreichen Öfen, die alle paar Meter am Barkhor stehen. Wir fuhren im Schritttempo hinter vier dunklen Gestalten her, die uns am Jokhang Platz abgeholt hatten, da der Taxifahrer die per Telefon durchgegebene Wegbeschreibung nicht verstanden hatte, und standen nach wenigen Minuten vor meinem Hostel, dem *Barkhor Namchen House*, gebucht erstmal für eine Nacht, man weiß ja nie.

Mein Einzelzimmerchen mit breitem Doppelbett im dritten, obersten Stock entpuppte sich als kleines Juwel und willkommene Erholung nach den öffentlichen Nächten in Zug und Schlafsälen. Wände und Decke waren mit kräftigen Farben und tibetischen Motiven verziert, die Sonne schien fast den ganzen Tag hinein und der Blick ging in den für die Altstadthäuser Lhasas üblichen Innenhof. Auf der Galerie vor meinem Fenster stand eine einladende, leuchtend gelb gestrichene Bank, auf der ich oft saß, einen Kaffee trank und den Blick auf das Treiben im Hostel genoss oder schlicht versuchte, nach den 36 Stufen in dünner Luft – Lhasa liegt auf über 3600 Metern Höhe! – wieder zu Atem zu kommen. Die Duschen waren dank Solaranlage 24 Stunden am Tag heiß und sauber, ebenso die Toilette. Die Angestellten waren hilfsbereit, sprachen allerdings leider so wenig Englisch wie ich Chinesisch oder gar Tibetisch, was nie ein Problem darstellte, aber mir leider keine Gelegenheit gab, Antworten auf meine vielen Fragen über Tibet zu bekommen. Ganz klar: Ich blieb nicht nur die eine Nacht, sondern die gesamten drei Wochen, sah andere kommen und gehen und wechselte mal

Australien ruft Südheide

nicht in schnellem Rhythmus Bett oder Koje. Ich fühlte mich fast als zum Inventar gehörig und freute mich während der Ausflüge auf mein ‚Zuhause'. Eine solche Basis tat gut!

Von den Ausflügen gab es reichlich, zu Fuß, mit dem Fahrrad, dem öffentlichen Bus oder per gemietetem Jeep. Die ersten zwei Tage waren allerdings erstmal vollgestopft damit, diese Stadt, die alle Sinne heftig in Anspruch nimmt, zu erkunden: eingehüllt in den Geruch von Räucherwerk treppauf und treppab steigen, wieder zu Atem kommen, langsamer weiter stöbern, um Ecken biegen, die in unbekannte Gassen führen, in alle möglichen Höfe, Töpfe, Tempel und Geschäfte hineinschnuppern, die Einheimischen in ihren bunten Nationalitäten-Trachten bestaunen, in Gedanken Notizen von den Winkeln und Orten machen, die ich mir nach der Ersterkundung näher anschauen will – abends war ich dementsprechend erledigt. Außer an einem einzigen Abend, an dem ich mich mit einer Freundin aus Peking traf, war ich jeden Abend spätestens um neun zu Hause. Die dünne Luft forderte ihren Tribut von meiner üblichen Unternehmungslust.

In der traditionell tibetischen Altstadt von Lhasa kann man sich nicht verlaufen. Sie bildet eine von Straßen umringte etwa anderthalb mal einen Kilometer große Fußgängerzone, innerhalb derer die Gebäude tatsächlich noch genau so aussehen, wie man sie von Bildern kennt, wie kleine Abbilder des Potala: sehr massiv wirkende weiß getünchte Steinhäuser mit dicken Wänden und bunten Fenstern und Türen, über denen nach tibetischer Sitte farbige Stoffbaldachine im Wind flattern, immer in Bewegung. Alt-Lhasa ist durchzogen von unzähligen schmalen Durchgängen, Gassen und Sträßchen, viele sind Sackgassen und enden in Wohnhöfen voller bunter Blumen mit einem Brunnen in der Mitte. Niemand verscheucht einen aus Höfen und von Treppen und genau wie in den alten Hutong-Gassen in Peking sind die Bewohner genauso neugierig auf mich wie ich auf sie. Nur wenn ich die

Kamera zücke, winken sie manchmal ab oder drehen sich weg. So ist einer meiner Lieblingsbeschäftigungen ein Riegel vorgeschoben: Leute fotografieren. Diese ausdrucksstarken Gesichter, besonders die der Alten und der kleinen Kinder, sind die schönsten, aber auch schwierigsten Motive: Entweder sie bewegen sich und verwackeln auch die kürzeste Belichtungszeit oder sie wollen überhaupt nicht fotografiert werden oder sie sind sehr stolz, dass man sie aufnehmen möchte, und setzen sich aufrecht und ernst frontal in die Linse blickend hin – jeglicher spontaner Ausdruck und alle Originalität sind schlagartig verschwunden. Am liebsten halte ich also einfach drauf, komme mir dabei allerdings immer etwas als Eindringling in ihre Privatsphäre vor. Andererseits: Wie viele Langnasen bin ich schon unzählige Male von Chinesen gebeten worden, mich mit ihnen zusammen in inniger Umarmung vor irgendwelchen Sehenswürdigkeiten fotografieren zu lassen – eine zuerst ganz spaßige, aber mit den Jahren zunehmend nervige Prozedur. Meine Fotostreifzüge hier betrachte ich also als Art ausgleichender Gerechtigkeit.

In den vergangenen Wochen habe ich, wenn ich mich nicht verzählt hab, 17 Tempel und Klöster und zudem diverse Festungen besichtigt, trotzdem war ich nie *templed out*, hatte nie genug. Keine Angst, ich werde dir jetzt nicht alle einzeln in bester Reiseführermanier en detail beschreiben, aber die interessantesten müssen schon sein!

Wir bleiben in der Nähe: Gleich um die Ecke von meinem Hostel verstecken sich hinter Teppichverkäufern nebeneinander zwei uralte, kleine Tempel, der Meru Nyingba und der Jamkhang, deren älteste Teile wahrscheinlich aus dem neunten Jahrhundert stammen und eines gemeinsam haben: Du kommst ahnungslos herein und wirst zunächst eingehüllt in eine unglaubliche Hitze, die von zig Butterkerzen in allen Größen von einem Zentimeter bis zu einem Meter Durchmesser kommt, die mich fast dazu

Australien ruft Südheide

verleiten, mit Wachs und Dochten herumzumatschen, wie ich es zu Hause so gerne mache. Aber lieber nicht in diesem Tempel, sonst wäre ich innerhalb weniger Minuten sturzbetrunken, denn hier hat das auf dieser Höhe übliche schnelle Atmen unerwartete Nebenwirkungen: Du wirst unverhofft eingenebelt von einer schweren Alkoholwolke, die einem beim Eintreten wie ein nasser Lappen entgegenschlägt! Es ist, als würde man in der Sauna den Aufguss mit Doppelkorn machen. Im Tempel stehen nämlich nicht nur jede Menge Kerzen, sondern auch unzählige Messinggefäße, die – anstatt wie sonst üblich mit Wasser – hier mit Schnaps gefüllt sind! Anstelle von Opfergaben wie Obst oder moderneren Varianten wie Zigaretten oder Chips bringt der Pilger hier *Ergaotou*, einen spottbilligen chinesischen Fusel, den Göttern dar. Der Grund für dieses gasförmige Gelage an ungewöhnlichem Ort liegt in den Gottheiten, denen dieser Tempel geweiht ist.

Es gibt im tibetischen Buddhismus viele unterschiedliche Götter mit je eigenen Aufgaben, so zum Beispiel auch furchterregende Monstergötter, die dem hübschen Schreibfehler in einem Kloster, wo auf einem Schild *Monstery* statt *Monastery* stand, eine ganz eigene Logik geben. Und um diese etwas widersprüchlichen Typen, diese bösen Schutzgötter, zu besänftigen und gnädig zu stimmen, nimmt man am besten Schnaps. Logisch, ein betrunkener, ansonsten potenziell böser Gott hat offensichtlich Besseres im Sinn, als uns arme Menschen zu drangsalieren, und er verabschiedet sich unverrichteter Dinge. In diesem Tempel bleibt nur seine riesige Statue zurück, die neben all den Schalen, Kerzen und Flaschen so viel Raum einnimmt, dass der Besucher kaum, wie es sich in einem buddhistischen Tempel gehört, im Uhrzeigersinn um sie herumgehen kann, während er seine Gebete spricht oder besser brummt, murmelt, schnurrt. *Om mani padme hum. Om mani padme hum. Om mani padme hum.* Sanfter, weicher Klang, immer wieder, immer weiter.

Australien ruft Südheide

Ein bisschen Benebelung hätte ich an einem anderen Tag gut gebrauchen können: Mit fünf anderen Backpackern unternahm ich einen Tagesausflug in einem gemieteten, klapprigen Minibus zu zwei ungewöhnlichen Klosteranlagen: Drigung und Terdrom. Leider hatten wir einen wolkenverhangenen, sehr kalten Morgen erwischt, so dass wir das fantastisch gelegene Drigung kaum richtig genießen konnten. Es klebt spektakulär an einem Berghang, eine Bauweise, die alte Klosterbaumeister in ganz China beeindruckt zu haben scheint, denn es gibt mehrere solcher *hanging monasteries*. Dieses ist riesig und ließ einigen von uns passend zum düsteren, wenig einladenden Wetter die Nackenhaar zu Berge stehen, denn auf dem Gipfel oberhalb des Klosters befindet sich ein Ort zur Luftbestattung: Wohlhabende Tibeter lassen sich luftbestatten, diejenigen, die nicht viel Geld haben, werden stattdessen zerstückelt und an einer rituellen Stelle in einen Fluss geworfen.

Ausländer empfinden diese Riten manchmal als gruselig oder gar barbarisch, aber was bitte soll weniger barbarisch daran sein, einen Toten in eine Holzkiste zu stecken und über Jahre den Würmern zum Fraß vorzuwerfen? Früher konnte ich mir eine Feuer- oder Wasserbestattung für mich überhaupt nicht vorstellen, inzwischen hat sich meine Meinung ins Gegenteil verkehrt. Im vergangenen Sommer war ich in Sichuan auf einem solchen Bestattungs-Berg. Einige Kilometer vom Dorf Langmusi führte ein Weg auf einen Hügel, auf dem von weitem direkt unter dem Gipfel eine Halde aus vermeintlich hellerem Gestein zu sehen war. Dieses ‚Gestein' stellt sich dann als Knochenhalde heraus, denn direkt darüber war die Stelle, an der die Toten aufgebahrt werden. Ich habe mir keine solche Bestattung angesehen, was aber auch Außenstehenden durchaus möglich ist, wenn die Angehörigen zustimmen. Die oder der Tote wird mit einem Karren dort hinauf gefahren und auf der Steinplatte abgelegt. Das tibeti-

Australien ruft Südheide

sche Gegenstück unseres Totengräbers trägt offenbar gelbe Plastikhandschuhe, streift diese nach getaner Arbeit einfach ab und lässt sie zusammen mit anderem Müll liegen. Entsprechend unerfreulich ist der Anblick dieses heiligen, aber schmuddeligen Ortes. In der Umgebung der Steinplatte warten nun die Vögel. Viele Vögel. Krähen, Raben, auch einige Raubvögel wie Bussarde. Sobald die Trauergemeinde gegangen ist, der Tote oft zusätzlich mit einem weißen Pulver eingestäubt worden ist, um ihn für die Vögel attraktiver zu machen, fliegen diese nun heran und verrichten ihren Teil der Arbeit. Manchmal verweigern sie jedoch den Dienst und das kann hauptsächlich zwei Gründe haben: Der Tote hatte möglicherweise eine besonders schlimme Krankheit oder er ist vergiftet worden. Beides ruft, wie man mir erzählte, im Dorf verständlicherweise immer einige Unruhe hervor, Ängste, Mutmaßungen, versteckte Beschuldigungen, Untersuchungen. Man sagt, dass auch Hunde, die weniger wählerisch zu sein scheinen, den Vögeln helfen, aber wenn nach einigen Tagen der Tote noch nicht angerührt worden ist, wird er offensichtlich doch verbrannt. Wenn alles jedoch wie gewünscht abgelaufen ist, werden die blank gepickten Knochen zu den anderen auf die Halde geworfen.

Als ich dort oben war, lagen nur wenige kleine Skelettteile auf dem Stein und die ganze Situation war genauso wenig gruselig oder eklig wie die öffentlichen Feuerbestattungen in Varanasi unmittelbar am Ufer des Ganges in Nordindien. Wenn das Drumherum wie der weggeworfene Müll und die profanen gelben Plastikhandschuhe nicht so unwürdig gewesen wäre, fände ich diese Art der Bestattung, dieses Zurückgeben in den Kreislauf der Natur, dem endgültigen Abschied von einem geliebten Menschen durchaus entsprechend. Was zählt, ist nicht, wo und wie man bestattet wird, sondern dass der geliebte Mensch in uns eine Heimat hat, um bei dem Bild aus deinem Brief zu bleiben.

Weiter in unserer Tour durch Lhasa: Der Potala als sicher bekanntestes Gebäude Tibets und der Jokhang Tempel als wichtigstes religiöses Bauwerk sind touristisches Muss und ungeheuer beeindruckend, sowohl was ihre Größe und Schönheit betrifft, als auch was die historischen, politischen und religiösen Hintergründe angeht. Welch ehrwürdiges Alter einer Kultur! Die ältesten Teile des Jokhang stammen aus dem siebten Jahrhundert und wurden damit volle 500 Jahre vor dem Kölner Dom gebaut und fast 1000 Jahre, bevor ein gewisser William Shakespeare zur Feder griff! Großartig die Konstruktion der altersgeschwärzten hölzernen Haupthalle, die sehr düster wirkt, was zur Faszination noch mehr beiträgt, denn der suchende Blick verliert sich in den nicht mehr sichtbaren Höhen eines riesigen Raumes getragen von schnitzereiverzierten Holzpfeilern, die ineinander verschachtelt, überlappend, verschränkt dort oben im Dunkel verschwinden. Kein Gebäude Lhasas durfte höher als der Jokhang, das wichtigste religiöse Heiligtum, sein – eine Regel, über die sich die chinesischen Besatzer Tibets unbeeindruckt hinwegsetzen.

Den Potala zu besichtigen ist nicht ganz so einfach wie ein Besuch der meisten anderen Anlagen: Aus unerfindlichen Gründen muss man einen Tag vor dem eigentlichen Besuch in aller Herrgottsfrühe stundenlang für ein *permit*, einen Passierschein, anstehen, auf dem dann der Zeitpunkt eingetragen ist, zu dem man sich am kommenden Tag wieder am Tor einfinden darf, um Einlass gewährt zu bekommen. Dafür zahlen Touristen je nach Saison 10 bis 30 Euro, was statistisch dem halben Monatsgehalt eines Tibeters entspricht. Fotografieren darf man nicht. Weite Teile der Anlage sind nicht zugänglich. Wer murmelt da etwas von chinesischer Willkür?

Um zu versuchen, dieses prächtige Bauwerk in Worte zu fassen, muss ich einfach ein paar Zahlen nennen: Erbaut wurde der Palast-Kloster Komplex in 50 Jahren zwischen 1645-1694 auf

Australien ruft Südheide

einem 130 Meter hohen Felsen. Er hat bis zu 13 Stockwerke auf 117 Metern Höhe und ist bis zu 400 Meter lang. Bei seinem Bau soll angeblich kein einziger Nagel verwendet worden sein, er hat 130.000 Quadratmeter Grundfläche (das heißt etwa fünfzehn Fußballfelder würden allein auf dem Sockel Platz finden) und mehr als 1000 Zimmer hinter bis zu fünf Meter dicken Mauern. Damit gilt er selbst nach heutigen statischen Kenntnissen als architektonische Meisterleistung. Da Tibet unter den Dalai Lamas eine Theokratie war, fungierte der Potala sowohl als weltlicher Amtssitz als auch als religiöses Zentrum der tibetischen Herrscher, war Jahrhunderte lang das Herz der tibetischen Welt und ist trotz chinesischer Besatzung und religiöser Unterdrückung neben dem Jokhang für Tibeter DAS Pilgerziel schlechthin. Immerhin zahlen die einheimischen Wallfahrer dann nur ein paar Cent Eintritt.

Zahlen und Fakten beiseite, der Potala gehört neben Angkor Wat und der Chinesischen Mauer sicher zu den beeindruckendsten, von Menschenhand geschaffenen Bauwerken, die ich kenne. Die schiere Größe, das Wissen um seine Bedeutung, seine grandiose Lage oder was sonst ist es, das dem Potala seine mystische Aura verleiht und mich nicht nur wegen der Höhe atemlos davor stehen lässt? In viele Räume, zum Beispiel die ehemaligen Amtsräume des amtierenden Dalai Lama, kommt man leider nicht hinein, was zwar sehr schade ist, aber den Vorteil hat, dass ich gerade noch in der Lage bin, die Menge aufzunehmen und zu verarbeiten, die ich tatsächlich sehen darf.

Nette Begebenheit am Rande: Sagt eine deutsche Touristin zu ihrem Mann: „Schnell Schatz, wir haben nur noch fünf Minuten!" Wie schön, ich habe noch zehn Monate!

Wenn man dann nach zwei Stunden Potala Besichtigung wieder in die Altstadt zurückfährt, radelt man an der riesigen Anlage vorbei ... und radelt ... und radelt ... verrenkt sich den Hals, um das Gebäude keine Sekunde aus den staunenden Augen verlieren zu müssen – und versucht, nicht aus Versehen einen der am Boden betenden Pilger anzufahren.

Die Pilger! Mein liebstes Fotomotiv! Da Lhasa für jeden tibetischen Buddhisten mindestens einmal im Leben das Ziel einer Pilgertour sein muss, früher zu Fuß, heute zum Teil mit Bus oder Lastwagen, ist die große Mehrzahl aller Menschen, denen man in Lhasa begegnet, Pilger aus allen Teilen des Landes. Weil in Tibet mehrere Volksstämme leben, ergibt sich dadurch ein farbenprächtiges Gemisch fantastisch anzusehender Menschen mit den unterschiedlichsten Kleidungsstilen und Haartrachten. Viele sind so alt, dass ich befürchte, sie erleben die Heimreise nicht mehr, andere sind junge Leute, was mich besonders freut, da die Chinesen es offensichtlich nicht schaffen, die Traditionen und starke Religiosität der Tibeter zu unterdrücken. TibeterINNEN sollte ich sagen, denn es scheinen ungleich mehr Frauen als Männer unterwegs zu sein, obwohl sie zu Hause bei der Arbeit sicher genauso eingespannt sind wie die Männer. Allerdings ist es besonders bei den Kham schwierig, Frauen und Männer auseinander zu halten, da beide lange, mit Bändern durchwebte, um den Kopf geflochtene Haare tragen. Diese kleinen, gekrümmten Menschlein undefinierbaren, aber eindeutig hohen Alters vollziehen Rituale, die dich und mich nach wenigen Minuten japsend aufgeben lassen würden: Sie werfen sich der Länge nach auf die Erde nieder, strecken Arme und Hände weit vor sich, berühren mit der Stirn den Boden, stehen auf, gehen bis zu dem Punkt vor, an dem eben ihre ausgestreckten Arme endeten ... und dann wiederholen sie das gleiche, immer und immer und immer wieder. Einige haben dieses Ritual schon über hunderte von Kilometern hinter sich, seit sie vor ein paar Monaten ihr Heimatdorf verlassen haben. Man sieht sie auf allen Straßen und Wegen Tibets am Straßenrand, wo sie sich allein oder in kleinen Grüpp-

Australien ruft Südheide

chen ihrem Ziel Lhasa entgegenwerfen. Ihren Unterhalt während der Pilgerzeit bestreiten sie durch Almosen, alle paar Minuten drücke ich jemandem die üblichen fünf Mao, umgerechnet fünf Cent, in die ausgestreckte Hand. Diese Menschen strahlen eine unglaubliche Zielstrebigkeit, Beharrlichkeit und Würde aus, eine tiefe Religiosität, die sich neben der leichten Ungläubigkeit, dass sie ihr Ziel nun tatsächlich erreicht haben, und Verunsicherung, weil alles um sie herum neu, nicht ihre Welt ist, auch in ihren verwitterten, zerfurchten Gesichtern deutlich ausdrückt. Ich hätte sie stundenlang beobachten, in ihren schönen, alten Gesichtern lesen mögen. Was sie wohl in ihrem Leben schon alles gesehen, alles erlebt hatten?

Mit etwas Mühe finden wir nun den unscheinbaren Eingang des Ani Tsang Nonnenklosters in der Altstadt, hinter dem sich eine Mischung zwischen Kloster und Gemeindezentrum verbirgt. Im winkeligen Innenhof tummeln sich lachend und spielend viele Kinder, zahlreiche Besucher genießen die preisgünstigen, leckeren Suppen, tibetischen Klößchen und literweise Yakbuttertee aus der Klosterküche. Vor den Schlafräumen im ersten Stock waschen einige Frauen Wäsche, Blumensamen liegen zum Trocknen auf dem Boden. Zwei riesige, verfilzte Angorakatzen lassen sich ohne größeren Protest von den Kindern durch die Gegend schleppen und verrenken sich fotogen auf dem Boden rollend vor meiner Kamera. Eine lächelnde junge Schwester segnet den Türkisring, den ich im Lädchen kaufe, in perfektem Englisch. In der angenehmen Kühle eines kleinen Tempels singen einige Nonnen Sutrentexte, die im buddhistischen Glauben so wichtigen und permanent wiederholten Lehrsätze, eine von ihnen schlägt monoton auf die Trommel, eine andere scheint sich alle paar Minuten auf die Schellen in ihren Händen zu besinnen, ihr hoher heller Ton durchdringt mehrmals den Raum, bevor sie wieder in den Schoß der Frau sinken. Ergriffen von der freundlichen Selbstverständlichkeit dieser Zeremonie, die jederzeit für ein kurzes Hochschauen, ein liebenswürdiges Lächeln oder verschmitztes Blinzeln unterbrochen werden kann, kauere ich lange bei ihnen und lausche. So geregelt und starr diese uralten Riten einerseits sind, so sympathisch unverkrampft scheinen Mönche und Nonnen mit ihnen umzugehen und geben jedem das Gefühl, willkommen zu sein. Schade, dass die Nonnen keine Übernachtungsmöglichkeiten anbieten wie es in anderen Klöstern der Fall ist; hier hätte ich gerne ein paar Tage verbracht.

Mein Liebling kommt zum Schluss unserer kleinen, sehr subjektiven Führung durch die schönsten Klöster und Tempel Lhasas und Umgebung: das Sera Kloster. Es liegt etwa fünf Kilometer von der Altstadt entfernt am nördlichen Stadtrand, gemütlich in 20 Minuten mit dem Fahrrad zu erreichen. Zweimal war ich dort und das nicht nur, weil nach der Hälfte des ersten Besuches die Batterien meiner Kamera leer waren! Der Grund, aus dem die meisten Touristen herkommen, ist die allnachmittägliche Debattierveranstaltung in einem baumbestandenen, lauschigen Innenhof. Als ich mich dem Hof das erste Mal näherte, hörte ich neben lauten, aufgeregten Stimmen immer wieder ein hartes Klatschen, als verpasse dort jemand seinem Gegenüber eine schallende Ohrfeige. Debattieren ist ja gut und schön, aber das geht doch wohl zu weit, oder? Vorsichtig schlich ich mit ein paar anderen Touristen die Treppe hoch. Wer weiß, vielleicht fängt man sich ja selbst auch noch eine ein! Erleichtert atmete ich auf – und tief durch ... diese Treppen! Der Hof war voller Mönche in ihren üblichen rotbunten Kutten, einige standen, die meisten saßen auf dem Kiesboden und waren ganz Ohr. Denn die Stehenden redeten angeregt auf sie ein, bemühten sich ihre Gebetskette mit der rechten Hand am linken Oberarm zu halten und gleichzeitig ab und an nach heftigem in-die-Hände-Klatschen mit der rechten Hand auf die am Boden Sitzenden zu zeigen. Der Zweck

Australien ruft Südheide

des Ganzen ist ebenso simpel wie logisch: In diesen Debattierübungen festigen die Mönche Gelerntes, das heißt sie wiederholen das, was sie aus ihren Schriften gelernt haben, sehr zum Vergnügen und Erstaunen der Zuschauer im Garten, hinterfragen dabei gleichzeitig kritisch die gelernten Gebote des Buddhismus, was zu angeregten Debatten zwischen Stehenden und Sitzenden führt. Buddha Siddharta Gautama hatte sympathischerweise eine wesentlich weniger dogmatische Auffassung seiner Lehre als die meisten anderen Religionsstifter: Man solle keine seiner Belehrungen einfach nur glauben, hinnehmen, sondern alles reflektieren und durch eigene Erfahrung überprüfen. Wenn nun ein Mönch seine Reflexionen und seine aktuellen Erkenntnisse den anderen überzeugend und gestenreich vermittelt hat, klatscht er quasi zur Festigung seines Standpunktes einmal heftig in die Hände. Die Sitzenden reagieren unterschiedlich: Einige schauen nachdenklich drein, andere halten ihre Meinung dagegen. Manchmal lauscht nur einer, manchmal sind fünf oder mehr ganz Ohr, wenn ein offensichtlich besonders begnadeter Redner seine Auslegungen darstellt.

Fünf Uhr, die meisten Touristen verlassen Sera, Ruhe kehrt ein. Überall wehen Gebetsfahnen und mein Reiseführer informiert mich, dass ihre fünf Farben die fünf Elemente Erde, Luft, Feuer, Wasser und Äther repräsentieren. Ich schlendere stundenlang durch Hinterhöfe und enge, fast toskanisch anmutende Gässchen mit hohen Hofmauern. Ich wünsche mir Stelzen, bin neugierig, was sich dahinter vor mir zu verbergen sucht. In den voluminösen, fest eingemauerten Kochtöpfen der kirchenschiffgroßen Klosterküche fänden mehrere Ziegen gleichzeitig Platz – wenn Buddhisten nicht Vegetarier wären. Von einer verfallenden Mauer neben einem mannshohen Findling, auf den sehr künstlerisch in leuchtenden Farben einige Buddhafiguren gemalt sind, blicke ich ins Tal. Wie gern möchte ich durch ein Blinzeln

Australien ruft Südheide

ein halbes Jahrtausend zurückversetzt sein, in das 15. Jahrhundert, als das Kloster gerade geweiht wurde und Tsongkhapa hier lehrte. Er errichtete nicht nur dieses Kloster, sondern gründete auch den heute noch dominanten Orden der Gelbkappenmönche, der Gelugpas, die er dem bis dahin recht wilden Haufen unterschiedlicher buddhistischer Sekten entgegenstellte. Wie war es zu der Zeit wirklich, das Leben der Mönche, von denen in Sera zur Blütezeit 7000 gelebt haben sollen? Wie mächtig und einflussreich waren die frühen Dalai Lamas als weltliche und religiöse Herrscher? Die spannendste Frage an Geschichte: Wie war es damals wirklich? So, wie wir es uns heute aufgrund von Funden und Forschungen in unseren Geschichtsbüchern zurechtlegen oder ganz, ganz anders?

Na, hungrig geworden von den Tempelführungen? Wie wär's mit einem Yak Steak? Oder gegrillten Yak Rippchen? Oder einem Yak-Kartoffel-Eintopf? Oder vielleicht einer Nudelsuppe mit Yak-Einlage oder einem Yak Sizzler oder – meine Lieblingsvariante – Yak Chili. Da du wahrscheinlich in Deutschland Schwierigkeiten haben dürftest, an dieses zottelige tibetische Hochgebirgs-Wildrind heranzukommen, nimm einfach entweder Rind oder besser Wild, denn dadurch, dass die Yaks irgendwo da draußen in der Wildnis grasen, schmecken sie sehr würzig. Hier das Rezept:

Australien ruft Südheide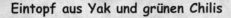

Eintopf aus Yak und grünen Chilis

1kg Yak/Wild/Rind würfeln (1 ½ - 2 cm)
1 große gehackte Zwiebel
2-3 zerdrückte Knoblauchzehen
3 grüne Gemüsechilis nicht zu klein würfeln (1,5 cm)
3 - 5 Tomaten
Salz, Pfeffer, 2 Teel. Oregano, 1 Teel. Paprikapulver scharf, ½ Teel. Kümmel, evtl. Tomatenmark

Fleisch würfeln, anbraten, Zwiebel und Knoblauch zugeben und glasig dünsten, dann Wasser oder Brühe hinzugeben, mit Salz, Pfeffer, Oregano, Kümmel und Paprika würzen, auf kleiner Hitze 1,5 - 2 Stunden garen. 20 Minuten vor Ende der Garzeit Chilis und Tomaten zugeben. Wenn du es etwas sämiger magst: mit Maismehl binden.

Angesichts solcher Köstlichkeiten wird aus mir nie eine Vegetarierin!

Mit einer guten Portion Yak im Bauch war es schließlich soweit: Die Reise zum Mount Everest begann. Oder etwas bescheidener: zum Everest Base Camp, von allen kurz EBC genannt. Auch wenn Routen und Abläufe dieser Touren von Seiten der chinesischen Regierung relativ genau geregelt sind, bleibt Individualreisenden doch einige Planungsfreiheit und so kann jeder eine eigene Story erzählen: Findet man Reisepartner, mit denen man sich den Jeep teilen möchte? Hat man gleiche Vorstellungen, was die individuelle Reiseroute, -termine und -gestaltung anbetrifft?

Australien ruft Südheide

Kommt das *permit* rechtzeitig? Wann sind Jeep, Fahrer und Reiseführer verfügbar? Ich selbst habe vier Tage lang mit den üblichen Aushängen an den Pinnwänden der größten Backpakker Hostels Leute gesucht, die am nächsten Samstag aufbrechen wollten. Endlich saß ich mit drei Holländern am Donnerstagabend im *Bakshol Hotel*, wir waren uns grundsätzlich einig und wollten uns gemütlich an die genauere Ausarbeitung der Tour machen, als plötzlich vom Reisebüro die Nachricht eintraf, dass wir schon am nächsten Tag, am Freitag, abfahren würden. Oops! Schnell nach Hause, dicken Schlafsack und Daunenjacke packen und am nächsten Morgen ging er los, der 5-Tage-Trip zum EBC in einem komfortablen und Vertrauen erweckenden Mitsubishi Jeep mit Fahrer und obligatorischer Reiseführung. Unser Mädel hatte KEINE Ahnung von irgendwas, die einzige ‚Info', die sie in fünf Tagen beisteuerte, war, dass sie uns den Brahmaputra als Gelben Fluss verkaufen wollte, der ungefähr 1000 km weiter nördlich außerhalb von Tibet fließt! Diese Reiseleiter haben eben nur eine offizielle Funktion gegenüber der Polizei und nett war unsere Vicky immerhin und übersetzte brav alles, was wir von unserem umso informierteren Fahrer wissen wollten. Sie stellte sich als Wahl-Pekingerin heraus, die fünf Monate unbezahlten Urlaub von einem sehr lukrativen Job genommen hatte, um Tibet zu erkunden, eine für eine Chinesin sehr ungewöhnliche Idee. War auch sie nur ein Han-chinesischer Spitzel?

Das Ziel des ersten Tages war Gyantse mit dem architektonisch ungewöhnlichen pyramidenförmigen Kumbum Tempel und einem uralten Fort. Überall am Weg wurde gerade Getreide geerntet, das gesamte Dorf arbeitete jeweils zusammen einen Acker ab, dann ging's weiter auf den nächsten. Vom Dreschen hingen dichte, goldene Staubwolken in der Luft. Irgendwann verließ unser allwissender Fahrer plötzlich die Straße und es ging querfeldein weiter: Eine Abkürzung, die uns einige Stunden durch

Australien ruft Südheide

eine abgelegene, wilde Gegend führte, vorbei an unerwartet auftauchenden Sanddünen, kleinen Seen und auch hier mitten in der Einöde immer wieder an einzelnen Pilgern.

Am ersten Abend unterhielt uns einer der jungen Holländer mit befremdlichen Lebensphilosophien wie zum Beispiel, dass alle Menschen, die nicht mit Messer und Gabel essen, Barbaren und Wilde seien. Außerdem war er einfach ohne zu fragen an meine Tasche gegangen, hatte meine sämtlichen Keks- und Süßigkeitenvorräte herausgenommen, sie an Kinder (immerhin!) verteilt, und anschließend die aufgerissenen Tüten so in meinen Rucksack zurückgestopft, dass die Krümel sich wunderbar überall verteilen konnten! Es war nicht immer einfach, sich die nächsten Tage aus dem Wege zu gehen ...

Auf dem Weg nach Shigatse gab es für mich am nächsten Tag eines dieser kleinen Erlebnisse, die mir auch Tage später nicht aus dem Kopf gehen wollen: Wir hielten an einer urigen Mühle, schauten dem mehlverstaubten Müller bei der Arbeit zu, vertraten uns ein wenig die Beine ... und da bemerkten wir plötzlich in einer Ecke einen kleinen, schätzungsweise 5-jährigen Jungen auf der Erde hocken, der mit einem unendlich traurigen Blick auf den Boden vor sich schaute und sich selbst auf Ansprache kaum traute, den Blick zu heben und uns anzusehen. Alles Leid der Welt schien auf diesem klugen, kleinen Gesicht zu liegen, wie er da mit seinem großen, rosa Ball saß. Wir alle waren völlig im Bann dieses Kindes, da trat Vicky vor und schenkte ihm einen Block Papier und ein paar Stifte. Die traurigen Kinderaugen begannen zu strahlen, er schaute voller Dankbarkeit zu Vicky auf, drückte Stifte und Block fest umschlossen an sich und auch der Letzte begriff: Niemand kümmerte sich um diesen kleinen Kerl, er hatte nichts außer einem großen rosa Ball, mit dem er im Staub an der Straße saß. Abwechslungsreiche Anregungen, Entfaltungsmöglichkeiten und eine Bildung, die seine Fähigkeiten förderte ... all diese Dinge, für die Papier und Stifte standen, und die unsere Kinder in ihrer westlichen, übervollen Kinderwelt genießen dürfen – für einen kleinen Jungen mit sehr großen, klugen Augen in einer abgelegenen tibetischen Mühle würden sie vielleicht niemals erreichbar sein. Wir waren noch lange Zeit später im Jeep sehr schweigsam, dachten alle an diesen Jungen. Jetzt waren wir es, die traurig dreinblickten.

Stunden später in Shigatse erkundete ich ein von außen frisch renoviertes Fort, das nun in leuchtendem Weiß auf dem Gipfel des Hügels über der Altstadt erstrahlte, allerdings von innen im Zuge der ‚Restauration' einfach grob mit Beton verputzt – und dann von den Bauarbeitern verlassen worden war. Weite, kahle Hallen, hier knallte eine Eisentür im Durchzug, dort pfiff der Wind durch leere Fensterhöhlen. Irgendwann fing es an, draußen im Hof zu krachen und zu splittern: Drei kleine Jungen waren eifrig damit beschäftigt, die neuen, schön geschnitzten Holzbrüstungen mit Hilfe ihrer Fahrräder, mit denen sie immer wieder in die Gitter hineinfuhren, zu zerstören. Mein Geschrei aus dem Nichts muss gespenstisch geklungen haben, sie machten sich schleunigst aus dem Staub und flohen den Berg hinab. Ob in Shigatse jetzt wohl das Gerücht kursiert, dass es im Fort spukt?

Am dritten Tag war es dann endlich soweit: Nachmittags gegen vier Uhr erreichten wir das EBC! Schon am Mittag hatten wir von einem über 5000m hohen Pass den ersten Blick auf Qomolongma, wie der Everest auf Tibetisch heißt, werfen können. In einer langen Kette von 7000ern sticht er erhaben als höchster Berg heraus: 8850 Meter hoch, aus unserer Perspektive zunächst ein perfekter Kegel, bis man beim Näherkommen den Felsgrat links unterhalb des Gipfels zu sehen bekommt, immer schneebedeckt und oft in der Gipfelregion von bizarr geformten Wolken, den Windbannern, eingehüllt. Ich konnte mich gar nicht sattsehen. Gut zwei Stunden vom Camp entfernt bog ein

Australien ruft Südheide

Schotterweg von der Hauptstraße ab, wir wanden uns in engen Serpentinen auf diesem funkelnageneuen Weg bergauf und bergab, hin und wieder noch einmal einen kurzen Blick auf den Everest erhaschend. Mit oder ohne Gipfelblick, die gesamte Strecke zum EBC ist fantastisch: Man biegt um eine Felsecke und vor einem tut sich ein neues, noch weiteres, von noch höheren schneebedeckten Bergen umgebenes Tal auf! In der Mitte des Haupttales, durch das wir uns dem Basislager näherten, fließt ein türkisfarbenes, milchiges und an einigen Stromschnellen reißendes Bächlein in einem ungleich breiteren Schotterbett, an dem man gut erkennt, zu welch riesigen Dimensionen der Fluss während der Schneeschmelze anschwellen kann. Und immer wieder neue atemberaubende Ausblicke, Anblicke und Panoramen, bei denen selbst mir die Lust zum Fotografieren verging. Diese Weite, diese Größe kann man nicht auf Fotos bannen, das Staunen, das man bei solchem Anblick empfindet, mit Worten nur sehr unzureichend wiedergeben. Vom Everest selbst habe ich nur sechs oder sieben Fotos, obwohl er freundlicherweise – anders als Pilgerinnen oder kleine Kinder – still hält. Es gibt Bilder, die braucht man nicht auf Papier oder im Computer, die sind im Kopf eingebrannt.

Dann waren wir da, im EBC, einem Zeltdörfchen ausschließlich für Touristen auf 5200 m. Jedes Zelt war ein Mini-Hotel mit klangvollem Namen wie Hotel California oder The Tacky Everest Hotel. Vor den Zelten lagen auf Verkaufsständen zahlreiche Fossilien von Würmern und Schnecken ausgebreitet, die die Nomaden für ein paar Yuan verkaufen, und Pferdekutschen standen bereit, mit denen man die letzten vier Kilometer zurücklegen kann bis zum Camp 1, an dem man umkehren muss, wenn man nicht einer richtigen Expedition angehört, die bis Camp 2 oder Camp 3 oder bis zum Gipfel vordringen will und dafür pro Person pro Tag $100 bezahlt. Eines dieser dunkelbraunen Nomadenzelte war für uns reserviert. Home sweet home. An den Wänden standen teppichbedeckte Sofabänke, die später als unsere Betten fungierten und die eisige Kälte draußen bemerkten wir zunächst nur, wenn wieder jemand die Tür offen ließ. Tibeter haben eindeutig ein anderes Empfinden für Temperaturen als wir! Es duftete leicht ranzig nach Yakbuttertee, den eine Frau aus einem verbeulten Blechkessel in die Gläser in unseren klammen Händen nachfüllte. In der Mitte stand ein Bollerofen, der mit kleinen Kügelchen gefüttert wurde, die sich auf Nachfrage als sheepshit herausstellten. Yakshit würde zwar besser brennen, sei hier oben aber seltener. Alles Hölzerne hatten wir natürlich bereits vor Stunden hinter uns gelassen. Für das reibungslose Verbrennen der wärmenden, winzigen Bällchen war ein freundlicher, ewig strahlender und hilfsbereiter, leider taubstummer Kham Tibeter zuständig, mit dem sich alle Einheimischen inklusive unseres Allround-Fahrergenies in einer eigenwilligen Zeichensprache prächtig verstanden. Er war wie der kleine Junge an der Mühle einer jener Menschen, an die ich mich völlig unverhofft plötzlich erinnere, und die mir dann ein Lächeln oder einen Seufzer bescheren.

Aber bevor wir es uns bei Nudeln und Chapatis mit Ei später gemütlich machen sollten, rief erstmal lautlos aber vernehmlich der Berg! Dank eines Tipps nicht auf dem Weg zu bleiben, sondern eine eigene Route immer talaufwärts laufend zu finden, schaffte ich es bald, mich von den anderen zu lösen. Zunächst wehrte ich mich noch etwas gegen zunehmend kitschig-romantische Gedanken, aber dann siegte der Everest. Die vier Kilometer zum Camp wollte ich allein sein mit meinen feierlichen Empfindungen beim Anblick des in der späten Nachmittagssonne strahlenden Mount Everest, meiner tiefen Demut angesichts von soviel Erhabenheit der Natur. Besonders der Rückweg querfeldein war wie in meinen Träumen vom Everest: kein Windhauch in vollkommener Stille, ein im Spiel von Licht, Schatten und Wolken langsam

Australien ruft Südheide

in der Dämmerung versinkender Berg, keine Menschenseele, nur die überwältigende Natur und ich.

Spätestens als ich zum Lager zurückkam, verfluchte ich die neue, komfortable Schotterstraße, die wie so vieles in China momentan rücksichtslos und ungeachtet aller Proteste gebaut wird, um die Welt 2008 zu beeindrucken: Die olympische Fackel wird hier heraufgetragen werden. Die Straße wird es schaffen, das ‚Erlebnis Everest' auf chinesischer Seite zu zerstören, da es den Menschen zu leicht gemacht wird. Man ist nicht mehr dazu gezwungen, sich dem Berg respektvoll auf der halsbrecherischen, alten Zufahrt oder während eines anstrengenden Trekkings zu nähern, man fährt einfach im 4-Wheel-Drive bis vor seine Zelttür. Sehr einfach ... aber ein bisschen belanglos. Bei aller Faszination und allem Staunen wünschte ich mir doch, ich wäre gezwungen gewesen, ihn in langsamen, ganz langsamen Tagesmärschen zu entdecken und mir den Stolz auf diese Leistung zu erwandern. Mein Entschluss steht fest: Nach Tibet komme ich auf alle Fälle wieder, in irgendeinem Mai zur besten Trekkingsaison.

Als ich abends ein letztes Mal vors Zelt trat und nach oben schaute, wartete im wahrsten Sinne des Wortes noch ein Highlight: Ich kannte das typische, ungeheuer klare Wüstenfirmament aus Chile und Ägypten, aber das, was ich nun sah, brach alle Rekorde: Ich schien fast zwischen den Sternen zu stehen, sie waren überall, groß und hell und so nah! Minutenlang stand ich da, spürte die Kälte nicht mehr, meine Nase hatte aufgehört zu tropfen und sogar meine von den Höhentabletten arg gebeutelte Blase gab Ruhe. Der große Wagen stand kerzengerade genau auf seinem Stiel, kippte fast, wirkte leicht und fast komisch in dieser Position, lächerlich im Vergleich zum Gipfel des Everest, der knapp neben ihm aufragte. Ein unvergesslicher Moment.

Am nächsten Morgen waren alle Autos mit dicken Eisblumen verziert, die Fahrer kratzen ohne jeglichen Erfolg, denn die Blumen bildeten sich sofort neu, noch dicker, noch schöner, was allerdings nicht alle Touristen so recht genießen konnten: Ein paar weiße, gelbliche oder grünliche Menschen wankten aus den Zelten, wollten nur noch ‚tiefer' und zwar zügig. Eine milde Höhenkrankheit mit Kopfschmerz, Übelkeit, Erbrechen hatte sie erwischt, die mir Gott sei Dank erspart blieb. Dann schon lieber wegen der Tabletten alle drei Stunden aufs Klo! Die Tibeter hatten, wie ich morgens erfuhr, nachts offensichtlich noch bis zwei Uhr in einem der Zelte gefeiert, gesungen und getanzt. Schade, die Feier hatte ich eingemummelt im Schlafsack unter einem Berg von Decken verpasst. Die Saison ging zu Ende, die Tibeter begannen am Morgen die Zelte abzubauen. Es wurde zu kalt und zu gefährlich für Tourismus, der erste Schnee stand an.

Die anderthalbtägige Rückfahrt verlief unspektakulär, wenn man davon absieht, dass wir wesentlich mehr Polizeisperren passierten als auf dem Hinweg. Den Grund erfuhren wir häppchen- und gerüchteweise und immer hinter vorgehaltener Hand in Lhasa: Die Zentralregierung in Peking hatte Tibet dichtgemacht. Anders kann man es nicht nennen. Neugierigen Ausländern war der Zutritt verwehrt: Es gab keine *permits* mehr, um nach Tibet hineinzukommen, und für diejenigen von uns, die glücklich drin waren, gab es keine *permits* mehr, um andere Provinzen außerhalb Lhasas zu besuchen, ausgenommen war das für die Regierung sehr lukrative Everest-Geschäft. Gründe für die rigiden Maßnahmen gab es mehrere: Erstens waren in Südchina zwei Tibeter ermordet worden und man fürchtete wohl Übergriffe von Tibetern auf Chinesen. Zweitens war es bei den Revolten im benachbarten Myanmar zu Toten gekommen und die chinesische Regierung hatte nun offenbar Angst, dass die dort von Klöstern ausgehenden Proteste auf tibetische Klöster übergrei-

Australien ruft Südheide

fen könnten, was drittens gar nicht so falsch war, denn es gab tatsächlich auch in Tibet Gerüchte um mindestens eine Demonstrationen und Verhaftungen in einem Kloster. Viertens wurde in Peking gerade der alle fünf Jahre stattfindende Parteikongress abgehalten, auf dem wichtige Entscheidungen für die kommenden Jahre gefällt werden, eine traditionell sehr sensible Zeit, was Presse- und andere Freiheiten angeht und in den umstrittenen autonomen Regionen wie Tibet Restriktionen mit sich bringt. Fünftens machte Bush endlich einmal etwas richtig, indem er dem Dalai Lama einen Preis verlieh, was sich sogar in Tibet nicht verheimlichen und die Chinesen um die Sicherheitslage fürchten ließ. Jeder einzelne dieser Gründe hätte für die chinesischen Besatzer schon gereicht, nervös zu reagieren, alle zusammen wirkten heftig: In der Altstadt patrouillierten besonders nachts alle zwanzig Meter zwei Polizisten; es herrschte Versammlungsverbot, vor allem in Tempeln; abends fuhren alle paar Stunden Polizeitransporter auf den Jokhang Platz, die Insassen schwärmten aus und demonstrierten knüppelbewehrt Stärke, um dann genauso schnell, wie sie aufgetaucht waren, wieder zu verschwinden; Passanten wurden ohne Grund kontrolliert; Internet und SMS-Austausch waren unendlich langsam beziehungsweise funktionierten gar nicht und für Ausländer gab es die erwähnten Reisebeschränkungen. Der Gipfel: Meinen Bekannten in Peking, auch den Journalisten unter ihnen, war offenbar nichts von alldem bekannt! Eine Freundin, die ich telefonisch fragte, ob die Situation in Tibet in der Presse ein Thema sei, wusste gar nicht, wovon ich sprach. Geschickt eingefädelt von der Regierung, die sich sicher sein konnte, dass das Augenmerk der Korrespondenten auf der Berichterstattung zum Kongress liegt!

Ich spüre, wie der Zynismus gegenüber diesem System mich wieder einholt. Es wird Zeit, dass ich weiterreise, aus dem herbst-

Australien ruft Südheide

lichen Peking in den Frühling fliege, in den australischen Frühling in Perth.

Sei herzlichst gegrüßt für heute, ich freue mich schon auf deinen nächsten Brief! Das geht nicht nur den Kirchenblatt-Leserinnen so, meine Liebe!

Sei geknuddelt von
Yak-Sigi

Südheide ruft Australien

SÜDHEIDE

November

Hallo liebe Sigi,

Tibet konntest Du mir durchaus schmackhaft machen. Bunte Bilderbögen, in die ich mich gedanklich hineinmogelte, die Sonne fühlen, die Farben sehen und die Aromen riechen konnte – ein wahrer Lichtblick. Allerdings, als der Brief zu Ende war, senkte sich wieder der Grauschleier der Novemberwirklichkeit auf mein Gemüt.

Der November ist der Monat, der mir gestohlen bleiben kann: nur Ödnis, Kälte und Nässe! Elf Monate im Jahr bin ich ein lebensbejahender ausgeglichener Mensch, nur für diesen zwölften reicht der Optimismus nicht. Niedergeschlagen, mut- und lustlos warte ich die Tage weg. All die trüben Gedanken, die das Sonnenlicht scheuen, wagen sich nun ungebeten hervor:

Am Frühstückstisch betrachte ich Ronjas Bild, das sie an ihrem sechsten Geburtstag zeigt, und die Tränen sind schwer im Zaum zu halten. In anderen Monaten gelingt es mir schon hin und wieder das Glück, dass wir Ronja gehabt haben, höher zu gewichten als die Trauer, dass dieses Glück so kurz war. Im November wiegt die Trauer viel schwerer.

Ich denke an meine Mutter, die noch vor acht Jahren munter auf der Expo in Hannover flanierte, gar nicht genug von solchen Events bekommen konnte und die jetzt dement und mit nur rudimentärer Körperkontrolle im Heim auf nichts wartet und keine ihrer vier Töchter noch erkennt. Ich spüre das schlechte Gewissen, dass ich sie so selten besuche, selbst wenn sie zweihundertfünfzig Kilometer entfernt lebt, und das noch schlechtere Gewissen, weil ich bei den wenigen Besuchen froh bin, wenn ich sie überstanden habe.

Die meisten Versäumnisse, für die ich allein verantwortlich bin, bauen sich vor meinem geistigen Auge in Reih und Glied auf und fordern Demutshaltung, Selbstbeschimpfung und Reue: Wieder so viele Freunde und Bekannte nicht angerufen, Kontakte ganz einschlafen lassen, die mir angeblich doch so wichtig waren, über Politik, Kultur und Gesellschaft höchsten halb informiert, an keine einzige Krebsvorsorge gedacht, keinen Deut für die eigene Gesundheit unternommen, statt zu einer bewussten Ernährung lieber die Hosengröße gewechselt.

Kurz: ich hadere mit dem Schicksal und bin obendrein genervt von mir selbst. Ich rede nicht von Depressionen, die stelle ich mir noch viel grausamer vor, schon deshalb, weil kein Ende absehbar ist. Bei meinen November-Gemütssenkungen weiß ich, dass sie wieder vergehen. Ich muss nur diesen einen Monat aushalten.

Manchmal versuche ich immerhin, dem Trübsinn entgegenzutreten. Einige Jahre bin ich – nur im November – ins Sonnenstudio gegangen, um aufhellende Strahlung zu tanken. Leider offenbarte mir eine Fernsehsendung, dass gerade die mir wichtigen Strahlen von Sonnenbänken nicht simuliert werden können. Ich legte mir eine „Wohlfühllampe" mit 5000 Lux zu, die eben das liefern soll, was die Sonnenbank schuldig bleibt. Entweder hat dieses Produkt ebenfalls nur leere Versprechungen zu bieten oder ich bin gegenüber derlei technischen Hilfsmitteln zu misstrauisch geworden. Einen Effekt auf meine Stimmung kann ich jedenfalls nicht verzeichnen.

In diesem Jahr gönnte ich meinem Selbstwertgefühl einen Friseurbesuch, bei Einsetzen eines vorübergehenden Energieschubs überwand ich die Strecke von zweihundert Metern trotz Dreckwetters sogar zu Fuß. Doch dann blätterte ich in Frauenzeitschriften.

Südheide ruft Australien

Wie dumm von mir! Denn in meinem Zustand verstand ich jede zweite Überschrift als Imperativ und wurde unter der Strähnchenwärmelampe immer kleiner. Denn:

Frau soll schön sein. Täglich Augenbrauen zupfen, Horn-, Nagel- und sonstige unerwünschte Häute entfernen, Dekolleté massieren, jede Woche ein Peeling, Gesichtsmaske und im Wechsel zur Fußpflege und zur Kosmetikerin.

Frau soll sich gesund und spannend (!) ernähren. Ein Pfund geraspelte Möhren täglich, natürlich frisch vom Markt, Kartoffeln aus biologischem Anbau, exotische Früchte und Gewürze (sind 9000 Flugmeilen etwa bio?)

Frau soll sich bilden. Eine überregionale Zeitung jeden Morgen aufmerksam studieren, politische Sendungen verfolgen, über brisante Themen wie Klimawandel oder Klimakterium auf dem laufenden sein, Weltliteratur auf dem Nachtschrank bereit halten.

Frau soll das Familienleben bereichern. Ein gedeckter Apfelkuchen, ein Familienausflug in den Zirkus mit anschließendem Drahtseilakt im heimischen Garten, ein mit Hennazeichnungen dekorierter Staubsauger.

Frau soll die Partnerschaft pflegen. Ein aufregendes Make-up, ein verführerisches Parfum, ein Überraschungs-Candlelight-Dinner im Handumdrehen zaubern.

Frau soll die Kinder fördern. Schon während der Schwangerschaft klassische Musik hören, die lieben Kleinen zum Babyschwimmen, Ballett und Schachkurs kutschieren, konsequentes und gleichzeitig flexibles Verhalten beweisen.

Frau soll ihren eigenen Weg finden. Literaturkreis, Wellness-Weekend, Jodeldiplom.

Frau soll sich qualifizieren. Rhetorikseminar, Computerkurs und keine Angst vor Sanskrit!

Frau soll kreativ sein. Kinderleicht die Sommerblumen selbst ziehen, super easy uncoole Klamotten aufpeppen, und was geht über selbst gemachte Chutneys?

Aber frau sollte aufpassen. Den Garten immer schön rückengerecht umgraben, die Symptome des Pfeifferschen Drüsenfiebers immer im Hinterkopf behalten und sparsam mit dem Haushaltsgeld umgehen (Achtung: trotzdem hübsch bio bleiben!).

Und frau soll mit der Zeit gehen. Tipps zur Silberfischbekämpfung aus dem Internet ziehen, die Steuererklärung in Nullkommanix online erledigen, die Möbel ruckzuck yin-yang-gemäß umstellen.

Und frau soll sich Zeit für sich nehmen. Heiße Steine im Kreuz, Kristalle fachgerecht ausrichten, Bachblütentherapie anwenden und vor allem für ausreichend Schlaf sorgen.

WANN DENN? Mein Tag hat nur vierundzwanzig Stunden! Selbst bei durchgängigem Multitasking ist das nicht zu schaffen! Und ich will es auch nicht. Ich will nur eins: Dezember mit Keks- und Kerzenduft, Tannengrün, Weihnachtsfilmen, Vorfreude und glasklaren Aufträgen für ein gelungenes Weihnachtsfest!

Aus der Unzufriedenheit mit dem Schicksal und mir selbst entwickelt sich eine zunehmende Reizbarkeit. Ich kann mich plötzlich über alles aufregen: Über Schilder wie „Fahrbahnmarkierung fehlt" (das sehe ich doch!) oder „Parkverbot – ausgenommen Krankentransporte" (das will ich doch hoffen!), über die pestartige Verbreitung des falsch gesetzten Apostrophs wie in „Frühstück´sbüffet" oder „Carport´s", über Kassiererinnen, die einem bei einem einzigen Bezahlvorgang durch ihr schnippisches, wie als Frage betontes

Südheide ruft Australien

„Bitte?" drei Mal ein antwortendes „Danke" abnötigen, aber selbst gegen derlei Aufforderungen völlig resistent sind und und und.

An irgendeiner Stelle platze ich dann, meistens bei einem harmlosen Ärgernis und grundsätzlich bei einer völlig fremden männlichen Person. Und diese mache ich dann zu ihrer großen Verblüffung nach allen Regeln der Kunst spontan zur Sau!

Im vergangenen November wartete ich an einer Tankstelle auf die Freigabe der Zapfsäule, stand also einige Sekunden tatenlos herum. Das konnte der muskelbepackte Typ aus der technomusikvibrierenden Machokiste nicht ertragen. Er stieg aus und röhrte mich an: „Ey, Alte, wird das hier noch was oder kannze nicht tanken oder was?" Das kam mir gerade recht. Ich drehte mich um, marschierte auf den Schrankkoffer zu und zischte ihm ins vor Dummheit strotzende Antlitz: „Was fällt Ihnen ein, mich zu duzen?" Mit viel Phantasie konnte man seinen Gesichtsausdruck als Irritation interpretieren, Gelegenheit für mich, nachzuladen: „Sprache verschlagen? Oder haben Sie die Frage nicht verstanden? Warum duzen Sie mich und warum begreifen Sie nicht, dass ich hier nicht zur Zierde stehe, sondern auf die Freischaltung warte?" Nun wollte der doch tatsächlich zu einer Antwort ansetzen, aber ich war schneller: „Und? Sind Sie mutig genug, sich zu entschuldigen?" Mehr als ein „Oh Mann ey" war ihm nicht mehr möglich, doch das war egal, ich war meinen Frust los und mir ging es besser. Ich hoffe nur, dass meine Opfer weiterhin zu verdutzt sind, um zu unerwünschten Reaktionen fähig zu sein.

Der Straßenverkehr eignet sich hervorragend, Leuten in halbwegs gerechtem Zorn deutliche Worte zu sagen. Besonders schick finde ich es, wenn ich – für das Ziel meiner Tirade völlig überraschend – aussteige und auf das Auto meines Opfers zustampfe. Ich liebe diesen fassungslosen Blick!

Christian sind solche Ausbrüche meinerseits furchtbar peinlich. Wesentlich amüsanter findet er es, wenn ich mir Jugendliche, die abends auf dem Spielplatz direkt neben unserem Grundstück herumlungern, vorknöpfe. Neulich kurvte ein Halbwüchsiger mit seinem Moped dort herum, fügte mit steigender Begeisterung dem Rasen nachhaltige Schäden zu und verfiel schließlich auf die Idee, das Hinterrad quer an das Karussell zu drücken, um dieses dann mit aufjaulendem Motor in Fahrt zu bringen. Beim ersten Mal dachte ich noch: „O.K., muss man vielleicht mal probiert haben." Beim zweiten Mal aber riss ich das Fenster auf und schrie: „Wie blöd muss man sein, um so etwas zwei Mal lustig zu finden?" Ein verblüffter Blick und Schweigen. Das Geräusch eines davon rasenden Mopeds war die einzige Antwort.

Gerne schreite ich auch ein, wenn ich Glas splittern höre. Dann lege ich eine unvermutete Schnelligkeit an den Tag, um den Tatort noch während des Verbrechens zu erreichen. Und es setzt eine Standpauke, die sich gewaschen hat. Vielleicht nennt man mich unter den Jugendlichen, die den Spielplatz nachts als Sauf-, Rauch- und Balzterrain nutzen, die Hexe von der Windmühlenstraße, aber das kratzt mich nicht. Ich bin allerdings mehr als erstaunt darüber, dass so wenige Erwachsene etwas zu derartigem Unsinn zu sagen haben. Schließlich bin ich nicht die einzige, die neben dem Spielplatz wohnt.

Einen in früheren Jahren regelmäßigen Auftritt habe ich mir mittlerweile jedoch abgewöhnt. Wenn die lieben Kleinen im Sommer ganze Äste von den Kirsch- und Pflaumenbäumen abbrachen, um die halbreifen Früchte als Wurfgeschosse zu verwenden, hatte ich argumentiert, dass die Obstbäume mutwillig zerstört würden. Inzwischen habe ich allerdings festgestellt, dass diese Radikalkuren den Bäumen offenbar nicht schaden, jedes Jahr tragen sie wieder üppig. Jetzt hoffe ich nur noch, dass sich nie ein Kind beim Kraxeln verletzt und halte mich raus.

Südheide ruft Australien

Vielleicht bleibt es mir in diesem Jahr erspart, meinem Ruf weiteren Schaden zuzufügen. Mir scheint nämlich, dass dieser Brief schon einen Teil meiner Wut aufgesogen hat. Obendrein ist bald Dezember, ich habe es fast geschafft!

Tausend Grüße in den australischen Frühling
Marion

AUSTRALIEN

24. Oktober 2007 – 3. Februar 2008

24. Oktober 2007

Liebes Schneckchen,

wenn der Flug nach Sydney als Omen zu werten ist, wird dies ein Aufenthalt der Superklasse! Ich wurde auf dem Flug von Seoul nach Sydney, der immerhin zehn Stunden dauert, in die Business Class upgegradet, nahm an Bord ein Gläschen Champagner dankend entgegen, speiste sodann köstlich, nächtigte nach Rotwein und Cognac wunderbar waagerecht mit viel Platz und kam ausgeruht und frisch parfümiert *down under* an! In dem Stil wird es bei meinen Budget-Beschränkungen leider nicht weitergehen, aber als Willkommensgruß war es eine Wonne!

Bevor ich im kalten Nieselregen in Sydney beginnen konnte zu frieren, ging auch schon mein Anschlussflug nach Perth: 28 Grad, strahlender Sonnenschein und eine steife Brise, hilfsbereite Menschen, die eine uneingeschränkt verständliche Sprache sprechen, auf den Bäumen lärmende Papageien, trockener Weißwein aus der Gegend südlich von Perth auf der Terrasse eines behaglichen Backpacker Hostels – *welcome to Australia*!

25. Oktober 2007

Verrückt, angesichts des sommerlichen Wetters ein solches Datum zu schreiben. Hier auf der Südhalbkugel muss ich mich an so einige Dinge erst wieder gewöhnen: Die Sonne wandert ‚falsch' herum, das Wasser im Abfluss ebenso, Australier nennen Sommer Winter und Winter Sommer. Bei uns fliegen Vögel durch

Australien ruft Südheide

die Luft und Bäume stehen im Wald. Erstere fliegen zwar hier ebenfalls und Zweitere sind grün, aber damit hören die Gemeinsamkeiten schon auf. Aber ich bin ja lernfähig, auch was meine Reiseplanung betrifft. Eigentlich wollte ich nämlich erstmal richtig ankommen, mir bewusst werden, dass ich nach Jahren der Vorfreude tatsächlich in Australien bin. Aber dann überzeugte mich Wayne, ein geschäftstüchtiger Angestellter in einem Reisebüro, dass ich gleich morgen eine 10-tägige Bus-Tour von Perth nach Broome im hohen Norden Westaustraliens antreten müsse, da dort oben sehr bald die Regenzeit einsetzt, was unerträgliche Hitze und Typhone bedeutet. Klang logisch und Pläne sind schließlich dazu da, umgeworfen zu werden.

Abends im Schlafsaal verblüffte mich eine dieser das-gibt's-doch-nicht Geschichten: Im Bett gegenüber lag ein netter Neuseeländer, wir klönten wie üblich unter Reisenden über woher und wohin und ich erwähnte, dass ich in Westport in Neuseeland meine deutsche Freundin Roswitha besuchen will. Da stutzt er: „Roswitha? Roswitha und Phil? Die kenn ich doch! Ich bin gut mit Phils Sohn befreundet! Bestell schöne Grüße von Sandy!" Eigentlich sollte ich mich über solche merkwürdigen Treffen nicht mehr wundern, dazu passieren sie mir zu häufig. Das erstaunlichste Beispiel war das Folgende: In Myanmar lernte ich kurz vor Sylvester ein sympathisches Paar aus Stuttgart kennen, Babs und Jochen, mit denen ich mich prächtig verstand und nach den Ferien ein paar Monate Mailkontakt hielt. Aber wenn man kaum die Zeit findet, alten Freunden zu schreiben, dann bleiben neue Freundschaften erst recht auf der Strecke, der Kontakt brach ab. Auf den Tag genau drei Jahre später tippt mir in Kambodscha abends im Restaurant jemand von hinten auf die Schulter: „Sigi, bist du das?!" Babs und Jochen! Dieses Wiedersehen deuteten wir als Wink des Schicksals, sie besuchten mich in Peking, ich sie inzwischen einige Male in Stuttgart und wir sind gute Freunde geworden. Ist doch unglaublich, oder? Wie viele Bekannte ich wohl verpasse, weil sie zufällig im Zimmer nebenan schlafen oder in der Kneipe um die Ecke sitzen?

Montag, 5. November 2007

Warten auf Philip. Er soll mir einen Lift zu meiner ersten Arbeitsstelle in Australien geben, einer Aboriginal Community namens Lombadina, aber vorher habe ich ein paar Stunden Zeit, dir über meine Tour von Perth hierher nach Broome zu schreiben.

Ich sage immer, ich sei kein Tourmensch. Dieser Rudelcharakter entspreche mir und meinem Bedürfnis nach Individualität nicht und der Gedanke, auf Gedeih und Verderb mit zwanzig anderen zusammengesperrt zu sein, behage mir nicht ... aber diese Aussage sollte ich in Zukunft endgültig unterlassen, denn alle vier Gruppenreisen, die ich bisher mitgemacht habe, gefielen mir sehr, so auch diese!

Morgens um sieben fand sich ein buntgemischtes Häufchen von elf Leuten zwischen 23 und 58 Jahren ein, vier Männer und sieben Frauen und Paco, unser Reiseleiter und Fahrer in Personalunion. 3851 Kilometer Busfahrt insgesamt, zwischen 200 und 550 Kilometer pro Tag, boten trotz störrischer Klimaanlage bei weit über 30 Grad und einem zwei Tage vor Broome verendeten CD- und MP3-Spieler die willkommene Ruhe zwischen den Stopps. Viele schliefen, zumindest so lange, bis Paco sie mit einem perfekt platzierten Schuss aus seiner Wasserpistole weckte: „In dieser fantastischen Landschaft wird nicht geschlafen!" Die Gedanken flitzen kreuz und quer durch meinen Kopf, Erinnerungssplitter an die vergangenen zehn Tage. Wüstensurfen im Bus: Man stellte sich seitwärts wie beim Surfen in den Gang, jemand stoppte die Zeit und Paco fuhr Schlangenlinien, bremste, schlängelte wieder,

Australien ruft Südheide

beschleunigte, solange bis der Surfer in den nächsten Sitz oder gegen die Tür flog. Alles johlte, der Sieger bekam wie bei allen Spielen einen winzigen Preis aus Pacos Schatzruhe. Der beste war eine Flasche Australischer Sekt für die einzige Überlebende eines *Murder-Mystery*-Spiels. Oder das Trinkspiel mit Tischeklopfen und dem tanzenden, kleinen Mann, der uns brüllend vor Lachen Abende lang immer wieder in Tränen ausbrechen ließ. Wunderbar ruhig ausklingende Tage mit selbstgebackenem Brot, Aprikosenhühnchen und Rotwein am Lagerfeuer, bevor wir uns in unsere *swags*, die australische Schlafsack-Antwort auf den Wunsch nach einer Nacht unter den Sternen, zurückzogen. Ich hörte nur noch Sara singen und tanzen, blickte in einen von Sternschnuppen durchzogenen Nachthimmel. Giftige Spinnen? Tödliche Schlangen? „Alles Quatsch!", sagte Paco. Ich glaubte ihm und schlief selig ein mit dem Gedanken an diesen verrückten Australier im *swag* irgendwo in meiner Nähe, der es jeden Tag schaffte, diese Tour unvergesslich zu machen mit seinem Enthusiasmus, seiner offenen, direkten, manchmal liebevoll-flirtenden, manchmal derb-freundlichen, unverkennbar australischen Art, seinen verrückten Überraschungen und seinem umfangreichen Wissen über Land und Leute, Flora und Fauna.

Er arbeitet schon seit vielen Jahren in allen Regionen Australiens als Reiseleiter und sagte gleich am ersten Tag, dass diese Tour wohl die schönste im ganzen Land sei. Auch das glaube ich ihm inzwischen, obwohl ich es zuerst für einen plumpen Werbespruch hielt. Traumstrände wie Monkey Mia, Coral Bay, Turquoise Bay, Shell Beach, 80-Mile Beach oder Cable Beach. Tiefe Canyons, enge, verwinkelte Schluchten und bizarre Steinformationen im Kalbarrie und Karijini National Park und bei den Pinnacles. Schnorcheln in Korallenriffs, einen Stachelrochen aufschrecken und entschweben sehen, klettern, abseilen, wandern, fischen, schwimmen, Sandschlitten- oder Quadbike fahren, sich in der

Sonne räkeln, Wale oder Schildkröten beobachten, Delphine füttern, sich freundliche, kleine Pythons in einer *snake handling station* um Arme und Hals wickeln lassen. Rochen, Haie, Spinnen, Schlangen, Echsen jeder Größe, Form und Zungenfarbe, Wildpferde, Kängurus, Thorny Devils und anderes unübersetzbares Getier. Pacos brüllkomische Spiele mit und ohne Lagerfeuer, stimmungsvoll erzählte Aboriginal Dreamtime Stories, köstliche Mahlzeiten zubereitet von den Emus oder Kängurus genannten Kochteams, oft genug allerdings vom Meister am BBQ himself. Es gab niemanden in der Gruppe, der nicht mit jedem anderen ein paar Stunden verbracht hätte, nicht einer sonderte sich ab, keiner mäkelte, alle machten alles mit, ohne die Nase zu rümpfen. Die zehn Tage waren angefüllt mit unglaublich viel Spaß, Lachen und Miteinander.

Mein persönliches Highlight? Ganz eindeutig der Karijini National Park! Als junge Frau hatte ich Höhenangst, fühlte mich in engen Schluchten und Höhlen gar nicht wohl, schwarze, bodenlos erscheinende Gewässer waren mir unheimlich. Es kostete viel Überwindung und Anstrengung, diese Ängste mit Hilfe von geduldigen Führern und Freunden abzubauen. Nun stand ich am Rande der Weano Gorge in Karijini, sah die Schlucht das erste Mal von einem Aussichtspunkt sich weit unter mir durch die Felsen winden ... all meine persönlichen Horrorszenarien waren hier vereint: steil, tief, dunkel. Diesmal war es Paco, der es tatsächlich schaffte, mit beruhigenden Worten, einem langen Blick und der grinsenden Bemerkung, dass er mich notfalls auf Händen heraustragen würde, meine Sorgen zu zerstreuen. Ich konnte mich ausschließlich auf das Naturerlebnis konzentrieren.

In flacher Steppe tut sich plötzlich eine zig Meter tiefe Schlucht auf, deren Grund ein Bach bildet, der mit seinen Fluten und aufgrund von Erdverschiebungen über die Jahrtausende diesen Canyon formte, in den man hinabsteigt und für einige Stunden

Australien ruft Südheide

zeitweise nicht einmal mehr die Sonne durch den schmalen Spalt über sich sehen kann, da Felsvorsprünge und Überhänge die Sicht auf den Himmel versperren. Man hört nichts, es herrscht Stille und auch wir werden sehr ruhig, flüstern fast, während wir durch den Bach watend immer weiter in die Schlucht dringen. Es ist glitschig, eng, steil und nicht ungefährlich auf dieser Kletter-Krabbel-Rutschtour, man hangelt sich an einigen Stellen mit Händen und Füßen an den Wänden der Schlucht entlang, unter einem, zwischen den Beinen … nun ja, da geht es halt bergab. Wir bewegen uns weitgehend ohne Seile, die kommen nur an zwei steilen Aufstiegen zum Einsatz.

Die meisten von uns gehen barfuß, aber ich habe vor Jahren auf solchen Wanderungen gelernt, auf Strumpfsock zu gehen, das mindert die Rutschgefahr im Wasser und die spitzen Steine tun nicht ganz so weh. Aber die vergesse ich sowieso angesichts dieser Schlucht, der Felsspalten, Becken und Rutschen, durch die man schliddert, schwimmt, kriecht, immer hinter Paco her, der ganz genau weiß, dass er uns diese Tour zumuten kann, er hatte uns zwei Tage vorher beim Klettern in einer anderen Schlucht getestet. Mein Herz klopft bis zum Halse, aber nicht vor Angst, sondern vor Erregung. Meine Finger tasten nach kleinsten Griffmöglichkeiten in Spalten, von denen ich nur hoffe, dass sich dort keine giftige Spinne in ihrer Ruhe gestört fühlt, den Blick zurück vermeide ich streckenweise geflissentlich. Steine, Felsen, Schichtungen und Verwerfungen, alle Rot-, Gelb- und Brauntöne des Spektrums, die ich mir nie als mögliche Farben für Felsen hatte vorstellen können, Licht- und Schattenspiele. Gegenseitige Hilfe, aufmunternde Worte, warten, wenn mal wieder jemand ausrutscht und mehr vor Schreck als vor Schmerzen ein paar Tränen vergießt oder wegen des Zitterns in den Beinen fünf Minuten Pause braucht. Meine zunehmende Trittsicherheit und die Freude darüber. Die so stark spürbare Körperlichkeit dieser

Stunden, all die physische Intensität, die mir bei der Everest-Tour so fehlte, dieses die eigenen Grenzen ein ganz klein wenig weiter Hinausschieben – hier habe ich, was ich brauche. Ich jauchze, lache lauthals den Fels an, plansche unbändig in einem der tiefen Pools und fühle mich einfach dankbar und glücklich, bevor ich Stunden später wieder ins gleißende Sonnenlicht Nordaustraliens kraxle. Einziger Wehmutstropfen: Sara stauchte sich beim Sprung von einem Felsen, den ich nach einem Blick über den Rand dankend ausließ, den Steiß und hatte einige Tage lang Schmerzen. Eigentlich hätte mich zu diesem Zeitpunkt schon nichts an Paco mehr überraschen sollen, auch nicht, dass er sich mit Reiki auskennt.

Irgendwann war dann die Tour vorbei, die Abschiede herzlich – und plötzlich waren alle weg. So sehr ich nach solchen Tagen intensiver Nähe das Alleinsein schätze, ist es doch ungewohnt. Philip müsste bald kommen, bin sehr gespannt, was mich in Lombadina erwartet.

11. November 2007

Ein herrlicher Sonntag! Mir fallen so langsam keine Superlative mehr ein. Du denkst sicher: „Die Frau spinnt! So gut wie ihr in den vergangenen zwei Monaten kann es einem Menschen doch gar nicht ununterbrochen gehen." Doch, kann es, und die vergangene Woche war keine Ausnahme.

Am Montag ging es nach Lombadina, der Aboriginal Community am Ende einer schmalen Landzunge im Indischen Ozean, in der ich zwei Wochen lang arbeiten wollte. Philip, ein immer vergnügt lachender, unverschämt gut aussehender Aborigine, sammelte mich auf den Stufen des *Kimberley Klub Backpackers* auf und ich merkte sehr schnell, dass Lombadina wirklich am Ende der

Australien ruft Südheide

Welt liegt: Wir schlingerten im tiefen Sand einer Outback-Piste 200 Kilometer weit meinem nächsten Zuhause entgegen. Phils Fahrkünsten vertraute ich sofort und die Fahrt verlief angenehm entspannt. Du kennst sicher diese etwas stressigen Situationen, in denen man sich verpflichtet fühlt zu reden, besonders wenn man Leute nicht gut kennt, und das endet dann in leerem Geplapper. Ganz anders mit Philip, der zwar einerseits eine Menge zu erzählen und zu fragen hatte, dem schaler Smalltalk aber gar nicht lag. Diese Wohlgefühl ohne überflüssige Worte setzte – wie ich später feststellte – den Standard für das gesamte Dorf: Die Einwohner Lombadinas sind alles andere als schwatzhaft. Lieber ein knappes, freundlich gegrinstes „Morning, Sigi!" aus Alphonses fast zahnlosem Mund als unnötige Floskeln am frühen Morgen auf dem Weg zur Arbeit.

Diese etwas maulfaule Art mag ich inzwischen sehr, nachdem ich sie in den ersten Tagen gewöhnungsbedürftig fand. Aber auf der Fahrt hatte ich noch keine Ahnung, was mich erwartete, ich sah nur 200 km Busch, leuchtend rote Erde, die in der Hitze flimmerte, und hätte nichts dagegen gehabt, mit Philip einmal um Australien herum zu fahren. Jedes andere Auto – immerhin etwa zehn Stück! – wurde mit erhobener Hand gegrüßt, ab und zu stoppten wir, hielten ein kurzes Schwätzchen mit Dave, Trevor oder Mike am Wegesrand, ich wurde vorgestellt, man kennt sich hier. Dann die Siedlung. Weitläufige, grüne Rasenflächen mit Sprinkleranlage, roterdige Sandwege, das Dorfzentrum eine große Wiese mit Bänken und Basketballkörben, farbenfrohe, meist sehr gepflegte Häuschen, Palmen, duftende Frangipanis, buntes Blühen an Bäumen und Büschen, ein Laden, eine Kirche (Lombadina ist katholisch!), eine Schule, ein Haus mit Spielplatz für die *playgroup*, ein Büro, ein Souvenirladen, einige Werkstätten für Maschinen und Fahrzeuge aller Art, eine kleine Kneipe mit Billardtischen, eine Arztpraxis, eine Bäckerei, ein paar Touristen-

Australien ruft Südheide

Unterkünfte – mein Zuhause für die erste Woche. *Home sweet home!*

Ich bin sehr erstaunt darüber, was ich hier sehe. Nach allem, was man Trauriges hört und liest über die entwürdigenden Lebensbedingungen der australischen Ureinwohner durch Probleme mit Alkohol und Drogen, Arbeitslosigkeit und einem immer noch sehr hohen Maß an Rassismus – Paco berichtete von einer Studie, nach der 76% aller Australier rassistisch sein sollen – finde ich hier geradezu paradiesische Zustände vor! Etwa 60 Menschen wohnen in unserem Dörfchen, nebenan in einer etwas größeren Siedlung weitere 300, in der Schule zwischen den Dörfern werden 65 Kinder unterrichtet. Viele Älteren besuchen Internate in Perth oder Broome, die ganz Kleinen werden in einer Spielgruppe betreut - und hier arbeite ich mit. Aus der angenehm kleinen Gruppe von je nach Wochentag drei bis sieben Kids ist ein Junge allerdings eine Handvoll: Ethan ist ein ganz besonderes Kerlchen, drei Jahre alt, hyperaktiv, möglicherweise autistisch, spricht nicht, klettert dafür wie ein Äffchen, rennt nur nackt umher, ist völlig unberechenbar und braucht ungeteilte Aufmerksamkeit. Fortwährend bin ich damit beschäftigt, ihn einzufangen, wenn er mal wieder blitzschnell über den Zaun geklettert und weggelaufen ist, oder ihn davon abzuhalten, den anderen büschelweise Haare auszureißen oder irgendetwas in Haus und Garten zu demolieren. Liebevolle Ansprache, Spiele, Umarmungen, Strenge, Ignorieren seiner hysterischen Anfälle, ich versuchte alles, nichts fruchtete. Er bräuchte dringend Hilfe, aber hier im Outback ist bei den ständig wechselnden Ärzten, die oft nur aus finanziellen Gründen für ein halbes Jahr in solchen entlegenen *communities* arbeiten, ist selbst eine fundierte Diagnose schwierig, eine Therapie oder Medikation nahezu unmöglich.

Australien ruft Südheide

Die anderen Kleinen sind zum Fressen süß! Neo würde ich am liebsten mitnehmen: gut anderthalb Jahre alt, sehr dunkler Teint, schwarze Korkenzieherlocken, fast immer gut drauf, lernt gerade sprechen, ein absoluter Sonnenschein, der in mir Anflüge von Muttergefühlen weckt, wenn sie sich an mir festklammert und mir liebevoll ihr Rotznäschen an den Hals drückt.

Trotz der netten Aufnahme im Dorf habe ich den Eindruck, nur wenig mitzukriegen von dem, was mein Hauptanliegen war, als ich beschloss, in einer Aboriginal Community zu arbeiten, nämlich mehr über die Ureinwohner Australiens zu erfahren. Kann es etwa sein, dass von ihrer alten Kultur im heutigen modernen Leben von Audrey und Caroline, Robert, Philip und René nichts übrig blieb? Sind ihre internationalen Namen symptomatisch dafür, dass diese fremdartige Kultur verloren gegangen ist, dass die Aborigines heute mit etwas Glück und harter Arbeit leben wie du und ich, dass ich mit meinem Wunsch nach Ursprünglichkeit einmal mehr Jahrzehnte zu spät dran bin? Deborah, meiner neuen Freundin aus Südostaustralien, die einen Tag vor mir ankam und ab morgen im Lebensmittelladen arbeiten wird, geht es ähnlich. Als – weiße – Australierin kennt sie sich viel besser als ich mit den *indigenous people*, den Ureinwohnern, aus, bestätigt meinen Eindruck einer ungewöhnlich schönen, sauberen und freundlichen Community, fragt sich aber genau wie ich, ob es unter der Oberfläche noch mehr, Verborgenes, Altes, vielleicht Geheimes gibt. Oder sind das nur romantische Vorstellungen der Weißen von diesem mystifizierten Volk? Ich wünschte, ich könnte tiefer eindringen, mehr erfahren, ohne unsinnige Barrieren aufzubauen zwischen ‚wir' und ‚ihr', ohne mich wie eine Insektenforscherin zu fühlen.

Warum war nun der heutige Sonntag so herrlich? Deb holte mich morgens in ihrem ... nun, nennen wir es ‚Auto' ab, wir erkundeten die Gegend, besuchten zwei andere Aboriginal Communities, dösten am Strand. Nach etwa 150 Kilometern dann die Rückfahrt. Irgendwann – zwischen uns und Lombo lagen noch vierzig Kilometer menschenleeres, sirrend heißes Outback – quoll Qualm aus dem Motorraum, der Auspuff stieß dicke Rauchwolken aus, es rappelte, schepperte und schrabte ganz erbärmlich an unterschiedlichen Orten unter der Kühlerhaube, Debs Rostmühle benahm sich einfach unmöglich! Kein Handyempfang und als einzige Passanten drei feixende Komiker, die uns aus ihrem vorbeirauschenden Pick-up mit Alkoholfahne grölend darüber informierten, dass unser Kühler qualme. Trotz des Bewusstseins, dass es hier in der Gegend durchaus Krokodile und anderes potentiell feindlich gestimmtes Getier gibt, ließen wir uns nicht die Laune verderben, hatten uns viel zu erzählen und kehrten nach Einbruch der Dunkelheit nach zahlreichen vergnügt durchkicherten Kühlpausen fürs Auto sehr zufrieden mit unserem ersten Buschabenteuer heim. Selbst als Caroline, die Dorfvorsteherin, am nächsten Tag scharf anmerkte, dass in solchen Fällen schon Leute im Busch gestorben seien, änderte das unsere sorglose, zugegebenermaßen recht naive Sicht nicht. Merkwürdig, wenn es um Höhen geht, bin ich ein elender Angsthase, aber solche riskanten Episoden wie unsere Tour gestern finde ich einfach nur spannend und überhaupt nicht beunruhigend. Wir gelobten trotzdem Besserung, was allerdings nicht schwierig war, denn Debs Auto macht solche Touren sowieso nicht mehr mit.

Nach unserer Rückkehr saßen wir bei einem Bierchen vor Debs urigem Rundhaus, ihrem Präsentierteller in der Dorfmitte, als Mark, Objekt von Deborahs Begierde und passionierter Angler, vorbeischaute: „Kommt doch mit zu Philip rüber, wir grillen gerade den heutigen Fang!" Vier Stunden später, nachdem diverse Stücke gegrillter Fisch, zahlreiche ebenso zubereitete Austern nach Instruktionen, wie den Viechern in diesem Zustand beizukommen sei, und das eine oder andere Bier in unseren Bäuchen

Australien ruft Südheide

verschwunden waren, stellte sich zum x-ten Mal auf dieser Reise mein inneres Schnurren ein. So nenne ich Momente, ich denen ich mir wünsche, eine Katze zu sein und meinem Wohlbehagen lautstark schnurrend Ausdruck geben zu können, ohne weggesperrt zu werden. Mein Gott, geht es mir gut! Die heiße tropische Nacht, die Zikaden, das Essen ... alle um mich herum erzählen Seemannsgarn und amüsieren sich bestens ... und fluchen gleichzeitig wie die Bierkutscher, aber egal, wie viele *fucking*, *bloody* oder *shit* in einem einzigen Satz Platz finden, der Inhalt wird selten rüde oder bösartig. Schimpfwörter scheinen nicht nur bei den Aborigines, sondern in weiten Teilen der australischen Bevölkerung fester Bestandteil der Sprache zu sein, nur mäßig abhängig von Bildungsniveau oder Gesprächspartner. Sollte ich mir geflissentlich wieder abgewöhnen, bevor ich in Deutschland in den Schuldienst zurückkehre ...

Freitag, 16. November 2007

Mein Wunsch nach Erleuchtung wurde erhört. Am Samstag vor einer Woche war ich umgezogen, weil mein Zimmer für Touristen gebraucht wurde. Mein neues, geräumiges Zuhause war allerdings in den zwei Wochen Abwesenheit seines Bewohners, eines gewissen Tony, gänzlich von Spinnen konfisziert worden, glücklicherweise einer ungefährlichen, aber eifrig webenden Variante. Zum Gestank in der Bude trugen mehrere volle Ascher, Essensreste in der Küche, einige Berge Wäsche, die offensichtlich nass liegen gelassen worden waren und zwei verweste Frösche im Bad bei. Die heiße Luft – draußen herrschten immerhin rekordverdächtige Temperaturen von Mitte 40 Grad – stand bewegungslos in den verschlossenen Zimmern. Tony war vor zwei Wochen nach einem Herzinfarkt per Flugzeug der Flying Doctors ins Krankenhaus abtransportiert worden, nun sollte ich am Wochenende sein Haus für seine Rückkehr vorbereiten. Als ich Tony am Montagvormittag endlich kennen lernte, beschloss ich sofort, für ihn gerne stundenlang bei 45 Grad geputzt und gewienert zu haben.

Einen Tag später zog Laura bei uns ein, eine junge Frau, die gerade die Uni mit einem Abschluss in *indigenous studies* abgeschlossen hatte und hier ein Praktikum in Schule und Mini-Klinik macht, und so führten wir eine Woche lang eine perfekte WG, unkompliziert und gut gesättigt, denn vegetarisch kochen kann Tony auch noch ganz fantastisch. Er managt seit gut sechs Monaten alles, was in Lombadina mit Tourismus zu tun hat, verbindet damit seine Uni-Abschlüsse in Tourismus und *indigenous studies*, und dementsprechend wusste er viele Antworten auf meine Fragen sowohl zu Lombadina und seinen Bewohnern als auch allgemein zu Aborigines. Häufig begann er mit Geschichten und Episoden über das Dorf und seine Bewohner, Familienhintergründe und -zusammenhänge, die er dann in einem größeren Kontext erklärte. Die relativ neue Wissenschaft der *indigenous studies* erforscht die vermuteten Ursprünge und die Kultur der Aborigines, die auf diesem Kontinent über 40.000 Jahre, andere sagen sogar 60.000 Jahre, als fast unveränderte Gesellschaftsform ohne Kriege lebten, bis die weißen Eindringlinge ihnen all die grauenvollen Dinge antaten, die erst ganz langsam in die Geschichtsbücher Einzug halten: Es gab gezielte Ausrottungsversuche mit Hilfe von Decken, die mit tödlichen Viren infiziert worden waren, oder durch mit Arsen vergiftetes Mehl. Die Ureinwohner wurden von ihrem Land vertrieben, was für sie besonders grausam war, da das Land, die Erde, ihre Mutter ist und Legenden um bestimmte Orte und Lebewesen in der Natur die Grundlage für ihre Schöpfungsgeschichte bilden und damit heilig sind. Mit der ihnen so genommenen Möglichkeit, den *songlines*, also den Pfaden der kultischen Wanderungen, zu folgen, wurde ihnen

Australien ruft Südheide

eine wichtige spirituelle Basis geraubt. Malerei und Tanz, uralte Rituale und Wissen über Natur und Spiritualität gingen zum Teil verloren. Weiße hielten Aborigines wie Sklaven oder schossen die Ureinwohner in regelrechten Treibjagden wie Tiere ab. Zynischmilde erscheint einem verglichen damit die Behandlung der *stolen generation*, der Kinder, die aufgrund katholischen Missionarsdenkens ihren Eltern bis Ende der 60er Jahre des 20.Jahrhunderts gewaltsam weggenommen wurden und in Heimen oder bei fremden weißen Pflegefamilien irgendwo am anderen Ende Australiens landeten. Viele dieser Menschen wissen auch heute noch nichts über ihre wahre Herkunft, ebenso wenig wissen ihre leiblichen Eltern, was damals mit ihrem Kindern geschah.

Tony interessiert sich für alles, hat ständig Augen und Ohren weit aufgesperrt, fragt klug nach, ist offen und sehr gesprächsfreudig. Er hat ein immenses theoretisches Hintergrundwissen und lebt gleichzeitig mit Haut und Haaren begeistert in dieser Community mit all ihren Typen und Histörchen, was ihn zu einem spannenden Gesprächspartner macht, mit dem ich mich noch wochenlang hätte unterhalten können – wenn ich nicht gerade bei Deb oder Phil am Feuer saß.

Ich hoffe nur inständig, dass Tonys Frau, die in Adelaide an der Uni lehrt, bald herkommt und ihm mächtig ins Gewissen redet. Er will nämlich unter keinen Umständen als Invalide behandelt werden, ‚nur' weil er vor gut zwei Wochen einen Herzinfarkt hatte, schleppt weiterhin trotz unseres Widerstandes Matratzen durchs Haus, trinkt Bier, qualmt und arbeitet wieder zehn und mehr Stunden am Tag!

Sehr behutsam verknüpfte Tony Erzählungen über allgemeine Historie mit Geschichten über die Schicksale einiger Mitglieder der Dorfgemeinschaft, ohne die Aborigines mit all ihren Problemen zu glorifizieren, wie es manchmal in unangemessen mystifizieren-

Australien ruft Südheide

der Literatur geschieht. Außerdem hatte ich nie den Eindruck, ich erführe Dinge, die ich nicht wissen darf. Denn auch die gibt es glücklicherweise noch, die mythischen Rituale der Frauen und der Männer im Verborgenen, Initiationsriten, geheime, heilige Orte und sehr private Familiengeschichten. Über sie will ich nichts wissen, sie gehen mich nichts an. Aber ich bin froh, dass viel verloren Geglaubtes die Ausrottungsversuche überlebt hat. In den letzten Jahren bekommen die Aborigines endlich auch Unterstützung von der Regierung, Australien erkennt seine Schuld an. Große Hoffnungen werden auf die Wahl im Dezember gesetzt, da Kevin Rudd, der Kandidat der Labour Party, versprochen hat, sich um die Belange der Ureinwohner zu kümmern, womöglich sogar die lange überfällige Entschuldigung gegenüber den Aborigines auszusprechen. Symbolische Handlungen wie das Entzünden des olympischen Feuers bei der Olympiade in Sydney durch Cathy Freeman sind zwar wichtig, aber von einer gesellschaftlichen Gleichberechtigung, wirklichen Hilfskonzepten oder einer Akzeptanz der Farbigen wie inzwischen in den USA scheint man in Australien noch Lichtjahre entfernt.

Samstag, 17. November 2007

Ich bin erst seit ein paar Stunden weg aus Lombadina und sehne mich schon zurück. Habe gerade eine sms bekommen, dass ein geplanter Lift nach Perth nicht klappt, ich hätte also noch übers Wochenende in Lombadina bleiben und am Montag einen Flug nehmen können ... ach was, Blödsinn, auf zu neuen Ufern!

Dienstag, 20. November 2007

Von wegen neue Ufer: alte Ufer! Das überraschendste, bekloppteste, schönste Wochenende liegt hinter mir! Am Samstagabend

Australien ruft Südheide

tauchte plötzlich Deb in Broome im Kimberley Klub auf, hatte von Phil, der Familie besuchte, einen späten Lift bekommen, wollte für einen Tag Stadtluft schnuppern. Nachdem wir am Sonntag gemütlich mit viel Kaffee und Mangos gefrühstückt und uns im Pool geaalt hatten, ein paar Stunden durch die Stadt geschlendert waren und Debs obligatorischen Vorrat an Gin und Tonic erstanden hatten, hieß es Abschied nehmen ... bis ich plötzlich auf die Idee kam, für eine Nacht mit nach Lombadina zu fahren! Heute Mittag 200 km hin, morgen früh mit der *post-lady* 200 km zurück, mit Aussicht auf einen weiteren Abend am Feuer mit Philip und den anderen. Als Deb dann noch murmelte: „ ... sonst trinken wir den Gin-Tonic womöglich alleine ..." stand der Entschluss fest. Philip schien angenehm überrascht über soviel Irrsinn und/oder Zuneigung zu Lombadina und schon saßen wir johlend wieder im Jeep. Und ab dann war nichts mehr normal: Sigi im australischen *roadmovie*: runter von der Straße, Stippvisiten bei irgendwelchen schrägen Gestalten auf Mango-Farmen oder in kleinen *communities*, „G'day, mate!", ein glühend-roter Sonnenuntergang verschwindet schemenhaft hinter aufgewirbeltem Staubwolken, wir rasen querfeldein durch den Busch – auch gerne mal rückwärts –, räkeln uns genießerisch in einem herrlich warmen, sprudelnden Wasserloch, riesige, laut Philip Glück bringende Vögel gleiten majestätisch über unsere Köpfe hinweg, Beine hängen aus Fenstern, eine uralte Credence-Clearwater-CD dröhnt in voller Lautstärke aus dem knarzenden Lautsprecher, John Fogerty wird unterstützt von unserem schiefen Mitgrölen, Gin-Tonic und Bier wollen ständig aus Bechern und Dosen schwappen, verbundene Augen, „Hilfe ich bin blind!", Krämpfe sämtlicher Lachmuskeln, haltlose Unbeschwertheit, und dann eine letzte Lomadina-Nacht im *swag* am Strand ...

Die sehr stille Rückfahrt mit der *post-lady* nach Broome und den gesamten Montag habe ich dann irgendwie hinter mich gebracht, in Gedanken immer bei Phil, Deb und Tony. Abends ging der Flieger nach Perth. Einziger Farbtupfer in einem traurig-grauen Tag kurz vor Mitternacht bei meiner Ankunft im Backpakkers: „Sigi!?" Sini, die quirlige Finnin von der Tour! Also noch eine Stunde Quatschen, Austausch über die vergangenen zwei Wochen, dann komatöser Tiefschlaf. Ich liebe Australien.

Lass bald von dir hören!
Deine ferne
Sigi

Südheide ruft Australien

SÜDHEIDE

10. Dezember 2007

Geliebtes Känguru,

jetzt reicht´s! Obwohl der triste November längst vorbei ist, warte ich seit fast zwei Wochen vergeblich auf die Muse, damit sie mir bei meinem Brief an Dich zur Seite steht, aber dieses zickige Weibstück lässt sich nicht blicken! Ich weiß nicht, warum sie bockt oder beleidigt ist, meine Hoffnung ist, dass sie es noch mehr wurmt, wenn ich ohne sie anfange, und sie dann reumütig oder meinetwegen auch triumphierend, weil ich es ohne sie ja doch nicht schaffe, angeschlichen oder –stolziert kommt.

Zunächst zu Deinem Part, nennen wir ihn „orbis": *Down-under!* Welch ein Kontrast zwischen Deiner und meiner Stimmung! Aus Deinem Brief sprudelte die Lebensfreude nur so heraus. Außerdem imponiert Australien mir momentan mit seinem Wetter. Hier regnet es gefühlt 20 Stunden täglich. Das ganze Jahr herrschte gleichmäßig mildes Mistwetter, außer im April, in dem der Sommer seinen Anfang nahm und auch sein Ende fand. Wenn ich geahnt hätte, dass danach nichts mehr kommt, hätte ich vielleicht doch einen Flug in den Süden gebucht. Stattdessen haben wir in unserer unbelehrbaren Skandinavienverherrlichung schon mal ein Ferienhaus in Schweden für den nächsten Sommer (!) gemietet. Ich werde dafür im Winterschlussverkauf Thermounterwäsche kaufen.

Nun zu dem Bericht aus Wahrenholz, nennen wir es großzügig „urbs". Nach der Novemberauszeit nahm mein Leben wieder an Turbulenz zu.

Zuerst der höchste Ausschlag auf der nach oben offenen Gefühlsskala: unsere Theateraufführung im Kindergarten war ein voller

Erfolg! Entgegen meinen Erwartungen haben wir uns nicht zum Gespött gemacht, sondern wurden sofort für weitere Aufführungen gebucht. Ich selbst stellte eine italienische Maus dar, die „in Obstkiste in kalte Deutschland" entführt worden war und sich nun mit anderen Mäusen auf einem verlassenen Bauernhof auf den langen deutschen Winter vorbereitet und zu guter Letzt eine Weihnachtsüberraschung erlebt. Wenn ich bedenke, wie lange ich versucht hatte, aus der Nummer herauszukommen und wie viel Spaß es dann tatsächlich machte, möchte ich mir lieber nicht vorstellen, welche Erfolgserlebnisse mir meine Trägheit schon vorenthalten hat. Verblüffend war vor allem, wie sehr wir Darsteller zu einer Truppe zusammenwuchsen. Bei der ersten Probe wurde jeder Gedanke von einem inneren Stoßseufzer begleitet, aber nach und nach tauten alle auf, brachten sich ein, tatsächlich steuerte jeder eigene Ideen bei. Einer hatte Kartoffelsäcke, die wir zu Mäusefellen umfunktionierten, der nächste brachte einen Haufen Lichterschläuche, die beim Beginn der Weihnachtsszene in allen Farben aufleuchteten. In den Jugendräumen der Kirche fand sich eine idyllisch bemalte Kulisse, eine Mitspielerin sorgte mit einem Trompetensolo für erhöhte Aufmerksamkeit, alle sammelten Eicheln und Kastanien, trockneten Blätter, bastelten Mäuseohren. Decken, Äpfel, Vivaldis „Vier Jahreszeiten", Strahler, Weihnachtsdekoration und nebenbei auch ein paar Flaschen Sekt wurden herangeschafft. Nur sechs Wochen zuvor kannten wir uns wenn überhaupt vom Sehen. Drei Ossis, drei Wessis – fünf Frauen, ein Mann – die jüngste 32, die älteste 48 – von Hartz IV bis „Außer Tarif-Gehalt". Das nenn ich Integration!

Du merkst, ich bin fasziniert, hoffentlich bringt mich diese Begeisterung dazu, ähnliche Projekte zu wagen. Christian ist auf dem Kindergartenfest nicht von meiner Seite gewichen und war richtig stolz auf seine Mama. Der Lokalreporter identifizierte uns allerdings nicht als Mäuse, sondern als Feldhasen, gleichzeitig deutete er

Südheide ruft Australien

die Geschichte vom Turmbau zu Babel, die zum Auftakt der Feier in der Kirche erzählt wurde, so, dass sie zeige, zu welch großen Taten Menschen fähig sind, wenn sie zusammenarbeiten! Ich hätte gedacht, dass die Botschaft dieser Bibelgeschichte zum Allgemeinwissen zählt.

Nach unserer glanzvollen Theatervorstellung fuhr ich mit meiner kleinen Familie zu Freunden aus der Studienzeit nach Mülheim. Ich konnte noch wohlig auf der Welle des Erfolges weiter schwimmen, da ich mich um so banale Dinge wie Essen kochen oder Wäsche waschen nicht zu kümmern brauchte. Die Männer gingen wie bei jedem dieser Besuche zum Fußball, während Maria und ich uns genüsslich über Kinder, Haushalt, Arbeit, Kirche und Männer austauschten. Auch Maria konnte ihr Studium der Wirtschaftswissenschaft als Pfarrsekretärin suboptimal verwerten, ist inzwischen allerdings zur Verwaltungsleiterin aufgestiegen. An gemeinsamen Themen mangelte es nicht.

Egal, mit welcher verheirateten Frau Du sprichst, alle beklagen die gleichen Macken ihrer Gatten. Demzufolge muss bei Männern wohl ein genereller Gendefekt vorliegen, der allerdings erst beim Verlassen des Standesamtes zu Ausfallerscheinungen führt. Diese sind, wie ich in Feldstudien zusammentragen konnte, zum Beispiel die Angst vor Geschirrspülern und anderen Elektrogroßgeräten, das sogenannte „Tagesschau-anschalt-Familie-ausblend-Syndrom", die Fernbedienungsmanie, die „meine-Frau-denkt-wie-ich-Wahnvorstellung" sowie die irrige Annahme, dass bereits etwas erledigt ist, indem man sich seine Erledigung vorstellt. Überall dasselbe.

Sie haben aber auch einige Vorzüge, unsere Männer. Eine Fähigkeit, die Hans-Joachim anderen Männern offenbar voraus hat, schätzte ich letzte Woche wieder besonders. Er kann stundenlang zuhören, wie ich mich über andere aufrege. So fiel mir am letzten Sonntag, an dem wir zur Geburtstagsfeier einer Freundin eingeladen waren, ein anderer Gast derartig auf die Nerven, dass ich es kaum abwarten konnte, zu Hause meine aufgestaute Wut los zu werden. Es gibt Menschen, die, wenn Du sie alleine triffst, kurz vor dem Kollaps stehen: Burn out, Tinnitus, sämtliche Krankheiten, die man schlecht nachweisen kann, Mobbing, Ausbeutung durch Familie und Ehrenämter und sonstige Kasteiungen, die jede für sich schon als Suizidgrund nachvollziehbar wären. Begegnest Du diesen Menschen aber in Gesellschaft, mutieren sie zu Supertypen: alles kein Problem, *take it easy!*, besser kann es kaum laufen, wir gehören schließlich zu den Härtesten! Wenn Du es aber wagst, einem Dritten, nicht unbedingt Anwesenden, zu bescheinigen, dass er es wirklich nicht leicht hat, dann bricht die Tirade los: tja, wenn man sich das so ausgesucht hat, selbst Schuld, das hätte man sich vorher überlegen können, das Leben ist kein Picknick und immer so weiter. Es könnte ja jemand anderes ein noch ärmeres Schwein sein, und das kann nun wahrhaftig nicht angehen. Ich hätte fast die Contenance verloren – und das als „Neun"!

Was es mit der „Neun" auf sich hat, muss ich Dir erläutern: Mein Chef und ich fanden einmal Gelegenheit, ein paar Sätze privat zu wechseln, während wir uns sonst eher selten begegnen. Dabei kamen wir auf unterschiedliche Typen von Menschen zu sprechen. Dann gab er das Stichwort „Enneagramm" und erläuterte mir diese Theorie, die übrigens auch von der Kirche vertreten wird und in der die Menschen in neun verschiedene Grundtypen eingeteilt werden. Da war ich natürlich neugierig, zu welcher Sorte ich selbst gehöre, zumal mein Chef bemerkte, dass er schon einen Verdacht bezüglich meiner Person hege, mir diesen aber nicht verraten werde. Also führte ich flugs einen Enneagramm-Selbsttest im Internet durch. Und das Ergebnis? Niederschmetternd! Nein, ich bin keine Fünf, die Wissen hortet, dies wäre mein Traumtyp gewesen. Ich bin eine Neun, deren Grundübel die Trägheit ist! Eine faule Socke bin ich! Ein Tagedieb, Bummelant, passiv und bequem! Ich brauchte zwei

Südheide ruft Australien

Tage, um mich den Tatsachen zu stellen. Schließlich gestand ich mir ein, dass die Trägheit meine größte Schwäche ist. Stärken habe ich natürlich auch: diplomatisches Geschick, Ausgeglichenheit, positive Grundeinstellung. Passt alles haargenau! Ich beschloss, die spärlich vorhandenen Energien an geeigneter Stelle zu bündeln und sie künftig nicht mehr zu verschwenden, um mit mir zu hadern, wenn Aufgaben erst in allerletzter Minute von mir in Angriff genommen werden. Plötzlich war es ganz angenehm, mir sagen zu können, dass meine Kirchenblattbeiträge unmöglich vor der allerletzten Nacht vor Redaktionsschluss entstehen können. Ich kann nichts dafür, ich bin eine Neun! Witzig war dann allerdings, dass der Pastor mich für eine schlaue Fünf gehalten hatte. Ha, ich bin auch ein Meister der Täuschung!

Lieber träge als vergesslich! Ich hoffe, dass sich diese Eigenschaften nicht bedingen. Bei einer anderen Party musste ich feststellen, dass sich in unserem Freundeskreis, der sich größtenteils aus Leuten um die fünfzig zusammensetzt, die Altersdemenz langsam einschleicht. Hier ein Beispiel: Klaus sagt: „Bei der Jagd haben die diesmal 157 Wildschweine geschossen." Thomas: „Tatsächlich 157?" Andreas: „Ja, habe ich auch gehört. Sollen echt 157 gewesen sein." Dann Karsten, der aufmerksam zugehört hatte (dachte ich), zwei Minuten später: „Wie viele Wildschweine haben die denn geschossen?" Etwas später Karsten: „Sag mal, im Kirchenbuch fehlen die Konfirmationen von 1974." Ich: „Ich weiß, habe ich dir ja schon gesagt (!), als ich dir die Kopien gebracht habe. Offenbar gab es 1974 keine. Vielleicht weiß Klaus was. Klaus, wieso gab es 1974 keine Konfirmation in Wahrenholz?" Klaus, der direkt neben Karsten und mir saß: „Wegen der Kurzschuljahre. Ein Jahrgang fiel aus." Anja schaltet sich ein: „Ja genau, die Kurzschuljahre, da gab es ein Jahr keine Konfirmation." Fünf Minuten später Karsten zu Klaus: „Weißt du, warum es 1974 keine Konfirmation gab?"

Noch Unklarheiten? Frag aber bitte nicht, wie viele Schweine 1974 konfirmiert wurden!

Nun steht das Großereignis Weihnachten bevor. Ich bin vorbereitet, um nicht zu sagen „gerüstet". Ich habe unser Haus behaglich geschmückt, einen Adventskalender rechtzeitig bestückt, mit meinem glücklichen Sohn Kekse gebacken, sämtliche Weihnachtsgeschenke besorgt oder zumindest in Auftrag gegeben, Hans-Joachim so lange die Geschenke für Christian aufgezählt, bis er die Liste beim fünften Mal behalten konnte (um noch einmal den Bogen zur Demenz zu spannen), das Haus in einen ordentlichen und hygienisch vertretbaren Zustand gebracht und nebenbei sogar meine montägliche Verabredung zum Schwimmen mit Gaby eingehalten, mich beim Friseur zu einem neuen Haarschnitt durchgerungen, sogar nach ungefähr zwei Jahren unsere Sauna benutzt und schließlich heute auf die Erledigung der Bügelwäsche zugunsten eines Briefes an Dich verzichtet. Der Satz war jetzt lang genug, ich hätte Dir noch viel mehr aufzählen können. Hat etwa die Selbsterkenntnis durch den Enneagramm-Selbsttest diesen Energieschub ausgelöst?

Jetzt kann sich die Weihnachtsstimmung und -besinnung einstellen!

In diesem Sinne alles Liebe und Frohe Weihnacht urbi et orbi!

Mimi

Australien ruft Südheide

Australien

Samstag, 1. Dezember 2007

Liebe Mimi,

Rouladen, Rosenkohl, Gurkensalat mit saurer Sahne, Rotwein und zum Nachtisch Käsekuchen. Das besänftigt. Trotzdem bin ich froh, am Montag von hier zu verschwinden.

Am vergangenen Sonntag sammelten Claire und John, ein älteres Paar um die 60, mich und einen jungen Chileno namens Diego, Typ *angry young man*, der vor seiner Reise sein Studium als Filmregisseur in Santiago beendet hatte, an einer Bahnstation in Perth ein und der nächste Job begann.

Dieser Tausch von Kost und Logis gegen 4-6 Stunden Arbeit ist ein wirklich geniales Prinzip zu reisen und Land und Leute aus einer ganz anderen Perspektive als aus einem Hostel heraus kennenzulernen. Man wohnt, isst und arbeitet mit den Gastgebern zusammen und hat viel Zeit zum Plaudern und für Ausflüge. Wir sind die Wwoofer! Fast jeder hier in Australien kennt diese Organisation: ‚Wwoof' steht für ‚*willing workers on organic farms*', was allerdings etwas missverständlich ist, denn viele Gastgeber sind keine Farmer, sondern man kann zum Beispiel in Backpakker Hostels arbeiten oder in Aboriginal Communities wie Lombadina. Obwohl ich mich der Einfachheit halber Wwoofer nenne, lautet meine ähnlich aufgebaute, allerdings abwechslungsreichere Arbeiten bietende Website helpx, aber „*I'm a helpxer*" klingt einfach zu krumm!

Dieser Job nun war ausgeschrieben als Arbeit in einer Möbeltischlerei und etwas Haus- und Gartenarbeit im Südwesten, in Manjimup. Ein wie ich fand putziger Name, der dazu beitrug, dass ich mich sehr auf die geplanten zwei Wochen freute. Der Südwesten von Western Australia ist für seine Urwälder und Strände bekannt und außerdem hoffte ich, eine Menge über das Tischlern von Möbeln lernen zu können. War auch der Fall: John ist ein lieber Kerl, immer zu einem Schwätzchen aufgelegt, freundlich und ruhig, kommt mit jedem gut aus und erklärt klar und verständlich, was zu tun ist. Aber dann ist da noch Claire. Kennst du die blonde Frau in den Uli-Stein-Cartoons? Genauso sieht Claire aus, inklusive Haare und Doppelkinn. Schwierig zu begründen, warum ich sie jeden Tag am liebsten zwanzigmal strangulieren würde. Manchmal kann man mit ihr ganz nett klönen, sie stammt ursprünglich aus Südafrika, hat in vielen Ländern gelebt, Smalltalk beim Essen oder im Auto klappt gut. Aber wenn es um die Arbeit geht, wird sie unerträglich, ist eine penible Pedantin und Perfektionistin, die die gesamte Welt am liebsten eigenhändig und -willig lenken würde, um allen zu zeigen, wie sie ihr Leben im Allgemeinen und im Besonderen korrekt zu organisieren und zu gestalten hätten. Egal, was wir machten, es hätte anders erledigt werden müssen. Statt A musste es B sein.

Dumm nur, dass Diego und ich das untrügliche Gefühl hatten, dass, wenn wir B gemacht hätten, Claire uns A gepredigt hätte. Und das ganze auf eine vordergründig ruhige, freundliche, aber dabei ätzend schulmeisterliche, kleinkarierte und penetrante Art, dass wir uns vorkamen wie maximal 7-Jährige, die unfähig sind, auch nur die kleinste Aufgabe ohne im Minutentakt erfolgende, detaillierte Anweisungen zu bewältigen. Selbst John, dem eigentlichen Chef – Claire ist seine relativ frische Partnerin und lebt erst seit anderthalb Jahren hier –, versucht sie vorzuschreiben, wie er seine Arbeit zu machen hat, aber er weist sie ruhig und bestimmt zurück. Diego und ich trauten uns ein paar Mal, Widerworte zu geben oder vorzuschlagen, vielleicht unsere Arbeitsweise in Erwägung zu ziehen, aber meist endete

Australien ruft Südheide

das in einem nervigen Wortwechsel, in dem sie als Hausherrin die Oberhand behielt. Am Ende hielten wir einfach den Mund und beschlossen, die nächste Möglichkeit, hier kostenfrei weg zu kommen, wahrzunehmen. Montag geht's zurück nach Perth mit John, der zum Arzt muss.

Und die Arbeit? Wenn ich in der Tischlerei mithalf, war's klasse! Ich hab viel über die örtlichen Baumsorten gelernt, kann jetzt She-Oak von Banksia unterscheiden und Jarrah von Marri oder Karri. Wir verarbeiteten all die weinroten, honigfarbenen oder silbergrauen Harthölzer zu Tischen, Stühlen, Uhren oder einfach nur prächtig polierten burl-Scheiben. Burl sind Wucherungen an Bäumen, die wunderschöne Strukturen haben, ähnlich wie Wurzelholz, zusätzlich aber mit einem extrem ausgeformten Äußeren: Die Rinde ist meist sehr scharfzackig oder gewunden knubbelig. Claire und John bearbeiten diese Stücke in mühsamer Feinarbeit, stundenlanges Schleifen mit immer feiner werdendem Schmirgelpapier ist die Regel, dazwischen immer wieder winzige Löchlein oder Haarrisse mit Flüssigharz füllen, trocknen lassen, wieder schleifen. Die Hand mit geschlossenen Augen über eine mit 320er Papier glatt geschliffene Jarrah-Platte gleiten zu lassen, das Holz noch warm vom Polieren, den Duft des Holzes einzuatmen, frisch und gleichzeitig erdig und rund, warm, sehr männlich – pure Sinnlichkeit. Ich habe schon immer Parfums mit Sandelholz gemocht und irgendwie duften die Hölzer hier alle ein wenig danach. Es ist eine enorm erfüllende Arbeit, an Möbeln zu arbeiten, und wenn schließlich alles vorsichtig und liebevoll an Ort und Stelle geschoben, gesteckt, geknufft und gedrückt ist, der zusammengefügte Stuhl zum ersten Mal vor einem steht und John zufrieden von Ohr zu Ohr grinst, dann würde ich am liebsten wie geplant mindestens zwei Wochen hier bleiben. Aber dann biegt Claire um die Ecke und weist spitz darauf hin, dass da aber noch ein Abdruck ist, der weggeschliffen werden muss, oder dass ich meine Ohrenschützer nicht ordnungsgemäß über die Stange gehängt habe und ich muss doch sehr an mich halten, um ihr nicht das Genick umzudrehen. Egal, was ist das schon dagegen, dass ich mich gerade in ein Tischbein verliebt habe, weil es eine so herrliche Maserung hat! Steine und Holz, meine Lieblingsmaterialien! Bisschen blöd, ausgerechnet die zu sammeln! Wenn ich daran denke, wie viele Steine ich schon im Rucksack durch die Weltgeschichte geschleppt hab! Und jetzt muss ich natürlich eine Jarrah-Scheibe mitnehmen, die ich selbst geschliffen habe. Päckchen Nummer drei Richtung Deutschland ist fällig.

Neben der Arbeit in der Tischlerei gab's noch eine Menge anderes zu tun: Hundescheiße vom Rasen entfernen, putzen, aufräumen, sortieren, mähen, graben und schleppen. Und kochen. Diego und ich haben je einmal den Kochlöffel geschwungen und *voilà*, ein weiteres Rezept, diesmal aus Chile:

Pebre

3 große Tomaten schälen und in kleine Würfel schneiden
1-2 Zwiebeln kleinhacken und in Wasser 15 Minuten stehen lassen (nimmt die Schärfe)
2 grüne Chilis (die etwas größeren, weniger tränentreibenden) sehr klein hacken
1 Bund frischen Koriander ebenso
Knoblauch, etwas Öl, Salz, Pfeffer und wenig Zitronensaft nach Geschmack hinzugeben, gut durchmischen, eine Stunde stehen lassen und fertig ist Pebre, zu essen als leckere Vorspeise auf Toast wie Bruschetta oder als Salat, zum Beispiel zu Diegos leckerem Hühnchen mit Reis.

Australien ruft Südheide

Nach dem Essen wurde es regelmäßig eklig: Die Teller und fettigen Pfannen werden nach jeder Mahlzeit den Hunden zum Auslecken vorgesetzt! Als ich das am ersten Abend sah, wäre ich am liebsten gleich gegangen! Ein Hund bleibt ein Hund! Außerdem muss sich Claire nicht darüber wundern, dass die älteste Hündin so breit wie lang ist! Armes Vieh!

Freitag, 7. Dezember 2007

Unser für den vergangenen Montag geplantes Verschwinden aus Manjimup war ein Beispiel für einen perfekten Fehlstart! Morgens um sechs fuhren wir los nach Perth – und abends um halb sieben war ich wieder da!

Zuerst stieß ich ein erleichtertes „Gott sei Dank!" aus, als ich endlich allein mit meinem Rucksack wieder in Perth stand – aber dann folgten zwei absolut chaotische Stunden, denn die Tour, die ich Dienstagfrüh starten wollte, war gecancelt worden. Ideen, was sinnvoll und finanziell machbar ist, jagten einander durch meinen Kopf, endlich die Entscheidung: Retour mit John nach Manjimup, bzw. den Nachbarort Pemberton, dort eine Nacht im Hostel und am nächsten Morgen schloss ich mich als Querseinsteiger einer Tour durch den Süden nach Esperance an. Diese Tage lassen sich schlicht und einfach in zwei Wörtern zusammenfassen: Zeit- und Geldverschwendung! Die Gruppe war bis auf wenige nette Ausnahmen nervig (fast ausschließlich deutsche Studierende: „Echt geil! Supergeil! Megageil! Total geil! Voll geil!" – Voll peinlich!), die Landschaft reizlos, das Wetter kalt und regnerisch. Aber was soll's, Schwamm drüber, solche Fehlschläge zeigen mir lediglich, wie außergewöhnlich unsere Broome-Tour war. Was meiner Tour-Lust ebenfalls nicht gerade zuträglich war, hatte mit meinem nächsten Plan zu tun: Ich hatte eine *Car-Relocation*-Website aufgetan. Sprich, man

Australien ruft Südheide

Überführt ein Gefährt, Kleinwagen bis Großcamper, dorthin, wo es als nächstes gebraucht wird. Ich hatte mehrere Tage lang versucht, etwas Passendes von Perth nach Adelaide zu finden – und blöderweise bekam ich haargenau den Wagen, den ich wollte, am Dienstagmorgen angeboten, als ich in Pemberton auf den Tourbus wartete! Am liebsten wäre ich natürlich sofort nach Perth zurückgefahren und ab in Richtung Osten statt diese blöde Tour mitzumachen! Aber die liegt ja nun hinter mir, morgen Vormittag um zehn hole ich ihn ab: einen Toyota Allrad-Camper! Immer wenn ich diesen Wagen in den vergangenen Wochen auf der Straße gesehen hatte, wünschte ich mir, so einen auch mal zu fahren – und genau das geschieht ab morgen! Bei diesen Deals bekommt man einen Teil des anfallenden Spritgeldes und zahlt nur eine sehr geringe Tagesmiete, im Gegenzug hat man nur eine begrenzte Zeit für die Überführung zur Verfügung. In meinem Fall 3,50 Euro pro Tag plus 130 Euro Spritgeld für einmal quer über den australischen Kontinent in fünf Tagen! Ich kann bestimmt vor lauter Vorfreude nicht schlafen!

Samstag, 8. Dezember 2007

Es schaukelt heftig und die Palmen biegen sich schüttelnd im Wind, der um meinen CAMPERVAN pfeift! Ich hab ihn! Ich hab ihn tatsächlich! Bis ich vom Hof der Verleihfirma fuhr, dachte ich immer noch im Stillen, dass bestimmt irgendetwas schief geht, dass der Vormieter einen Unfall hatte oder mein Führerschein nicht gültig ist, aber nun sitze ich hier mit zugezogenen Gardinen unter Palmen in Kalgoorlie-Boulder auf einem Parkplatz mit Käsebrot, Oliven und Gin-Tonic aus dem bordeigenen Kühlschrank und lasse mich vom Sturm in den Schlaf schaukeln. Die ersten 550 von 3200 Kilometern liegen hinter mir, immer schön mit maximal 110 km/h. Ich muss zugeben, dass ich bei der Abfahrt doch dieses

Australien ruft Südheide

fiese Gefühl der Angst vor meiner eigenen Courage bekam. 3200 Kilometer sind keine Pappenstiel und mehrere Leute hatten mir in den vergangenen Tagen Tipps und Hinweise für die Durchquerung der Nullarbor Wüste mit auf den Weg gegeben: Erstens: dass ich nie und nimmer nachts fahren dürfe, zu gefährlich. Zweitens: wie ich ein angefahrenes, aber nicht totes Känguru ins Jenseits befördern sollte (an den Ohren packen und mit einem harten Holz- oder Metallknüppel – Wagenheber! – das Genick direkt unter dem Schädel brechen). Drittens: Unter keinen Umständen anhalten, wenn jemand am Straßenrand in Not zu sein *scheint*, kann eine Falle sein.

Endlich unterwegs! Zuerst musste ich mich ziemlich auf Auto, Straße, Verkehr und vor allem den heftigen Seitenwind konzentrieren. Da der ansonsten sehr kleine, kompakte Bus immerhin 3 Meter hoch und damit sehr windanfällig ist, muss man ganz schön gegenlenken. Fühlt sich an wie Trecker fahren, klingt auch so: ein sonores, blubberndes Dieselbrummeln. Vor lauter Begeisterung hab ich mich gleich zweimal verfahren, weil der Great Eastern Highway, dem ich die nächsten paar Hundert Kilometer folgte, von der eigentlichen Hauptstraße ganz unscheinbar abbog. Es hilft nicht unbedingt, dass ich keine Karten hab. Diese sollten laut Autovermietung im Wagen sein, aber die vorhandenen Zettel stellten sich als unbrauchbare Scherzartikel heraus. Mit Nachfragen fand ich doch noch aus der Stadt heraus, es gibt nach wenigen Kilometern sowieso nur noch die eine Straße, eben den Great Eastern Highway, und das Magenkneifen wich bald einem breiten Grinsen: Endlich wieder allein! Die Landschaft ist zwar wenig abwechslungsreich – zuerst hunderte von Kilometern Weizengürtel um Perth, die letzten hundert australischer Bush, also Steppe –, aber die Zeit vergeht schnell mit Träumen, Ideen, Plänen und uralten Hits auf Kurzwelle. Hab's ja schon immer gesagt: Wenn ich nicht Lehrerin geworden wäre, würde ich LKW fahren. Freue mich auf die Wüste!

Heute insgesamt 660 Kilometer gefahren.

Sonntag, 9. Dezember 2007

Was macht man am Sonntagmittag um 13 Uhr in Kalgoorlie? Man geht in den Puff. Ich jedenfalls. Richtig gelesen: Hier gibt es sogar drei Bordelle, die man besichtigen kann und ich war natürlich im Besten, Teuersten! Die Tour kostet etwa 25 Euro. Ist doch geradezu billig für einen Bordellbesuch! Aber im Ernst: Kalgoorlie ist eine Goldminen-Stadt, hunderte von Kilometern entfernt von erwähnenswerter Zivilisation, und selbst die am geringsten bezahlten Handlanger-Jobs in den Minen bringen immer noch 3500 Euro pro Monat ein, hochqualifizierte Fahrer der millionenteuren, riesigen Förder-Fahrzeuge und Gerätschaften verdienen ein Vielfaches. Und da es hier kaum Gelegenheiten gibt, sein Geld auszugeben, blüht seit über 100 Jahren wie in allen anderen reichen, aber gottverlassenen Käffern dieser Welt das weitgehend horizontale Gewerbe. Da bis zum frühen Abend noch nicht so viel Kundschaft Lust hat, kann man sich das Ganze sozusagen unbemannt ansehen – eine der außergewöhnlichsten und zugleich besten Führungen, die ich je mitgemacht habe! Zwei andere Frauen (Mutter und Tochter) und ich ließen uns von einer eloquenten jungen Frau durch die Zimmer führen und uns alles erklären, unsere Fragen wurden ohne Zögern offen, charmant und witzig beantwortet. Die ehemalige Besitzerin, Madame Marie-Anne, hat die zehn Zimmer des Hauses sehr geschmackvoll und teuer eingerichtet, jedes entsprechend einem anderen Thema. Mein Lieblingsraum: ein edel-rustikaler Bergwerks-Stollen mit zwei wandfüllenden Spiegeln links und rechts des Bettes, dezente Beleuchtung, weinrot bis braun-violett Töne. Die zur

Australien ruft Südheide

Demonstration angezündete Kerze spiegelte sich immer und immer und immer und immer wieder, die Akteure im Ernstfall sehen die Kerze und alles Weitere in endloser Wiederholung. Unsere Ortskundige scherzte, dass Mann den Eindruck habe, mit unendlich vielen Frauen zu schlafen, aber nur für eine zu zahlen brauche.

Einige Geschäftsdaten: Die Damen bleiben ein paar Tage bis Jahre; sie sitzen abends im Eingangsbereich und können den Angestellten an der Kasse signalisieren, wenn sie einen Kunden nicht wollen; sie haben eine intensive ärztliche Betreuung; jeder Freier duscht vor den Augen der Dame in der en-suite Luxus-Dampf-Duschkabine; die Zimmer sind mit mehreren Sicherheitseinrichtungen ausgestattet; der Preis für Raummiete und Dame beginnt bei etwa 200 Euro pro halbe Stunde; viele der Damen haben Kinder, ein anderes Leben; eine ganze Anzahl von Männern kommt nicht für Sex, sondern zum Reden oder Massieren; den geschmackvoll gestalteten Außenbereich mit Pool, Sauna und exotischer Wandbemalung – eine Mischung aus Toskana und Thailand – kann man für Partys mieten, was häufig auch Frauen tun; seit Marie-Annes Übernahme im Jahr 2000 gab es ganze dreimal Ärger mit betrunkenen Männern. Fazit: Hier wird niemand zu irgendetwas gezwungen, die Damen können kommen und gehen, wann sie wollen, sie haben hier allen erdenklichen Schutz und verdienen am Abend mindestens 600 Euro auf der nach oben offenen Skala. Ich kenne nicht die individuellen Lebensgeschichten der neun Frauen, die hier zurzeit arbeiten, kann nicht beurteilen, welche Schicksale dahinter stecken, aber so wie es sich mir hier darstellt, kann ich mir sicher wesentlich schlimmere, erniedrigendere Lebenssituationen vorstellen, als hier zu arbeiten.

Anderthalb Sunden später verließ ich diesen gastlichen Ort, nicht ohne mich vorher mit Kaffee und leckeren Keksen gestärkt zu haben, die es für uns wie für die Kunden im Salon gab. Es begann der vermeintlich wildere Teil der Strecke. Zuerst Norseman, wo eine liebe, ältere Angestellte der Touristen-Information mich eine halbe Stunde nach Toresschluss auf mein lautes Klopfen hin einließ und sich reichlich Zeit nahm, mir die mit allen Tankstellen und sonstigen, wichtigen Einrichtungen entlang dieser Südroute durch den Kontinent versehene Karte zu erklären. Dann weiter bis Balladina, wo ich jetzt auf dem Parkplatz eines Roadhouses, der australischen Form von Tank & Rast, stehe. Ist ungemein praktisch, da es neben Toiletten auch saubere Wasch- und Duschgelegenheiten gibt und ich meine Batterien im Bad laden kann. Schon komisch, was man als moderner Traveller so alles mit sich herumschleppt: Digitalkamera, Mobiltelefon, Computer inklusive aller Adapter und Verbindungskabel ... früher war Rucksackreisen irgendwie simpler, man reiste auf diese Art und Weise, weil man kein Geld für mehr hatte, heute ist es eine Lebenseinstellung – und zu diesem Leben im Zeitalter der Kommunikationstechnologie gehört nun mal viel technischer Krimskrams. Was die Strecke angeht, warte ich noch auf den speziellen Kick, das große Besondere an dieser Straße. Es herrscht so gut wie kein Verkehr, man fährt durch eine Buschsteppe mit vereinzelten Bäumen, alles nicht sehr ungewöhnlich. So hab ich mir Wüste nicht vorgestellt. Vielleicht morgen.

441 Kilometer.

Montag, 10. Dezember 2007

Von wegen Wüste! Im Englischen heißt sie Nullarbor Plain, also Ebene, und das ist zumindest richtiger als Wüste. *Nullus arbor* ist auch falsch, es gibt reichlich *arbores*! Aber schön ist die Gegend

Australien ruft Südheide

dennoch, besonders am späten Nachmittag, wenn die Sonnenstrahlen in meinem Rücken die rotbraune Landschaft in ein noch weicheres Licht tauchen. Heute früh gab es erstmal becherweise im Waschraum mit Tauchsieder zubereiteten Kaffee (keine Lust, jeden Tag viel Geld für den teuren Kaffee in den Roadhouses auszugeben, selbst ist die Frau!) und dann begann die längste schnurgerade Straße Australiens. 146,6 Kilometer geradeaus. Da hat offensichtlich jemand mit großer Gründlichkeit das Zentimetermaß angelegt! Lenkrad festbinden ist trotzdem nicht ratsam, da jederzeit ein *roo* (australisch für Känguru), Wombat, Emu oder Dingo am Wegesrand auftauchen kann und so eine Begegnung kann für beide Beteiligten unangenehm werden: Ein ausgewachsenes Känguru ist um einiges größer und vor allem schwerer als ich und kann einer Windschutzscheibe und dem entsetzten Fahrer dahinter den Garaus bereiten. 80% der Fahrzeuge sind riesige Trucks, Road Trains genannt, die mit zwei beweglichen Anhängern bis zu exakt 53,5 Metern lang sein dürfen, den Boden zum Beben bringen und klingen wie ein Düsenjäger im Landeanflug. Denen macht so ein *roo* natürlich nicht viel aus, sie dem *roo* allerdings umso mehr. Da muss niemand mehr dem Genickbruch nachhelfen. Das Ergebnis ist eine Unmenge von *roadkill*, Kadaver am Straßenrand, die in frischem Zustand besetzt sind von zahlreichen überfressenen Krähen, vereinzelt auch Adlern, also zügig mit der Geschwindigkeit herunter, man weiß nie, ob und in welche Richtung sie auffliegen. An besonders stark von Tieren bevölkerten Teilen der Strecke hat man zu jeder Zeit 5-10 Stück *roadkill* im Blickfeld, ein sehr trauriger Anblick. Vollständige Skelette liegen weiß leuchtend und in perfekter Anordnung der Knochen blank gepickt am Straßenrand.

Leer ist es hier! Auf den 146,6 Kilometern sind mir nur 42 Fahrzeuge begegnet! Jeder grüßt jeden lässig mit leger vom Lenkrad gehobener Hand, ansonsten hat man nicht viel zu tun. Auch wenn

Australien ruft Südheide

die Straße mal nicht rekordbrechend schnurgerade verläuft, sind Kurven trotzdem sehr selten und Übermüdung ist bei den Truckern ein großes Problem, weshalb sie sich häufig mit Drogen wach zu halten versuchen. Gewarnt durch Zeitungsartikel und in Backpackerkreisen kursierende Horrorstorys von zugedröhnten oder aufdringlichen Fahrern, lud ich mir daher Fritz auf den Beifahrersitz ein. Fritz, das war mein aufrechter Rucksack, versehen mit Jacke und tief ins ‚Gesicht' gezogener Baseball Cap, gut angeschnallt, aber leider wenig gesprächig. Auch das Radio ließ mich auf den 1000 Kilometern in der Mitte Australiens im Stich und ich musste selbst ran: Von *Oh Tannenbaum* und *Es ist ein roo entsprungen* (aua!) über sämtliche Lieder aus dem herzergreifend schnulzigen *Sound of Music*, über *American Pie* und die *Beatles* (erinnerst du dich an unsere grauenvollen Gesänge in der Mittelstufe mit Micke Herbolzheimer und dem Rest der Clique *I should have known better, If I fell in love with yooooooou* etc.? Herrlich! Kann ich heute noch!) bis hin zu Sting und Coldplay. Irgendwann war ich dann heiser, wurde ruhiger und verschüchtert tauchten vereinzelte Kängurus wieder aus dem Strauchwerk auf. Zu *Sound of Music* fällt mir übrigens eine nette Begebenheit aus Peking ein: Ich fuhr mit Arnie, einem chinesischen Bekannten, durch die Stadt, als plötzlich *Edelweiß* im Radio lief und wir spontan mitgrölten. Da wir uns damit beide als Fans geoutet hatten, wurde das Radio abgeschaltet und wir sangen bis an unser Ziel *Edelweiß, Do - a deer* ... oder *The hiiiiills are alive with the sound of music*... War schon irgendwie skurril: Im Jahre 2005 singen in Peking eine Deutsche und ein Chinese ein britisches Musical aus dem Jahr 1965!

Aber zurück nach Australien. Rate mal, welches Verkehrsmittel mir auf der Nullarbor-Querung auch häufig begegnete: Boote! Unglaublich, wie viele Motor- und Segelboote, zum Teil mit beängstigender Überbreite, auf donnernden Road Trains

Australien ruft Südheide

quer durchs Land an die Westküste transportiert werden! Ob es für Boote wohl auch eine Überführungsmöglichkeit auf dem Seeweg für mich gäbe?

Heute war der längste Tag, 945 Kilometer.

Dienstag, 11. Dezember 2007

Heute wurde mir die Strecke zum ersten Mal lang und ich bin froh, bald anzukommen. Ein zweistündiges Teilstück habe ich heute per Fähre zurückgelegt und die Zeit an Bord mit einem netten Paar aus Alice Springs verklönt. Von Alice hatte ich immer einen sehr negativen Eindruck, aber die beiden haben mich neugierig gemacht. Schade, dass sie gerade nicht dort sind, wenn meine Tour von Adelaide nach Alice, die ich nächsten Montag beginne, endet!

Sonntag, 16. Dezember 2007

Te Deum Nummer 186 – *In dir ist Freude* – einer meiner Lieblings-Choräle, als ich vor einigen Jahrzehnten (!) im Posaunenchor meines Vaters mitblies! Sitze auf dem Balkon eines Hostels in Adelaide und lausche dem Gesang aus der Kirche nebenan. Schön! In mir ist auch Freude, ich habe nämlich gestern deinen Brief bekommen und mich wieder königlich amüsiert! Eine Frage brennt mir jetzt allerdings auf den Nägeln: Wie viele konfirmierte Wildschweine wurden eigentlich 1974 eingeschult?? Entschuldige, das musste einfach sein!

Die vergangenen Tage sind schnell erzählt. Am ‚Tag sechs nach Perth' war ich Straßen und weiten Ebenen nach 2926 Kilometern doch recht überdrüssig und froh, gut in Adelaide angekommen zu sein. Trotzdem ist das Fazit meiner ersten *relocation* Erfahrung positiv, ich plane schon die nächste Route.

Über die vier Tage hier in Adelaide gibt es nicht viel zu berichten. Ich habe sie weitgehend mit Lesen, meinem Computer und Museumsbesuchen verbracht. Nach mehreren Galerien- und Museumsbesuchen kristallisieren sich langsam einige Aboriginal Künstler heraus, die mir besonders gut gefallen und ich werde am Ende meiner Reise auf alle Fälle mindestens ein Bild für meine Sammlung kaufen. Das Wetter war diesen eher gemütlichen, häuslichen Tagen zuträglich: kühl, regnerisch, kein Strandwetter. Ab morgen soll es heißer werden, passend zur Reise ins Red Centre nach Alice Springs!

Für heute grüße ich dich gewohnt herzlich und wünsche dir ein frohes, entspanntes Weihnachtsfest mit deinen beiden Männern,

deine
Tischler-Trucker-Sigi ex orbis

SÜDHEIDE

27. Dezember 2007

Liebe Reisegefährtin im Geiste,

die Verschnaufpause zwischen den Feiertagen werde ich nicht verstreichen lassen, ohne Dir einige Zeilen an das andere Ende der Welt zu schicken.

Eine Zusammenfassung der Weihnachtszeremonien erspare ich Dir ebenso wie die Tirade über den jährlichen Feiertagsstress. Wir hatten genug Spaß, Zeit und jede Menge gutes Essen. Nur der Gottesdienst sorgte für negative Schwingungen im Dorf, als mein Pastor mit den provokanten Worten begann: „Wer heute gekommen ist, um sich in Weihnachtsstimmung bringen zu lassen, der kann gleich wieder gehen!" Hin und wieder bewirkt er auf diese oder ähnliche Weise, dass eine volle Woche über die Predigt gesprochen wird. Ich gebe zu, dass ich ebenfalls genervt bin, wenn ich am Heiligabend Leute in der Kirche sehe, deren Austritt ich erst vor wenigen Monaten in das Kirchenbuch eingetragen habe, wenn ich neben einer Familie sitze, die die Veranstaltung als Picknick missversteht und schon vor Beginn Salzstangen, Kekse und Getränke vor sich ausbreitet, und wenn ich mir die atheistischen Bemerkungen einer Frau ins Gedächtnis rufe, die sich nun beschwert, dass es nicht genügend Sitzplätze gibt. Wenn ich zu milderer Stimmung zurückgefunden habe, finde ich es tröstlich, dass immerhin Weihnachten für viele ohne Kirche noch nicht vorstellbar ist. Es ist allerdings möglich, dass viele Kinder und Väter lediglich auf der Kirchenbank geparkt werden, während Mutti die Bescherung vorbereitet. Ich denke lieber nicht weiter über die Motive des Kirchenbesuchs nach, sondern hoffe einfach, dass christliche Gedanken in dieser einen Stunde bei einigen eine Chance haben durchzudringen.

Der erste Tag nach Weihnachten ist dem Kollektenzählen im Pfarrbüro gewidmet. Christian begleitet mich zur Arbeit und sortiert mit nicht nachlassender Begeisterung die Münzen in Zählbretter. Für den Transport des Geldes zur Bank hätte ich meiner Meinung nach Anspruch auf einen Gabelstapler. Im letzten Jahr beging ich den Fehler, das Münzgeld im Rucksack zu verstauen. Der Rücken hätte mir diese Taktik gerade noch verziehen, wenn ich nicht vor der Tür den Schlüssel fallen gelassen und mich nach ihm vornüber gebückt hätte. Dabei rutschte nämlich der prall gefüllte Rucksack Richtung Erde und riss die überlastete Pfarrsekretärin mit sich. Eine slapstickreife Bruchlandung, ein verhuschter Blick nach möglichen Zeugen und eine mühsame Liegendbefreiung des überdehnten Kreuzes vom Rucksack waren die Folge.

Ein weiterer Höhepunkt der Jahresabschlussarbeiten ist die Entrümpelung des Büros. Weniger weil ich im neuen Jahr aufgeräumt starten will, sondern weil Christian bei dieser Aufgabe gerne hilft. Er zitiert gerne mein Motto: „Der Mist muss weg, bevor er antik aussieht." Die Kirchenbücher von 1687, die Chroniken aus fünf Jahrhunderten und uralte Glasdias sind so wertvolle Schätze, dass ich mich wundere, dass sie ganz schlicht im Regal oder Stahlschrank aufbewahrt werden. Hektographierte Liederzettel, Flyer für zurecht vergessene Veranstaltungen, Kubikmeter von Formblättern, die seit Einführung des elektronischen Kirchenbuchs (1987!) kein Mensch mehr braucht, und Hornbrillen, die vielleicht 1950 in der Kirche vergessen wurden, gehören aber in den Müll! Einiges kann Christian noch gebrauchen: alte Kalender, Kohlepapier und sogar eine alte Schreibmaschine (selbstverständlich nach Rücksprache mit dem Kirchenvorstand). In diesem Jahr fiel mir ein verknittertes und vergilbtes Plakat in die Hände. „Wohin wollen Sie eigentlich?" war die fett gedruckte Frage darauf. Spontan dachte ich: Andalusien, Neuseeland, Usedom, Hauptsache weg. Kein Telefon, keine Hausarbeit, einfach nur Urlaub, Kraft tanken. Aber dann

Südheide ruft Australien

wucherten meine Gedanken weiter: Kraft wofür? Für den Alltag, um wieder Energie für die Arbeit zu haben, die mir den nächsten Urlaub finanziert?

Wann lebe ich eigentlich? Im Alltag oder im Urlaub? Und wozu? Um zu arbeiten oder um Urlaub zu machen? Ich hoffe, weder noch. Also kann der Aufenthaltsort nicht der ausschlaggebende Punkt sein, der über Zufriedenheit und Wohlbefinden entscheidet. Ist es egal, ob ich zu Hause den Garten umgrabe oder auf der südlichen Halbkugel mit dem Rucksack frostige Gipfel erklimme? Kann ich auch auf der heimischen Terrasse genießen und im Urlaub gestresst sein? Wohin will ich? Was will ich?

Die meisten wollen auf jeden Fall weiterkommen. Weiter als was? Weiter als das „Normale". Ganz hoch auf der Karriereleiter, ganz weit oben auf der Weltrangliste, immer schöner, klüger und reicher werden.

Leider kommt man nicht an. Sogar der Weltrekordler trainiert weiter, von der Karriereleiter stürzt man schnell ab, wenn man nicht eifrig weiterkraxelt, man ist nie schön, klug oder reich genug. Wie ein Hamster im Laufrad strampelt man, ohne jemals irgendwo anzukommen.

Aber für alle Ziele scheint mir der gemeinsame Nenner die Zufriedenheit, die alle anstreben. Ich stelle sie mir als ein wohliges Rundumgefühl vor, etwa so wie am heißen Ofen nach einer Winterwanderung oder wie eine Riesencola nach einem umkämpften Tennisspiel, nur eben auf Dauer. Bemerkenswert, dass die Entbehrung dabei immer vorangeht.

Das Ziel steht damit fest, berücksichtigen muss ich noch die Grenzen, innerhalb derer ich die Ziele anstreben kann: zeitliche Grenzen – maximaler Spielraum: zwischen Geburt und Tod. Räumliche Grenzen – Wohnungs-, Grundstücks-, Landesgrenzen, möglicherweise durch finanzielle Grenzen vorgegeben. Biologische Grenzen – körperliche Leistungsfähigkeit, Schlaf- und Nahrungsbedürfnisse, ich kann nicht fliegen und habe nur fünf Sinne. Gesellschaftliche Grenzen – ich verpflichte mich relativ freiwillig, die Staatsform, die Eigentumsverfassung und die Straßenverkehrsordnung als gegeben hinzunehmen. Moralische Grenzen – ich akzeptiere die Trennlinie zwischen Gut und Böse und bekenne mich zu christlichen Grundwerten.

Trotz aller Grenzen bleibt der Reiz unwiderstehlich, sie zu erreichen oder gar zu überschreiten. Die Grenzen können Einengung, aber auch Meilensteine oder Endpunkte der Zielerreichung sein.

Grenzenlos sind nur die Gedanken. Die Gedanken sind frei, Grenzen ausschließlich selbst gesetzt. Wer diese Freiheit nicht nutzt durch Ignoranz oder Trägheit, hat immerhin noch den Vorteil, dass er den Verlust nicht bemerkt.

Ich wähle die Grenzen Wahrenholz und Umgebung, mäßige körperliche Leistungsfähigkeit, Familie, Arbeit, christliche Grundhaltung und intensive gesellschaftliche Einbindung. Ein solides Fundament für viele Entwürfe von Gedankengebäuden. Bei Dir vermute ich im Unterschied zu mir die starke körperliche Beanspruchbarkeit, minimale familiäre Bande und Planet Erde. Weite und unausgetretene Wege für neue und verbindende Gedankengänge. Es bleiben Spielräume. Sollte ich plötzlich den Drang verspüren, beim New York Marathon mitzulaufen, wäre das machbar, sofern ich einige meiner Grenzen etwas durchlässiger werden lasse. Falls Du Dich aus Versehen in einen heimatverbundenen neuseeländischen Schafzüchter verliebst, könntest Du eventuell auf ein paar Deiner gewohnten Freiheiten verzichten. Jede Grenze ist nur so viel wert wie der Grundsatz, durch den sie gezogen wurde. Grenzen sind nur begrenzt haltbar und sie beschränken die Freiheit, aber: „Der hat die Freiheit, der die richtige Wahl seiner Grenzen zu treffen

Südheide ruft Australien

versteht." (Martin Kessel) Die freien Gedanken nehmen wir beide gratis dazu.

Nun noch die Zielfindung: was macht mich zufrieden? Reichtum, Schönheit, Klugheit, Macht, Ruhm? Nichts davon, ich bewerte diese als vergänglich, Teil- oder Pseudoziele.

Ich möchte zufrieden sein, obwohl ich weiß, dass ich gebrechlich und faltig werde, nie Bill Gates' Villa kaufen kann und keinen Nobelpreis gewinnen werde. Ich möchte mit mir selbst zufrieden sein. Nach meinen Möglichkeiten leben, nicht mehr, aber auch nicht dauerhaft weniger. Denn wie soll ich mit mir glücklich sein, wenn ich weiß, dass ich meine Schwächen nicht bekämpft und meine Stärken nicht genutzt habe, wenn ich mir sagen muss, dass meine Trägheit schuld daran ist, dass ich mich ständig unter Niveau beschäftige! Auch das schlechte Gewissen sollte nicht stören. Kann ich mich über Tage und Nächte an einem Buch festbeißen, wenn ich gleichzeitig eine glückliche Familie wünsche?

Mit sich selbst leben zu können, mit sich selbst im Reinen zu sein, ohne sich etwas vorzumachen, ist die Kunst. Wenn ich mir sagen kann: „O.k., ich bin nur ein Mensch und deshalb nicht perfekt, aber ich tu meistens, was ich kann, und an und für sich finde ich mich ganz nett", dann verschmelzen für mich Ziel, Grenzen und Weg.

Es gelingt mir manchmal, mich in meiner Haut gut zu fühlen. Das ist das Glück, das ich in diesem Leben fortwährend anstrebe – eine unendliche Geschichte. Obendrein hoffe ich, dass sich im Augenblick des Todes ein winziger Moment umfassenden Glücks einstellt. Nur eine Sekunde, denn in dieser Zeit kann sich die Frage „Und dann?" nicht mehr stellen, und alles was kommt ist recht.
So viele Gedanken durch eine Frage. „Wohin wollen Sie eigentlich?" Als das Plakat noch aushing, ließ es mich kalt, es warf keine einzige Folgefrage in mir auf. Vielleicht liegt es an der besinnlichen

Südheide ruft Australien

Weihnachtszeit, wahrscheinlicher aber an Deinen Mails, dass ich bei dem Wort „wohin" aufmerksam wurde. Durch unseren Briefwechsel kann ich an den Reizen ferner Länder, dem Zustand des Unterwegsseins und der Unabhängigkeit teilhaben. Ich genieße es, an einigen Orten wäre ich auch gerne kurz dabei, aber ich spüre nur manchmal Neidgefühle. Freiheit und Abenteuer locken mich hin und wieder im Halbschlaf. Morgens haben ein überraschungsfreier Blick, vertraute Geräusche und ein halbautomatisches Kaffeekochen eine durchaus wohltuende Wirkung auf mich. Trotzdem bin ich auf dem Weg – zu mir selbst.

Viele Grüße von der spannendsten, mühsamsten, abenteuerlichsten und längsten aller Reisen

Marion

Australien ruft Südheide

AUSTRALIEN

Freitag, 28. Dezember 2007

Liebe Marion,

Ich bin total verliebt in dieses Land und seine Menschen, habe hier zwei wunderbare Monate verbracht, viel gesehen und erlebt, Leute aus aller Herren Länder getroffen, spektakuläre Landschaften gesehen und durchwandert, viel gelacht und zum Schluss geweint. Ich sitze im Flugzeug nach Deutschland. Vorgestern Abend ist mein Vater gestorben und ich fliege zu seiner Beerdigung.

Freitag, 4. Januar 2008

Manchmal meine ich, dass eins von beiden ein Traum sein muss, entweder Australien oder die letzten Tage hier in Deutschland. Eben noch singend und lachend auf Tour in Sandsturm und Gewitter, Hitze und Staub im Outback Australiens – und plötzlich hier in meinem alten Zimmer im deprimierend grauen, nasskalten Norddeutschland. Papas Beerdigung, meine immer wieder in Tränen ausbrechende Mutter, in der Zimmerecke mein neu gepackter Rucksack. Und das deutliche Gefühl, dass hier Dinge nicht zusammenpassen: Ich gehöre nicht hierher, schon seit vielen, vielen Jahren nicht mehr, in diese Dorfenge, die geprägt ist von gegenseitigem Beobachten, Bewerten und Einmischen in Dinge, die man nicht wirklich beurteilen kann. Mir gegenüber verwunderte, verständnislose oder vorwurfsvolle Fragen, wann ich denn endlich hierhin zurückkomme, kritische Blicke, die konsternierte Nachfrage: „Ja warum denn nicht?!". Wie viele

Antworten darauf wollen sie hören? Fünf? Zehn? Zwanzig? Die Rückkehr in diese kleine Stadt ist jedes Mal wie die Rückkehr in eine Art übermächtige, einengende Großfamilie: Nachbarn und Bekannte haben mich aufwachsen sehen, meinen mich zu kennen und reagieren aus diesem sehr eigenen Verständnis heraus. Für viele bin ich wahrscheinlich ähnlich wie für meine Mutter immer noch das Kind, dem man fassungslos gegenüber steht, weil es eine eigene Meinung hat, ein eigenes Leben führt. Ein Leben, von dem sie genauso wenig Ahnung haben, wie ich von ihrem. Wir stehen uns sprachlos gegenüber, Berührungspunkte gibt es wenige. Jedes Mal, wenn ich von hier wieder wegfahre, fühle ich mich, als nehme jemand nach jedem zurückgelegten Kilometer schwere Gewichte von mir, als löse sich der zähe Kaugummi von meinen Schuhsohlen. Es tut mir leid um die so wenig positive Beziehung zu meinen Wurzeln, ich beneide aufrichtig jeden, dem es anders geht. Ich habe häufig versucht, die Situation zu ändern, bin mit den besten Vorsätzen hergekommen – aber wieder gescheitert. Ich muss lernen, es so akzeptieren, wie es ist.

Zu meinem Vater hatte sich das Verhältnis seit längerem wesentlich verbessert, er gab mir das Gefühl, dass er mich versteht, dass er es gut heißt, wenn ich irgendwo dort draußen in der Welt herumschwirre. Selbst jetzt noch, in den vergangenen sechs Jahren, in denen er nach seinem Schlaganfall nicht mehr sprechen konnte, aber alles im doppelten Sinne verstand. Er freute sich jedes Mal, wenn ich ihm Fotos zeigte, die früher oft Anlass waren, ins Erzählen zu kommen. So habe ich auch viel über ihn erfahren, sogar noch über seine Jugend, den Krieg und seine lange Gefangenschaft, seine Gedanken, Gefühle und Beweggründe, seine ganze Persönlichkeit, und ich habe ihn für all sein Tun, sein soziales Engagement und seine Zähigkeit immer mehr bewundert und geschätzt. Ich glaube nicht,

Australien ruft Südheide

dass er mich um mein Leben, das sich zum Teil sehr weit weg abspielte, beneidete, aber er gab mir zunehmend das Gefühl, dass er es verstand, dass ich hier weg wollte, und es akzeptierte und sich freute, wenn es mir gut ging mit meinen Entscheidungen und meiner so anderen Lebensplanung. Umso trauriger waren die vergangenen sechs Jahre, als er nicht mehr sprechen konnte und ich mir oft so verdammt hilflos vorkam, wenn er in seinem Rollstuhl saß, so gerne geantwortet hätte und mich mit einem typisch gewordenen resignierten kleinen Schulterzucken anlächelte. Ich werde ihn sehr vermissen.

Er hätte es verstanden und gut geheißen, dass ich nicht lange bleibe, sondern in der kommenden Woche wieder nach Australien zurückfliege.

Samstag, 5. Januar 2008

Soll ich dir, wenn ich dich morgen sehe, von der Tour von Adelaide nach Alice erzählen, dir den angefangenen Brief geben? Nein, unser *long distance* Briefwechsel sollte keine Löcher bekommen und die Ablenkung, die Wohlfühl-Gedanken an die wunderbare Reise, der Versuch, all das in Worte zu fassen, tun jetzt gut! Weiter geht's also zu Beginn der Tour von Adelaide ins Red Centre, nach Alice Springs.

Um viertel nach sechs morgens am 17. Dezember stand ich mit großem Gepäck und dampfender Kaffeetasse in der Hand im Aufenthaltsraum meines Hostels und wartete gespannt auf den Menschen, der mich zur nächsten Tour abholen sollte. Paco hatte hohe Maßstäbe gesetzt und zehn Tage können verdammt lang sein, wenn irgendwas nicht passt. Mit Grauen erinnerte ich mich an die 4-Tage-Tour von Pemberton nach Esperance! Aber – *no worries, mate* – fünfzehn Minuten später fand ich mich in meinem neuen *home sweet home* wieder, einem sehr engen, aber heimeligen Toyota Jeep mit zwei sich gegenüber liegenden Bänken, so dass sich alle außer den zwei Leuten, die vorne neben dem Fahrer saßen, permanent tief in die Augen schauen konnten. Äußerlich baugleich war der Wagen übrigens mit meinem *relocation* Jeep, also schon mal positive Grundstimmung.

Insgesamt waren wir zehn Leute, maximale Gruppengröße bei *Heading Bush*, und ich fühlte mich innerhalb kürzester Zeit sauwohl! Alle redeten und lachten durcheinander, wir versuchten unsere Beine zu sortieren, machten uns miteinander bekannt, tauschten Reise-Erfahrungen aus, Macka, unser Guide, versuchte durchzudringen, um ein paar erste, wichtige Ansagen zu machen: „*You can put on any music – except for James Blunt!*" und spätestens, als wir dann zwecks Kaffeetrinkens, Berge-von-Keksen-Vertilgens und Erledigens von Papierkram zum Chef des kleinen Reiseunternehmens nach Hause fuhren, war uns allen schnell klar, dass wir nicht nur den besten Guide und den richtigen Veranstalter erwischt hatten, sondern ganz offensichtlich auch noch prächtig miteinander klarkamen. Als da waren: Theo, eine laute, holländische Stimmungskanone, Trucker mit Leib und Seele, von dem ich mir zu Beginn nicht ganz sicher war, ob er mir nicht nach zwei Stunden Lärmen fürchterlich auf den Wecker gehen würde. Tat er nicht, auch nach 10 Tagen noch nicht, weil er einfach ein Schatz war, der ständig damit beschäftigt war, irgendwelche Käfer, Ameisen oder Frösche aus versiegenden Tümpeln oder sonstigen prekären Situationen zu retten und wenn er das gerade nicht tat, derart grauenvolle Witze erzählte, dass man sich vor Lachen ausschütten musste, wenn nicht über den Witz, dann über die verzweifelten Gesichter der anderen. Wenn Theo mal einnickte und mehr als drei Minuten Stille herrschte, fehlte uns wirklich was! Zu Theo gehörte – wie so oft – eine eher stille Frau, Karin, die ihren Theo mit stoischer Ruhe machen und krachen ließ, ihn aber immer wieder auf liebevolle Weise und stets mit einem Lächeln wieder einfing. Dann war da Jamee, Amerikanerin mit japanischer Mutter, die seit zwei Jahren in Brisbane lebt und mit der ich mich auf Anhieb anfreundete, OBWOHL sie unbegreiflicherweise George Bush nicht zutiefst verabscheut! Außerdem Joelle aus der Schweiz; Martine aus Frankreich; ebenso Pierre mit den in alle Himmelsrichtungen abstehenden, widerspenstigen Dreadlocks; Rob aus Irland mit einem so breiten Akzent, dass er zu Anfang, bevor wir uns eingehört hatten, alles mindestens dreimal wiederholen musste und der einen so köstlichen Humor und Sprachwitz hatte, dass er am Ende unsere albernen Lieblingssprüche ständig wiederholen musste, was er auch geduldig grinsend tat und wodurch wir auch beim fünfzigsten Mal noch grölend danieder lagen, wenn er mal wieder den *fockin' cheese* im geordneten Chaos des Trailers suchte. Robs einziges Manko: Seine Vorliebe für Valeria, eine von zwei Italienerinnen, die uns gegen Ende der Tour verschärft den Nerv raubte: rücksichtslos, sich selbst konstant überschätzend und in den Vordergrund drängend, einfach super anstrengend. Last but not least Macka, unser *Number One Guide*. Bye bye Paco, hello Macka! Ein liebenswerter, alltagstauglicher *alround*-Mann mit einem scharfsinnigen Humor, der hundertprozentig zur Gruppe passte.

Wir hatten während der Reise aufgrund der Enge im Wagen, aber auch, weil wir es nicht anders wollten, so gut wie keine Zeit für uns selbst. Wenn man einander nach zehn Tagen extremer Nähe noch immer nicht entnervt die Augen auskratzt, sondern sich im Gegenteil eine Weiterreise ohne die anderen kaum vorstellen kann, dann muss man sie schon richtig lieb gewonnen haben. Komischerweise entwickeln sich die auf den ersten Blick unwahrscheinlichsten Kandidaten (ein lauter Käskopp und ein Bush-Fan!) zu meinen Lieblingen. Jamee, Theo, Macka ... Besonders Macka

Australien ruft Südheide

hätte ich am Ende am liebsten eingepackt und mitgenommen. Mit ihm, Theo, Karin ... ach, am besten mit allen (außer Valeria!) im Jeep immer weiter fahren, mindestens drei Monate durch Australien, das war Jamees und mein Traum! Macka fühlte sich mit uns genauso wohl wie anders herum, er hatte mit 36 identischen Reisen sicher genügend Vergleichsmöglichkeiten. Sein immer wieder ungläubig und wohlig schnaufend vorgebrachter Lieblingsspruch war „*I can't believe I'm getting paid for this!*", wenn wir im Wagen gerade mal wieder Paaaaaaty zu genial guter Musik (außer James Blunt!) machten, abends am Lagerfeuer Spaß ohne Ende mit Theos blöden Witzen, Robs Gesängen oder irrwitzigen Spielchen hatten, uns unter irgendeinem Wasserfall duschten, behaglich in einem versteckten kleinen See aalten oder heilige Berge wie Uluru, ehemals *politically incorrect* Ayers Rock genannt, umrundeten.

Und die Fahrt als solche? Paco hatte vielleicht recht: Die Tour Perth-Broome ist möglicherweise tatsächlich die schönste Strecke in ganz Australien. Sie ist abwechslungsreicher, in Teilen spektakulärer und fast 1000 Kilometer länger als Adelaide-Alice auf *Heading Bush*-Wegen. Ich hatte diesen Veranstalter ausgewählt, weil von den insgesamt 3100 Kilometern etwa 1800 auf *dirt road*, also auf entlegener, staubiger Sandpiste gefahren werden und nicht wie bei den anderen Anbietern nur 400. Außerdem schläft man normalerweise unter freiem Himmel, wie der Name schon sagt eben im *bush*, *Heading bush*. Normalerweise ... Aber Vergleiche hinken meist, so auch dieser zwischen unvergleichbaren Touren. Wir verbrachten in mehrerer Hinsicht einzigartige, ganz besondere Tage: einerseits wegen der Gruppe und Macka, andererseits, weil kaum etwas war wie normalerweise auf dieser Strecke: Outback ... Bush ... So heißt in Australien alles, was hinter den Vorgärten und Feldern des schmalen, grünen Zivilisationsgürtels entlang der Küsten beginnt, also die gesamte

Australien ruft Südheide

knochentrockene, wilde und meist rote Einöde im Landesinneren. Bush. Als uneingeweihter Nicht-Aussie könnte man da ja naiv an Busch, Baum, Strauch, Wald denken. Weit gefehlt! Meist handelt es sich im Gegenteil um eine recht kahle Angelegenheit, stacheliges Spinifex, Gras, einige Gum Trees, also Eukalyptus-Arten, die einem saftiggrün-verwöhnten deutschen Auge sehr kahl, blatt- und farblos und bedauernswert durstig erscheinen. – Bush. Orte? Ja schon, alle paar hundert Kilometer mal ein paar Häuser, vor denen man fassungslos steht und sich fragt, was um Himmels Willen man hier 24 Stunden am Tag macht! Oder noch besser: einfach nur ein Pub mit Tankstelle. Alles, was der Australier braucht, ist meist flüssig. – Bush. Straßen? Auch, allerdings durchziehen das gesamte Outback – also immerhin so etwa 4000 x 2000 Kilometer! – weniger Straßen als das Zentrum von Wahrenholz! Ähnlich schmal, dafür zu Theos lautstarkem Entzücken bestückt mit vorerwähnten Road Trains, die die Wildnis und Orte am anderen Ende des Kontinents mit Waren und Sprit versorgen. Du hättest mal sein strahlendes Kindergesicht sehen sollen, als ihn an einer Tankstelle ein Trucker ein bisschen im Führerhaus spielen ließ! – Bush. Bewohner? Auch, meist achtbeinig oder ganz ohne. Schuppig, mit gespaltener Zunge oder ab und an geflügelt. Auch Menschen, aber eher übersichtlich verteilt. – Bush. Zur Weihnachtszeit normalerweise sonnig, knochentrocken, glühendheiß, beste Reisezeit für meinen Geschmack mit garantiert neun Nächten *bush-camping* mit Lagerfeuer unter freiem Himmel im *swag*. Je wilder, je weniger Zivilisation, desto Sigi.

Dann kamen wir.

Mein Vater hatte einmal im Spaß gesagt, dass ich gar nicht zu Besuch zu kommen brauche, ich bringe ja immer den Regen mit.

So auch hier.

Australien ruft Südheide

Wir fuhren schon bei bedecktem Himmel in Adelaide los. In der ersten Nacht tröpfelte es uns allerdings nur etwas aufs Haupt, was uns nicht weiter erschütterte, sondern im Gegenteil zum allgemeinen Wohlbehagen im wasserdichten *swag*, dem Gefühl von Freiheit und Abenteuer, beitrug. Die zweite Nacht trocken. Aber dann! Bei einem kurzen Stopp am Lake Eyre, einem riesigen, weitgehend ausgetrockneten Salzsee am Südrand der Simpson Desert, machte sich am Horizont ein Streifen hübscher ockergrauer Farbe breit. Darüber flauschige Gewitterwolken. Putzig, fanden wir zunächst. Nettes Naturschauspiel, danke für den Service. Auch Macka war noch relativ ruhig. Wir fuhren weiter, der Streifen kam näher. „Macka, was ist denn das?" Macka, unerwartet einsilbig: „Ein Sandsturm."

Aha, daher kam mir die Farbe aus Peking so bekannt vor. Dass die gigantische Staubwolke sich wie eine Wand auf mich zu bewegt, kannte ich auch noch von dort, nur wirkte diese Wand hier in freier Wildbahn in unserem rollenden *home sweet home* doch etwas größer, mächtiger, überwältigender als im sicheren Schutz eines fest gemauerten Hauses. Trotz der kolossalen und irgendwie schon bedrohlichen Wand vor uns, die aussah wie ein überdimensionierter Uluru, – oder gerade deswegen – wurden wir im Wagen immer aufgeregter, fotografierten wie wild, redeten und lachten immer lauter, wobei die Bandbreite des Vokabulars für ein solches Naturschauspiel mich als Linguistin nur begrenzt befriedigte – „Boah!", „*Fuck!*", „*Bloody hell!*", „Wow!", „*Shit!*" ... *Whatever happened to magnificent, marvellous, spectacular, breathtaking or fabulous?!* -, aber mehr habe ich auch nicht herausgebracht! Mit 100 Stundenkilometern auf eine Wand zuzurasen, das verschlägt einem schon mal die Sprache! Irgendwann schluckte die Wolke uns. Von einer Sekunde zur nächsten sahen wir keine fünf Meter weit, die Grasbüschel direkt neben dem Weg sind auf meinen Fotos nur schemenhaft zu erkennen.

Australien ruft Südheide

Die 100 Stundenkilometer wurden radikal auf Schrittgeschwindigkeit reduziert, wir waren aber immer noch außer Rand und Band, die meisten hatten noch nie einen Sandsturm hautnah erlebt, auch Macka war weiterhin relativ guter Dinge. Noch. Irgendwann, als der Sandsturm einige Zeit später gerade anfing, etwas langweilig zu werden, bemerkten wir ein erstes Zucken und Leuchten in unserer Fahrtrichtung. „Macka, was ist denn das?" „Ein Gewitter." Schwang da ein wenig Beunruhigung, Besorgnis in seiner Stimme mit? Gewitter haben ja häufig die unangenehme Begleiterscheinung sintflutartiger Regenfälle. Und wir bewegten uns auf einer Sandpiste in einer Sandwüste ...

Ein Sandsturm kann erstaunlich nahtlos in einen Gewittersturm übergehen! Sand plus Regen gleich Matsch. Feinster Matsch in Reifenprofil auf Matsch gleich Rutschen wie auf Schmierseife. Gut 60 Kilometer weit. Wir und unser Trailer, der wild und ungebärdig hinter uns herschlidderte, herumschlenkerte und uns zwei oder dreimal fast von der ‚Straße' gezerrt hätte. Wir wurden stiller. Wesentlich stiller. Auch das Fotografieren brachte in der inzwischen über uns hereingebrochenen Dunkelheit nicht allzu viel. Macka hatte seit geraumer Zeit nichts mehr gesagt, kämpfte mit dem tückisch unwilligen Lenkrad, lenkte uns durch den Matsch immer weiter hinein in den Sturm und das Wetterleuchten. Wie war das damals in Physik? Faradayscher Käfig ist wenn ... hm. Besonders angespannt wurde das Schweigen, wenn wir durch eine der Senken fuhren, in denen sich sehr schnell Seen, bzw. verteufelt schnell fließende Flüsse gebildet hatten. Erst als Macka, unser Held, nach einer besonders tiefen Furt durch das Tosen brüllte: „Das war die Schlimmste, vor der hatte ich Angst. Möchte jemand aussteigen? Hier hätten wir sonst gecampt!", brachen wir erleichtert in hysterisches Lachen aus, die letzten 30 Kilometer bis nach William Creek würden wir auch noch schaffen, Macka sei Dank!

Australien ruft Südheide

Lehmverschmiert, aber glücklich trafen wir in William Creek, einer Nur-Kneipe-Mit-Tankstelle-Variante ein, wo wir bereits sehnsüchtig erwartet wurden, nachdem wir die vergangene Stunde schon über Funk in Kontakt gestanden hatten. Der freien Natur zogen wir heute Betten in miefigen Trailern hinterm Haus vor, nicht ohne vorher Macka vor Begeisterung und Dankbarkeit fast zu erdrücken, ausgiebig zu begießen und zum Number One Driver Australiens zu küren. Was für ein Tag!

Welche Tage sind es wohl, an die man sich erinnert, wenn man an seinem 80.Geburtstag nach den spannendsten, aufregendsten, tollsten Tagen seines Lebens gefragt würde? Dieser gehört bei mir sicher dazu!

Unser nächstes Ziel war Iga Warta, eine winzige Aboriginal Community, mit Campingplatz, Pool, kleinem Lädchen, Informationszentrum und geführten Wanderungen in die Umgebung. Derjenige, der uns zu zwei für die Ureinwohner wichtige traditionelle Orte führte, war Terry, ein älterer Mann mit warmen braunen Augen, die einem direkt ins Herz zu blicken schienen. Wenn die spirituelle Kraft eines Ortes und die außergewöhnliche Gabe eines Menschen, einem etwas zu vermitteln, daran gemessen werden kann, wie viele der Zuhörer sehr emotional reagieren und den Tränen nahe sind, dann sind Iga Warta und Terry wahrlich etwas Besonderes. Ich möchte nichts von dem wiederholen, was er sagte, es würde losgelöst von Terry und Iga Warta einfach nur platt und abgedroschen klingen. Es ging um die Weltsicht der Aborigines in dieser Community, die Art, wie sie ihre Umwelt wahrnehmen und ihre Vorstellung davon, wie man einander und diese Welt behandeln sollte, um ein gutes Leben in Harmonie zu ermöglichen. Du merkst, nicht eines der neuesten Themen, aber von ihm auf eine Art und Weise vorgebracht, die uns andächtig lauschen ließ, verstummend vor der Frage, warum es soviel Krieg, Zerstörung und Missgunst auf der Welt gibt, wenn

Australien ruft Südheide

es doch so einfach und logisch sein sollte, in Frieden miteinander zu leben. Trotz meiner wenig optimistischen Einstellung unserer Spezies gegenüber angesichts dessen, was Menschen einander antun können, machten mich Terrys Kraft und Ausstrahlung und das, was er sagte, sehr nachdenklich. Besonders einen Steinbruch, in dem die Aborigines seit Urzeiten die Farben zum Bemalen der Haut abbauen, wo Terry uns das Gesicht mit fünf verschiedenen, symbolträchtigen Farben bemalte, empfanden viele von uns als einen besonders eindrucksvollen Flecken Erde. Ich nahm mir vor, nach dem Ende der Tour hierher zurückzukommen, denn auch Iga Warta nahm Wwoofer auf. Terry reagierte allerdings merkwürdig zurückhaltend auf meine Anfrage, murmelte zwar „That would be wonderful", senkte dabei aber den Blick, konnte mir nicht in die Augen schauen, nachdem er vorher sehr herzlich gewesen war. Inzwischen bin ich fest überzeugt, dass er sah, dass ich nicht werde kommen können.

Am nächsten Tag Coober Pedy. Inbegriff von Staub, Hitze, verbrannter roter Erde. All das in einem Maße, das die Menschen weitgehend unter die Erde in künstlich gegrabene, sehr gemütliche Höhlen treibt, in denen sie leben und arbeiten, seit mitten in dieser extrem menschenfeindlichen Einöde vor über einhundert Jahren die größten Opal-Vorkommen der Welt gefunden wurden.

Dann kamen wir. Und mit uns der Regen. Und mit ihm das übliche Beiwerk wie Gewitter und Sturm. Die elektrische Ladung in der Luft war so stark, dass selbst uns langhaarigen Frauen tatsächlich die Haare zu Berge standen und unsere Antenne am Auto heftig surrte. Die trockenen Straßen waren innerhalb von Minuten überflutet, von den vormals festgefügten Lehmhängen ergossen sich Wasserfälle, die tiefe Rinnen hinterließen, allerdings leider keine größeren Opale freilegten, jedenfalls nicht in meiner unmittelbaren Umgebung. Aber einen hübschen, kleinen Quarzit hab ich doch gefunden. Fazit: Wir verbrachten den Abend und die halbe Nacht in gewohnt heiterer Runde in einem *Underground Pub*, spielten Billard, bis uns die Queues vor Müdigkeit fast aus den Händen fielen, trotteten dann hinter unseren Männern her und folgten ihnen ganz ohne Anwendung von Keulen und anderen steinzeitlichen Instrumentarien brav in unsere Höhle! Wir schliefen nämlich eine weitere Nacht nicht etwa unter den Sternen, leider auch nicht auf kuscheligen Fellen selbsterlegter Bären, sondern in tiefster Dunkelheit und absoluter Stille in Etagenbetten unter der Erde in einer angenehm kühlen Höhle, dem sicher ungewöhnlichsten Backpacker Hostel meiner Reise bis dato.

Damit hatte es sich dann Gott sei Dank mit dem Regen. Wir sahen zwar auch am kommenden Abend wieder fantastisch geformte, extrem fotogene Wolken am Horizont, aus denen es malerisch schüttete, aber wir blieben trocken, hatten endlich wieder einen Grund, morgens die Wanderschuhe auszuschütteln, nur für den Fall, dass sich doch eine Spinne oder ein Skorpion hineinverirrt haben sollte. Dieses Versteck wäre am übernächsten Tag allerdings nicht mal dem spitzstacheligsten Skorpion anzuraten gewesen! Kannst du dir das Bouquet vorstellen, wenn zehn Leute nach siebenstündiger Uluru-Umwanderung anschließend im engen Jeep gleichzeitig die Stiefel ausziehen? Beschlagene Scheiben, ein benebelter, völlig unschuldiger, weil beschuhter Macka und ein Aroma, das dem Wort ‚atemberaubend' eine völlig neue Dimension gab und die stärkste Spinne umgehauen hätte!

Ahhh ... Uluru! Laut Statistik DER Hauptgrund für viele Touristen, besonders Japaner, nach Australien zu reisen. Und wenn sie schon mal da sind, natürlich auch darauf herum zu klettern. Meiner Meinung nach eine bodenlose Unverschämtheit, ein Affront sondergleichen den Aborigines gegenüber. Schließlich kommen Touristen ja auch nicht auf die Idee, auf unseren heiligen Stätten

Australien ruft Südheide

herum zu klettern, Altäre zu erklimmen, darauf zu pinkeln, wenn denn bei mehrstündiger Wanderung die Blase ruft, ihren Müll zu hinterlassen oder sich sonst wie den Wünschen der Gläubigen zu widersetzen. Und der Wunsch der australischen Ureinwohner ist eindeutig: Sie wollen NICHT, dass die Touristen auf den Felsen klettern. Im Informationszentrum ist ebenfalls unmissverständlich zu lesen, dass die häufigen Verletzungen und Todesfälle entsprechend dem Glauben der Aborigines für sie selbst und den Felsen nicht nur einfach traurig sind, sondern sogar weiteres Unglück heraufbeschwören.

Leider – und für mich unverständlicherweise – wird es wohl auch in Zukunft nicht rigoros verboten werden, den Felsen zu besteigen, da Uluru und besonders seine Besteigung als Touristenmagnet Nummer eins offenbar Vorrang vor dem tiefen Glauben und den Wünschen der Ureinwohner hat. Eine Schande, die zeigt, welchen Stellenwert die Aborigines trotz aller oberflächlichen Wiedergutmachung und Entschuldigung für getanes Leid in Australien immer noch einnehmen. Sie sind eine willkommene Einkommensquelle, eine Touristenattraktion, sei es zum Gruseln und angewiderten Kopfschütteln, wenn mal wieder Besoffene am helllichten Tage durch die Städte torkeln, sei es als Fotomotiv oder um die heillos überteuerten, hübsch-bunten *dot-paintings* mit putzigen Tierdarstellungen oder gefälligen Kringeln zu kaufen und sich damit zu beruhigen, dass man doch nun sicher irgendeinem armen Eingeborenen geholfen hat. Sei es, um an einem Aboriginal Walk teilzunehmen, also an relativ kurzen, meist mehrstündigen Informationswanderungen, beeindruckt zu nicken und zu meinen, nun diese älteste Kultur der Erde verstanden zu haben. Versteh mich nicht falsch, all das habe ich genauso getan, bin stolze Besitzerin von inzwischen fünf Bildern, Tendenz steigend, habe Wanderungen mitgemacht und viel zu viele Betrunkene gesehen. Aber ich habe besonders in Lombadina und bei Terry auch so viel Respekt vor der Kultur der Aborigines gelernt, dass das Mindeste, was ich tun kann, ist, ihrem Wunsch zu entsprechen und nie, nie und nimmer, auf ihrem größten Heiligtum herumzuklettern.

Der Felsen hat tatsächlich eine ganz besondere Qualität jenseits aller puren Geologie als wunderschöner, riesiger, faszinierend roter Monolith. An einigen Punkten des Rundweges darf man immerhin nicht fotografieren, da sie eine ganz besondere Bedeutung in Glauben, Geschichten und Initiationsriten der Aborigines besitzen, häufig getrennt nach Frauen und Männern. Versteckte Wasserlöcher direkt am Felsen sind leider nicht mehr als Trinkwasserreservoirs zu nutzen, da der vom Fels herunter gespülte Regen, der sie füllt, unter anderem den Urin tausender Touristen mit sich führt. Aber man kann sich zusammen mit seinen neu gefundenen Freunden ganz still auf den Steg am Wasser auf den Rücken legen, hinauf zu Himmel und Felsen schauen, dem Wind in den Bäumen lauschen und irgendwie beschleicht einen dann endgültig das Gefühl, dass dieser Felsen tatsächlich einzigartig ist. Es war Heiligabend.

Abends im Camp hatte ich das erste Mal seit mehreren Tagen wieder Mobil-Empfang und erfuhr von Mutti, dass Papa gerade ins Krankenhaus gekommen war. Vier Tage später flog ich nach Deutschland zu seiner Beerdigung.

Sonntag, 13. Januar 2008

Die Arbeit ist zu hart und das Essen lächerlich. So kann man es grob zusammenfassen.

Ich bin in Tasmanien, Tassie, wie die abkürzungsfreudigen Aussies es nennen, und arbeite auf der Farm, auf die ich mich ähnlich

Australien ruft Südheide

gefreut hatte wie auf die Tischlerei in Manjimup. Keine Elektrizität und nichts, was Öl braucht. Zurück zur Natur. Oder in die Steinzeit. Nein, ein Haus haben wir immerhin, keine Höhle. Die Decken sind mit irgendwelchen düsteren, zum Teil fleckigen Materialien wie Stoff oder Plastikisolierung abgehängt, in allen Fensterrahmen schaukeln Spinnen in Weben und flinke, kleine Eidechsen fangen fette Fliegen. Aus dem Küchenwaschbecken grinste uns am ersten Abend eine männerhandtellergroße Spinne mit zeigefingerlangem Körper an, eine zugegebenermaßen wunderschöne *Huntsman*, weitgehend ungiftig, aber nicht herzschrittmachergeeignet. Tausend verstaubte Pötte und Gläser mit irgendwelchen Samen, Flüssigkeiten oder anderen undefinierbaren Substanzen stehen in Regalen, im Wohnzimmer auf dem Boden liegen zwei Berge strohartigen Zeugs, von denen Peter, der Chef hier, sagt, dass er noch nicht weiß, wann er es wozu brauchen könnte.

Das Wasser fließt braun aus den Hähnen, die Toilette ist ein Kompost-Plumpsklo im Garten und das Trinkwasser holen wir direkt aus dem Bach. Irgendwie urig, der sehr niedrige runde Tisch im Wohnzimmer, an dem abends auf kuscheligen Kissen sitzend gegessen und erzählt wird, von Künstlern unterschiedlicher Begabung gemalte Bilder an den Wänden, ein Klavier und eine Gitarre, vor den wandfüllenden Fenstern der tasmanische Bush. Mittendrin ich, schlecht gelaunt. Wahrscheinlich wäre ich nicht so mies drauf, wenn das Verhältnis Arbeit-Essen stimmen würde. Du weißt, dass ich wirklich hart im Nehmen bin, was körperliche Arbeit und Anstrengung angeht, aber gestern habe ich morgens ab acht Uhr zweieinhalb Stunden lang Spitzhacke und Schaufel schwingend ein tiefes Loch gegraben, genauer gesagt einen von vier hintereinander geschalteten Klärteichen aus dem schweren Lehmboden ausgehoben, was nun wirklich nicht Frauenarbeit ist.

Nachmittags jätete ich zwei Stunden Unkraut. Klingt nicht so schwierig, oder? Es handelte sich allerdings um einen Acker mit hüfthohem, verfilztem Gras aus mindestens zwei Jahren durchsetzt mit wilden, sehr dornigen Brombeerranken und anderem Kraut, das ich mit den Händen entfernen musste, immerhin bewaffnet mit einer eher zierlichen Miniforke, die für Balkonkästen geeignet ist, und einem Brotmesser zum Wurzeln ausstechen. Schlangen oder anderes gefährliches Viehzeug, von dem es hier auf dem Gelände allerhand gibt, blieben mir glücklicherweise bisher erspart!

Zu viele Konjunktive: Alles wäre machbar, wenn die Verpflegung der schweren körperlichen Arbeit angemessen wäre. Peter ist Vegetarier, was nicht verwerflich wäre, wenn er so köstlich kochen könnte wie Tony in Lombadina, aber er hat bis jetzt noch gar nicht gekocht, sondern wir Frauen dürfen ran. Die Auswahl ist eher übersichtlich: Kartoffeln, Zwiebeln, Möhren, gläserweise getrocknete Bohnen und ein paar unansehnliche Restpilze. Und ein Sack Weizen und diverse Handmühlen zum Selbermahlen. Und ein Sack Reis. Gekauft wird nur im Notfall etwas. So, da zauber' mal was draus, was nicht nur das Loch im Magen stopft, sondern auch noch minimal nahrhaft ist und die paar tausend Kalorien wieder reinbringt, die man beim Graben oder „Unkraut zupfen" verbraucht hat! Bin erst zwei Tage hier, zwei Kanadierinnen einen Tag länger, aber wir schleichen jetzt schon völlig entkräftet mit hängenden Schultern und knurrendem Magen durch die Gegend und haben eine Stunde nach dem *morning tea* (jeden Tag identisch: zwei kleine Pfannkuchen aus handgeschrotetem Mehl mit selbst eingekochten Blaubeeren und Pfirsichen) schon wieder einen Bärenhunger. Der Garten ist riesig und es wächst durchaus Einiges im wahrsten Sinne wie Kraut und Rüben durcheinander. Das Grünzeug ist allerdings erst ein paar

Australien ruft Südheide

Zentimeter hoch und noch nicht essbar, weil hier erst Frühsommer ist.

Als wäre das potentielle Schicksal eines Hungertodes nicht genug, habe ich mir gestern beim Graben den linken Unterarm verletzt. Er ist geschwollen und tut bei Belastung, wozu Löchergraben wohl zählt, höllisch weh. Habe mich also heute nach einer Stunde anderthalbhändiger Grabungsversuche wieder den dornigen Freuden des Ackers zugewendet. Da kann ich mich in der Mittagshitze schön im Schatten des Pfirsichbaums mit der Vernichtung der fiesen Brombeerranken vergnügen, die den etwa vier Meter hohen Baum rundherum vollständig eingenetzt haben! Wird der sich freuen, wieder atmen zu können, wenn ich fertig bin! Immer schön positiv denken!

Peter ist im Grunde ein ganz netter Kerl, schätzungsweise sechzig Jahre alt, kauzig, schrullig und etwas weltfremd, tendiert zu ewig langen Erzählungen aus seinem Leben oder über die Zerwürfnisse mit weiten Teilen der übrigen Dorfbevölkerung. Allerdings verliert er meist irgendwann den Faden und weiß nicht mehr so genau, worauf er eigentlich hinauswollte, weil er, wie er selber sagt, ein schlechtes Dings äh ... ja ... ich wollte doch ... hat er ... oder ... tja, jedenfalls ...äh ... oder doch nicht ... hm. Könnte das auch am Nährstoffmangel liegen?!

Donnerstag, 17. Januar 2008

Das war neulich, nach Tag zwei. Zuerst wollte ich den Eintrag löschen, aber er ist ein gutes Beispiel dafür, wie sich die Sicht auf Dinge ändern kann. Motto: Was interessiert mich mein dummes Geschwätz von gestern! Oder: Wie abhängig ist der Mensch doch von gutem Essen! Die Arbeit auf Peters Farm ist immer noch grundsätzlich hart, zumindest jetzt im Sommer, wenn nicht Säen oder Ernten anstehen, sondern allgemeine Instandsetzungsarbeiten unsere Kräfte wesentlich mehr in Anspruch nehmen. Aber nachdem Jessica, Veronique und ich am Ende des zweiten Tages den Eindruck hatten, bald Hungers zu sterben oder irgendwelchen Mangelkrankheiten zu erliegen, war die Alternative, unsere Berührungsängste gegenüber dem uns zum Teil unbekannten Grünzeug im Garten fallen zu lassen – was Peter anpflanzt, kann schließlich nicht giftig sein. Peters einmaliges Vorführen seiner Kochkünste als Vorbild nehmend probierten wir am Beet ein Blatt, befanden es für zum Menü passend und schon wurden die Mahlzeiten zusehends vielfältiger und leckerer, die Laune hob sich, die Kräfte kehrten zurück. Mein persönliches Highlight war, dass ich endlich den launenhaften Ofen bezwang, es schaffte, die angemessene Hitze zu halten, die richtige Mischung für die täglichen *pancakes* zum *morning tea* zu finden und vor allem ein richtig gutes Brot zu backen!

Peters Brot

2 große Tassen (250 ml) selbstgeschrotetes Weizenmehl (alle Nicht-Selbstversorger und andere Luschen können wohl auch gekauftes Vollkornmehl verwenden!)
4 ebensolche Tassen lauwarmes Wasser (wer keinen keimfreien Fluss in der Nähe hat, nehme banales Leitungswasser!)
1 Teelöffel Trockenhefe
heftig verquirlen und über Nacht abgedeckt im warmen Raum stehen lassen.
Am nächsten Tag
7 weitere Tassen Mehl
2 Eßl. Öl (man kann sicher gut mit unterschiedlichen Geschmacksrichtungen experimentieren)

gut verkneten, aber ansonsten ohne mehrfaches lästiges Gehenlassen und Kneten in Backformen füllen und nur einmal an einem warmen Ort gehen lassen. Die Menge reichte bei uns für eine hohe, etwa 30x30cm große Form, in die dicht an dicht etwa 9 Brötchen hinein gequetscht wurden und 2 kleine Kastenformen. Bei Peter war das Brot natürlich salzlos, was gar nicht mal störte, aber ein Teelöffelchen Salz kann wohl nicht schaden. Oder Nüsse. Oder Gewürze. Temperatur? Da du keinen eigenwilligen Holzofen in der Küche hast, kannst du auch einfach 200 Grad einstellen. Backzeit: Brötchen etwa 20 Minuten, Brot etwa 40-45 Minuten.

Australien ruft Südheide

Nicht auszudenken, dieses Brot mit frischer Butter, guter Marmelade oder Käse zu genießen! Wir hatten nur einen grausligen, entfernt an Marmelade erinnernden Aufstrich von undefinierbarer Farbe und Fruchtgehalt ungewisser Provenienz, natürlich ohne jegliche Butter oder Margarine – aber ich will ja nicht wieder meckern!

Das gemeinsame Kochen und die Abende beim Schein der Petroleumlampen (na gut, offensichtlich ein kleiner Ausrutscher auf dem holperigen Pfad von Peters Weltanschauung) mit singen, spielen und vielen Gesprächen waren wirklich sehr lebendig und witzig und Peters Philosophie eines – nur oberflächlich betrachtet kargen – Lebens ohne jegliche Abhängigkeit von äußeren Notwendigkeiten wie Sprit, Strom und allem, was davon abhängt, verlor manchen Touch des Weltfremden. Selbstgenügsamkeit, Anspruchslosigkeit, also letztlich eine gesunde Bescheidenheit, sind Eigenschaften, die ich durchaus erstrebenswert finde. Peter hat alles, was er wirklich braucht, nur eben nicht im Überfluss, nicht in übergroßer Auswahl. O.k, die Marmelade ist verbesserungsfähig, aber das vermeintliche „Fehlen" von Elektrizität zum Beispiel hat mich überhaupt nicht gestört. Fehlt sie wirklich immer? Draußen scheint die Sonne und ich werfe meine Wäsche in den Trockner, statt sie im Garten, auf dem Balkon oder in winterlich-trockener Heizungsluft aufzuhängen? Elektromesser, Brotschneidemaschine, elektrische Zitronenpresse, Schaumschläger, elektrische Zahnbürste … Solange mir noch nicht der Arm abfällt, kann ich mir doch wohl die Zähne auch per Hand effektiv putzen, die meisten Brote mit einem ordinären Brotmesser sägen und zwei Zitronen manuell entsaften, oder? Bei Peter habe ich in extremo gesehen, dass tatsächlich noch viel mehr, besser gesagt, weniger möglich ist.

Australien ruft Südheide

Das Leben auf der Farm wird in der nächsten Zeit wohl noch karger werden: Im Laufe der kommenden Woche wird unser künstlich angelegtes Wasserloch, der Teich, der die Hähne in Küche, Bad und Dusche speist, versiegen, weil es auch in Tassie immer weniger regnet und gleichzeitig wärmer wird. Was dann? Peter wird auch da Mittel und Wege finden müssen, mit noch weniger Wasser zu überleben. Und mit ihm die Bewohner weiter Landstriche unseres Planeten.

Jetzt bin ich nicht mehr auf der Farm, mein schmerzender, geschwollener Arm hat gewonnen. Das, was mir von Peter in Erinnerung bleiben wird, ist aber sicher nicht der Arm oder die Klärteiche, sondern das Gefühl von Gemeinsamkeit. Selbst beim Graben und Jäten das gemeinsame Erleben, die gemeinsamen Abende, die Menschen, mit denen man in vieler Hinsicht auf einer Wellenlänge ist, wir alle haben uns frei dafür entschieden, zu Peter zu kommen. Am Schluss wäre ich gerne länger geblieben.

Donnerstag, 31. Januar 2008

Tour Tour Tour ... eine Tour jagt die andere! Unglaublich, und das mir! Morgen geht es mal wieder los: für drei Tage auf die Great Ocean Road und in die Grampians, aber erstmal muss ich die Lücke füllen zwischen Peters Farm und heute. Eine nicht uninteressante Lücke ...

Zunächst eher banal: eine Tour! Sechs Tage *A Taste of Tasmania*, bei uns sehr wörtlich zu nehmen, denn Bruce, unser Guide, sah seinen primären Lebenszweck darin, uns opulent zu bekochen. Er kannte sich sehr gut aus mit allem, was Land, Leute, Geschichte und Geographie, Fauna und Flora betrifft, schreibt originelle historisch inspirierte Geschichten, die in Kopie im Bus lagen und unsere Reiselektüre darstellten, und kochte wirklich toll. Aber es fehlte bei der gesamten Tour der Spaß, die Albernheit, die Ausgelassenheit! Bei den anderen Touren kochte man zusammen, wobei das Ergebnis vielleicht nicht immer fünf-Sterne Qualität hatte, aber enorm zur allgemeinen Heiterkeit beitrug. Man aß und trank ausgiebig, spielte Spiele, sang und tanzte ... all das gab es hier nicht. Schluss mit lustig. Als ich einmal ein Spiel vorschlug, tat Bruce es ab mit der Bemerkung, dass die Tour-Guides auf dem Festland so was nur machen, damit die Zeit auf den langen Fahrten schneller vergeht, hier im kleinen Tassie bräuchte man das nicht. Basta. Ach, Schluss mit dem Gejammere, manchmal war er ja auch geradezu rührend aufmerksam: Als ich mich nach einer guten Stunde Joggens schweißüberströmt und kurz vorm Verdursten auf den Küchenwasserhahn stürzte, holte er plötzlich einen hervorragend gemixten, ganz lieb verzierten Gin-Tonic aus dem Kühlschrank und hielt ihn mir strahlend hin!

Tassie, Under Down Under. Das Land, in dem die Flüsse braun und trinkbar, die Berge schroff und steil, die Wälder wild und undurchdringlich, die Luft rein, die Strände einsam, windig und kühl – sandgestrahltes Ganzkörper-Peeling gratis! –, die Städte übersichtlich und die Menschen etwas konservativer und langsamer als auf dem Festland sind. Und all das auf engem Raum (Tassie ist etwa so groß wie Holland) verglichen mit der gefühlten Endlosigkeit und den riesigen, weiten Himmeln des australischen Outbacks. Irgendwie alles bekannt, fast wie zu Hause. Vertrautheit hat etwas von Sicherheit, innerer Ruhe ... und milder Öde. Nein, das ist unfair! Die beiden langen Wanderungen im Cradle Mountain National Park und auf den Mount Amos mit Blick auf die schneeweißen Strände der Wineglass Bay waren durchaus eindrucksvoll, auch wenn ich streckenweise dachte, dass ich die rutschigen Felsabhänge am Mount Amos nicht überlebe. Wäre immerhin vom ästhetischen Standpunkt aus gesehen ein sehr

Australien ruft Südheide

reizvolles Ableben geworden. Beunruhigend die düstere *ghost tour* mit schauerlichen Geschichten über die Spukgestalten der faschistoid-grausam geführten Gefangenenkolonie Port Arthur, auch was den einsamen Nachhauseweg entlang des Friedhofs betraf. Weniger gespenstisch, dafür umso trauriger die Schilderungen des Massakers, das ein 19-Jähriger 1995 in Port Arthur in der Touristinformation anrichtete: 35 Tote und etwa 70 Verletzte.

Den letzten Abend verbrachten alle zusammen bei Fish & Chips und diversen Bierchen OHNE Bruce und seine nervig-genialen Kochkünste und wir stellten dabei kurioserweise fest, dass er uns allen auf den Wecker gefallen war, sich aber niemand geoutet hatte, weil jeder dachte, die anderen fänden ihn super!

An dem Abend nach Tour-Ende in Hobart stand ich mal wieder vor dem üblichen Dilemma der Alleinreisenden: Tausend Möglichkeiten, wie man weitermachen könnte und keiner, der einem hilft, eine Entscheidung zu treffen. Und dem man später prima die Schuld in die Schuhe schieben kann, wenn das Ergebnis suboptimal ist!

Nach einigem Sortieren, Verwerfen und Abwägen entschied ich mich dafür, nochmal ein paar Tage in Melbourne zu verbringen, vielleicht Deborah zu besuchen, die Freundin aus Lombadina, die wieder zu Hause in der Nähe von Melbourne ist und mich eingeladen hat.

Doch dann versuchte ich ein Zimmer in Melbourne zu finden. Panik breitete sich aus, denn ich hatte bereits den Flug gebucht. Nun waren aber leider keine Zimmer mehr zu haben! Es war *Australia Day* und das bedeutete landesweit die größte Party des Jahres. Viele strömen zu diesem Anlass in die großen Städte, um so richtig die Sau, sorry, das Känguru raus zu lassen. Außerdem fanden an diesem Wochenende die Finals der *Australian*

Australien ruft Südheide

Tennis Open in Melbourne statt und alles stand kopf, weil sowohl Federer als auch Nadal schon rausgeflogen waren. Plötzlich war auch derjenige ein Tennisfan, der keinen Tennisball von einem Kohlrabi unterscheiden konnte und musste zumindest in der Nähe des Geschehens sein. Und drittens spielten The Police am Samstag im leider ausverkauften Melbourne *Cricket Ground*, einem riesigen, 100.000 Menschen fassenden Super-Stadion, und viele waren aus dem ganzen Land angereist. Nach endlos vielen Telefonaten fand ich doch noch ein Bett in einem Schuhkarton für 60 Euro und Deb freute sich auf meinen Besuch. Und so begannen die bislang unangenehmsten Tage dieser Reise.

Deborah ist bisexuell und ich merkte schon in Lombadina, dass ich neben Mark auf ihrer Wunschliste stand. Meine deutliche Ablehnung ihrer Avancen akzeptierte sie allerdings ohne viel Murren und so konnten wir stressfrei viel miteinander unternehmen und uns dabei gut amüsieren. Aber in ihrer vertrauten Umgebung, allein mit mir im Haus ihrer verreisten Freundinnen, stand ihr offensichtlich der Sinn nach einem neuen Versuch. Ich hasse diese Situation! Völlig egal, ob es sich um einen Mann oder eine Frau handelt: Wenn plötzlich ein großangelegter Verführungsversuch mit Jacuzzi, Sekt und flauschigem Bademantel läuft, will ich nur noch weg. Irgendwie schafften wir mithilfe von Besuchen bei einigen kauzig-verschrobenen Freundinnen und dem Horrorthriller *Wolfe Creek* den kommenden Tag und Abend hinter uns zu bringen, aber am nächsten Morgen war der erste Zug zurück nach Melbourne meiner. Schade, damit ist das Kapitel Deborah mit einem unangenehmen Nachgeschmack final abgehakt.

Immerhin gab es inzwischen wieder erschwingliche Zimmer und ich verbrachte die nächsten Tage hauptsächlich in Melbournes Museen, auf dem Fahrrad, auf der Suche nach einer passenden Versandbox für Päckchen Nummer vier oder schreibend und lesend auf der sonnigen Dachterrasse meines Hostels.

Australien ruft Südheide

Das Gefühl, das in Tassie anfing mich zu beschleichen, wird immer stärker: Ich bin merkwürdig ruhelos, will nicht sein, wo ich bin, will weg. Wieso weg, wirst du erstaunt fragen. Noch weg-er als ich kann man doch gar nicht sein. Ich weiß selbst nicht so genau, was los ist. Melbourne gefällt mir sehr gut, auch Tassie war doch alles in allem sehr schön. Aber nichts kann mich wirklich begeistern. Was will ich? Ist die Antwort Neuseeland? Ich bin enorm auf dieses Land gespannt, von dem alle so schwärmen. Aber manchmal führt zu große Vorfreude ja zu Ent-täuschung, also Vorsicht! Irgendwie scheint es nicht allein die Ungeduld zu sein, der Gedanke, endlich Neuseeland zu sehen, was da an mir nagt. Werde mich unter Beobachtung und dich auf dem Laufenden halten!

Sonntag, 3. Februar 2008

Sitze gemütlich im Bus und zuckel durch west-viktorianisches Weideland zurück nach Melbourne, wo wir vorgestern zu einer dreitägigen Tour entlang der Great Ocean Road und in die Grampians gestartet waren. Peter, unser gemütlicher, bärtiger Fahrer, der aussieht, als sollte in seinem Mundwinkel ein Pfeifchen klemmen, eine schmidtsche Kapitänsmütze seine blonden Locken bändigen und er hauptberuflich Käpt'n Blaubär zur Hand gehen, spielt seine Best-of-Cat-Stevens CD zum dritten Mal und alles schläfelt so vor sich hin. Die tätowierten, nahezu kahl geschorenen Engländer weiter hinten im Bus glücklicherweise auch und ersparen uns damit launige Erzählungen vom Rauditum während irgendwelcher Fußballspiele, in denen sich Fans auf den Torwart stürzen oder – *fucking great* – Pubs in Brand stecken. „*How funny was that?!*" Au ja, sehr! Auch unser Peter scheint sie nicht rundum zu befriedigen: „*He dun't fuckin' shut up, dun't he?!*" Nee, tut er Gott sei Dank nicht, sondern erzählt über die Städtchen, durch die er uns kutschiert, über mysteriöse Schiffswracks, krumme und schiefe Gesteinsschichtungen und über die Vegetation – er hat früher Biologie an der Uni gelehrt! Ich find's sehr interessant, die Engländer offensichtlich weniger.

Vorgestern ließ sich die Mini-Tour recht geruhsam an, wir hielten häufig und schauten uns wenig Sensationelles am Wegesrand an: ein Wasserfällchen (nach zehn Jahren australischer Dürre leider nur noch in der Größenordnung eines gut funktionierenden Duschkopfes); Outlet-Stores in Torquay, dem Mekka der australischen Surfklamotten-Hersteller; ein leider nur halbstündiger Spaziergang durch einen Regenwald voller riesiger Baumfarne; ein paar windumtoste Strände; ein Stachelrochen, der gerade noch einem Angler vom Haken gesprungen war und nun offensichtlich etwas desorientiert unter dem Bootssteg umherkreuzte; meine ersten Koalas, die sich bequem in Astgabeln eingeklemmt in Zeitlupe Eukalyptus-Blätter schmecken ließen, uns und unsere Objektive leicht verpennt ignorierend, weite Strecken entlang der zerklüfteten Küste. Die Great Ocean Road. Ich hatte gehört, dass ich die unbedingt sehen müsse, sei sooooo spektakulär! Hm. Kennen diese Leute denn nicht die Westküste mit ihren Klippen, Stränden und blaugrünen Schnorchelparadiesen mit lauen Wassertemperaturen und Unmengen von fremdartigen Viechern? Ich habe immer mehr den Eindruck, dass ich Australien falsch herum bereise: Nach dem Westen und dem Red Centre kann mich so leicht nichts mehr umhauen, eine Steigerung ist schwierig.

Dann hatten wir plötzlich ein echtes Problem mit dem Durchblick. Fantastisch felsige Steilküsten? Gigantische Sandsteinformationen? Die berühmten 12 Apostel? London Bridge? Bay of Islands? Fehlanzeige, nichts als weißgraue Suppe, schemenhafter Küstensaum, leicht gedämpftes Wasserrauschen, sonst nur wattige Schleier. Küstennebel! Gleiche Szene fünfzig Meter

Australien ruft Südheide

Richtung Inland, andere Straßenseite, Parkplatz: strahlender Sonnenschein! Auch Peters beeindruckte Feststellung, dass er so einen Nebel hier noch nicht erlebt habe, war nur mäßig hilfreich. Grundsätzlich habe ich nichts dagegen, Landschaften in völlig untypischen Zuständen zu erleben, siehe Wolkenbrüche in der Wüste, aber wenn man das, wofür man die Great Ocean Road überhaupt entlangfährt, nun so gar nicht sehen kann, ist das schon bitter.

Oh Grauen, die Engländer haben den i-Pod gekapert, es donnern verzerrt und begleitet von mehrstimmigem Mitgrölen englische Fußballhymnen, der Entensong und andere Beleidigungen für jedes zivilisierte Ohr durch den überforderten Buslautsprecher, Peter hat aufgegeben, hält sich am Steuer fest und murmelt etwas von „Grund für den Untergang des britischen Empires". Kann ich bitte aussteigen? Meine Toleranz hat ein definitives Ende und das ist HIER!

Bin ich reisemüde? Ich weiß nicht ... Selbst der Gedanke an Deutschland, an zu Hause, schreckt nicht mehr. Alte Freunde wiedersehen, Menschen, mit denen man mehr als oberflächliche Reiseeindrücke austauscht, eine spannende, neue Arbeitsstelle, ein eigenes Zuhause, in dem man tun und lassen kann, was man will, ohne auf fünf Mitbewohner im Zimmer achten zu müssen, keine prekär wackelnden, quietschenden Etagenbetten ... Auch das Problem der Übersättigung scheint sich einzustellen: Zu viele Eindrücke stürzen in zu kurzer Abfolge auf mich ein. Es wird Zeit, dass ich irgendwo zwei Wochen bleibe, arbeite, eine Aufgabe habe, die mehr als nur ‚gucken' beinhaltet.

Australien ruft Südheide

Donnerstag, 7. Februar 2008

Schöne Grüße aus dem Garten Eden! Dem Frauenparadies! Evas sind doch die besseren Paradiesbewohner, Äpfel hin oder her. Es duftet aus mindestens sechs Töpfen in der blitzblanken, professionell ausgestatteten Küche, mindestens fünf Sprachen klönen, radebrechen und lachen durcheinander, auf dem Tisch liegt ein Massagekäfer, hunderte von Filmen, CDs und Kassetten, Fahrräder und Waschmaschinen stehen kostenlos zur Verfügung, in fast jedem Zimmer brennt ein elektrischer Kamin, im Garten streicht Austin, seines Zeichens Kater und damit einziges männliches Mit-Glied des Hauses, um die Liegestühle, Duchess und Princess, die Meerschweinchen, halten sich beim Rasenknabbern in sicherer Entfernung meiner Zehen und der Wasserhahn im Kräutergärtchen wird gespeist aus einer hauseigenen Quelle. All das mitten in Christchurch an der Ostküste der Südinsel Neuseelands. In Sandras ‚Frauenreisehaus'. *Ladies only*. Willkommen in Neuseeland!

Kia ora Aotearoa.

Waikikamukau. Tukutuku Ranguputa Mangamaunu. Hokitika Awarua. Akaroa Waiheke!

Alles klar?

Was klingt wie unflätige, rüdeste Beschimpfungen sind ganz harmlose Ortsnamen, entnommen der Sprache der ursprünglich polynesischen Ureinwohner, der Maoris. Viele, sehr viele Orte haben hier solche Namen, eindeutig dazu angetan, mich in den Wahnsinn zu treiben! Da hatte ich mich gerade daran gewöhnt, Ortsnamen aus einer der zahllosen Aboriginesprachen wie *Bungle Bungle*, *Wooloomoloo*, *Kununurra* oder *Kalbarri* ansatzweise so auszusprechen, dass man mich für einen Menschen mit IQ über Raumtemperatur hielt – und dann kommt Neusee-

Australien ruft Südheide

land daher und Raumtemperatur ist in weite Ferne gerückt. Auf zum Selbstversuch: Setz dich einfach mal vor Christian auf einen Stuhl, lies ihm die Zeile oben vor und warte seine Reaktion ab! Ade intelligente Hypermama!

Seit wenigen Stunden bin ich stolze Besitzerin eines 17-jährigen Honda Civic zum lächerlichen Preis von umgerechnet etwa 800 Euro, der inzwischen auf den schönen, wenn auch nicht ganz originellen Namen Fritz hört und mich die nächsten drei Monate kreuz und quer durch Neuseeland begleiten wird. Wenn alles nach Plan geht, dann nimmt Anthony, der freundliche und ehrlich wirkende Autohändler (Oxymoron!?) ihn anschließend für die Hälfte des Preises wieder zurück. Reisemüde? Lustlos? Mäßig missgelaunt? Das war letzte Woche! Inzwischen bin ich voller Tatendrang und freue mich auf eine ganz andere Art des Reisens!

Für heute ein herzliches *e noho ra* vom exakt anderen Ende der Welt - Zeitunterschied zwölf Stunden! - von

Sigrid wahine

SÜDHEIDE

3. Februar 2008

Liebes Sigimäuschen,

inzwischen ist schon der Januar ins Land gegangen. Schön, dass wir uns kurz sehen konnten, auch wenn der Anlass traurig war. Ist Dir eigentlich aufgefallen, dass wir kaum über Deinen Vater gesprochen haben? Das wurde mir erst bewusst, als Du schon wieder unterwegs warst. Wahrscheinlich schwappst Du vor Erlebnissen schon über, die alle erzählt werden wollen, und die Zeit reichte nicht, um bis zum schweren Bodensatz vorzudringen.

Bei Deinem Besuch hast Du mir den letzten Zweifel genommen, ob Deine Art die Welt zu erkunden auch für mich eine attraktive Reiseart wäre. Ich konnte mit eigenen Augen sehen und auf dem eigenen Rücken spüren, mit welchem Sturmgepäck Du unterwegs bist. Ich fasse es nicht, dass Du mit dieser Last weiter als 200 Meter laufen kannst. Und wenn ich mir dann klar mache, dass Dein Gepäck, obwohl es schon zu schwer ist, bei weitem nicht das beinhaltet, was ich für einen zweiwöchigen Urlaub brauche, und es für Dich Dein gesamtes Hab und Gut, Haus und Hof für ein ganzes Jahr darstellt, dann sage ich Dir ohne Umschweife:
1. Hut ab! und 2. Ohne mich!

Mein neues Jahr begann ich mit Hans-Joachim, Christian und Ulrich und einem Glas Sekt. Die beiden großen Männer machten sich dann zu einem Marsch in die Dorfmitte auf, wo sie der Einläutung des Festjahres 1000 Jahre Wahrenholz bei Posaunenmusik, Reden und warmen oder zumindest wärmenden Getränken beiwohnten. Ich brachte Christian ins Bett und genoss anschließend ein, zwei Stündchen allein in meinem Wohnzimmer bei Sekt und Musik. Nach wenigen Stunden Schlaf begannen dann die Vorbereitungen

Südheide ruft Australien

für Christians Geburtstag am zweiten Januar. Neujahr ist Umrüsttag, Weihnachts- und Sylvesterkrempel muss entsorgt, Girlanden und Geburtstagskerzen, -geschenke und -blümchen hervorgekramt, Kuchen muss gebacken und die Räumlichkeiten für die Übernachtungsgäste hergerichtet werden.

Allerdings liegt Christians Geburtstag wirklich günstig, da man an diesem Tag ja noch relativ leicht Urlaub machen kann. Susi und Familie sind dabei und das ist für meinen Sohn allein schon Grund für eine Feier. Hinzu kommen große und kleine Nachbarn und Freunde in lockerer Folge. Die Bude ist voll und Christian schwimmt auf einer Welle der Aufmerksamkeit: Glückwunsche, Geschenke, Kuchen, spielen und allerdings auch das für Kinder langweilige Gequatsche von Erwachsenen.

Und dann noch die Kinderparty. Mein Mann hatte eine tolle Idee: ich könnte doch die Party am ersten Samstag im Januar feiern, weil er an diesem Tag sowieso nicht da sei, sondern auf der neunten und damit mittlerweile traditionellen Stammtischwanderung! Ich weiß nicht, ob er meint, dass er bei der Party stört oder ob ihn die Party stört. Ich grübele noch, welche von beiden Varianten ich bedenkenswerter finde.

Trotz oder wegen der Abwesenheit meines Gatten ist die Party geglückt. Zwar hatte ich einige Mühe, einen der kleinen Racker davon zu überzeugen, dass es sich nicht gehört, an fremder Leute Kühlschränke zu gehen, und eine Revolte, die bei einer Order zum Händewaschen angezettelt wurde, konnte ich gerade noch verbal niederschlagen. Aber sonst waren die sechs Kinder gut drauf. Gabys 14-jährige Tochter Henrike kam noch auf ein Stündchen vorbei und hielt die Horde in Schach, während ich das meiner Meinung nach völlig überflüssige, in diesem Dorf aber sogar bei einer Kinderfeier unabdingbare üppige Abendbrot zubereitete. Nachdem wir die Gäste der elterlichen Sorge wieder überantwortet hatten, Christian bei den Aufräumungsarbeiten geholfen hatte, wobei er sich schwer über den Vandalismus der anderen echauffierte, und mein Mann des nachts den Weg nach Hause gefunden hatte, war alles wieder, wie es sich gehört.

Was ich positiv vermerken muss, ist, dass Hans-Joachim niemals am „Tag danach" Schwäche zeigt. Kein Kater, kein Schlaf bis zum Mittag, kein müdes Durchhängen. Der erste Samstag im Jahr sieht ungefähr so für ihn aus: Morgens um zehn Uhr treffen sich 15 bis 20 Männer aus dem Dorf, glühen am Treffpunkt mit alkoholischen Getränken leicht vor und wandern dann, egal ob Eis, Schnee, Regen oder Sturm 26 Kilometer durch Wald und Flur, um gegen Abend in einem Landgasthof mit Grünkohlgerichten und selbstverständlich Bier und Schnaps zu neuen Kräften zu kommen. Die brauchen sie auch, denn der Rest des Abends wird dem gemeinsamen Gesang gewidmet bis der Hals weh tut. Wahrenholz ist ein sehr musikalisches Dorf, und die Hälfte der Wandergesellen singt oder spielt in einem der Chöre mit, der Chorleiter des Männergesangsverein und einer Splittergruppe ist auch dabei, also wird geträllert. Die erste Samstagnacht im Jahr summt mein Mann tatsächlich im Schlaf weiter.

Der erste Sonntag des neuen Jahres dient bei uns der Regeneration. Und an diesem Tag kamst Du zu Besuch. Verzeih, falls wir ein wenig unternehmungsunlustig waren. Am Montag begann der Alltag – Gott sei Dank!

Wie zu erwarten hatte ich es während der Festwochen nicht geschafft, meinen Beitrag für den Gemeindebrief zu schreiben, dieses Versäumnis musste nun nachgeholt werden. Dann war da noch die Generalversammlung der Landfrauen, für die ich als Schriftführerin einige Vorkehrungen zu treffen hatte. Zuerst musste ich das Protokoll vom letzten Jahr (!) endlich fertig stellen, den Tätigkeitsbericht vom vergangenen Jahr verfassen, Tages-

Südheide ruft Australien

ordnung und Aushänge verteilen und die Presse benachrichtigen. Eine Vorstandssitzung vom Roten Kreuz, für das ich ebenfalls den Schriftführer gebe, stand auch auf dem Kalender.

Zum Glück nehmen wir nicht an den traditionellen Januar-Großkampfnächten teil wie dem Feuerwehrball und dem so genannten „Bullenball" des Besamungsvereins (!), bei dem man bei der Tombola tatsächlich ein lebendiges Kalb gewinnen kann. Bälle sind nicht gerade das, was meinen Mann auf die Beine bringt, dann schon eher Marschieren unter Männern (siehe Grünkohlwanderung).

Gut gerüstet ging es zur Generalversammlung der Landfrauen – dachte ich. Nach dem protokollarischen Teil war ein Vortrag über Demenz vorgesehen. Und was passierte mir? Ich vergaß den Tätigkeitsbericht, den ich zum Besten zu geben hatte und den ich wohl vorbereitet hatte, zu Hause! Die Ladies waren schwer amüsiert, dass ich zum Thema so viel beizutragen hatte. Schnell nach Hause, wieder hin, mit leicht gerötetem Haupt und tapfer lächelnd durch die Stuhlreihen geschlichen und mit leicht zittriger Stimme den Bericht zum Vortrag gebracht.

Dann kam der 27. Januar, an dem mein Vertrauen in den deutschen Humor tief erschüttert wurde. Es begab sich auf der Mitarbeiterfeier, zu der alle ehrenamtlichen Helfer der Kirchengemeinde jedes Jahr im Januar eingeladen werden. Über hundert Wahrenholzer stiften ihre Zeit, um auf Seniorennachmittagen Brötchen zu schmieren, Konfirmanden abzufragen, bei kleineren Bauvorhaben wie Zäunestreichen zu helfen, Kranke und Jubilare zu besuchen, den Gemeindebrief auszutragen oder Gesprächskreise zu organisieren. Zunächst ließ sich die Feier ganz nett an mit Gottesdienst, Essen, kleinen Reden und angeregter Unterhaltung. Dabei kam das Gespräch auf den Gemeindebrief, und da hatten mir einige Leute Verschiedenes zu sagen. Aber urteile zunächst selbst: Thema der

Ausgabe war „Heimat", und da ich es leid war, Besinnungsaufsätze zu schreiben, habe ich einen „Heimattest" (die Idee stammt übrigens vom Pastor) erarbeitet. Zur Erläuterung: Schönewörde ist das Nachbardorf und Schönecke ist die Gastwirtschaft mit dem größten Saal in Wahrenholz.

**Der große Test:
Wie erdverwachsen sind Sie eigentlich?**

Beantworten Sie spontan die folgenden Fragen, addieren Sie die Punkte Ihrer Antworten und lesen die für Ihre Punktzahl angegebene Auswertung.

1. **Wie fühlen Sie sich, wenn Sie den Wahrenholzer Kirchturm nicht mehr sehen können?**

A: Das kommt nicht vor — 0 Punkte

B: Ich habe Schweißausbrüche und Herzrasen — 1 Punkt

C. Ich kann den Wahrenholzer nicht von anderen Kirchtürmen unterscheiden — 2 Punkte

2. **Was tun Sie in dieser Situation?**

A: Ich schlaf weiter und vergesse den bösen Traum — 0 Punkte

B: Ich bewahre Ruhe und rufe die Feuerwehr, entweder per Handy oder ich lege ein Notfeuer — 1 Punkt

C: Ich kauf mir eine neue Zahnbürste und frage den nächsten Bauern, ob er mich für einen Viehtrieb brauchen kann — 2 Punkte

3. **Wie sind Ihre Einkaufsgewohnheiten?**

A: Ich gehe morgens ins Dorf und komme oft erst nach dem Mittag wieder nach Hause, da ich immer so viel mit den Leuten zu erzählen habe — 0 Punkte

Südheide ruft Australien

B: Ich fahre oft in die umliegenden Städte zum
   Einkaufen, um nach exotischen Zutaten zu suchen   1 Punkt

C: Ich kaufe nur im Internet und zahle mehr für
   Porto als für die Ware   2 Punkte

4. Sie planen eine kleine Familienfeier. Welchen Rahmen wählen Sie?

A: Schöneckes Saal, 200 Gäste, Buffet, Live Band   0 Punkte

B: Wir kochen zu Hause italienisch und fahren dann
   alle zusammen ins Sea Life nach Hannover   1 Punkt

C: Wir unternehmen ein gemeinsames Überlebens-
   training, rösten Regenwürmer am Lagerfeuer und
   übernachten im selbstgezimmerten Baumhaus   2 Punkte

5. In welche Kategorie fällt Ihre Leibspeise?

A: Schnitzel mit Spargel, Rinderroulade,
   Gänsebraten   0 Punkte

B: Döner, Hamburger, Pizza   1 Punkt

C: Hummer, Sushi, Katze   2 Punkte

6. Wie sieht Ihr Traumurlaub aus?

A: Eine Radtour zum Lönsstein mit Kaffeetrinken
   im Hofcafé   0 Punkte

B: Zwei Wochen Dom. Rep. All-in, aber mit
   Satelliten-Fernsehen   1 Punkt

C: Ein Besuch in der internationalen Raumstation
   im All   2 Punkte

7. Was wäre oder ist für Sie die größte sportliche Herausforderung?

A: Das Wahrenholzer Schützenfest 0 Punkte
B: Der Ironman-Wettkampf auf Hawaii 1 Punkt
C: Unterwasserrugby im St. Andreas-Graben 2 Punkte

8. Bei welchem sportlichen Ereignis hatten Sie Tränen in den Augen?

A: Nach dem Aufstieg des VfL Wahrenholz im Entscheidungsspiel gegen Schönewörde in Knesebeck 0 Punkte
B: Beim Spiel um den dritten Platz bei der Fußball-WM 2006 1 Punkt
C: Beim olympischen Eid in Sydney 2000 2 Punkte

9. Was wäre für Sie ein großes Abenteuer?

A: Nachts allein durch Schönewörde laufen 0 Punkte
B: Tauchen in Korallenriffen 1 Punkt
C: per Anhalter durch die Galaxis 2 Punkte

10. Angenommen, Sie würden auf eine einsame Insel verschleppt. Sie dürften drei Bücher mitnehmen. Welche Kategorie würden Sie wählen?

A: Dorfchronik Wahrenholz, Hermann Löns, Wahrenholzer Liederbuch 0 Punkte
B: eine Anleitung zum Bootsbau, Robinson Crusoe, ein Überlebenshandbuch 1 Punkt
C: ein Rezeptbuch für tropische Kost, eine Anleitung zum Müßiggang, ein Entdeckerhandbuch 2 Punkte

Südheide ruft Australien

Auswertung

0 – 7 Punkte:
Herzlichen Glückwunsch! Sie sind an Heimatverbundenheit nicht zu überbieten. Sie widerstehen den Versuchungen der Globalisierung und bleiben fest verwurzelt. Es sind Menschen wie Sie, die garantieren, dass Wahrenholz auch noch eine 2000-Jahr-Feier ausrichten wird. Sie können sich getrost die Kosten für einen Reisepass sparen. Vielleicht sollten Sie das Geld in eine schicke Satellitenschüssel investieren. So können Sie sich einen Hauch der weiten Welt ins eigene Wohnzimmer holen.

8 - 14 Punkte:
Wie wahrscheinlich in jedem anderen Test, den Sie bisher gemacht haben, sind Sie der Durchschnitts-Typ: immer unauffällig. Sie sind angemessen heimatverbunden, haben aber gleichzeitig ein Gespür dafür, was anderswo vielleicht ein klein bisschen reizvoller ist, zum Beispiel auf Mallorca am Strand liegen statt am Badesee, Achterbahn im Heidepark zu fahren statt auf der Rutsche an der Schule zu rutschen oder die Modelleisenbahnanlage in Hamburg zu besichtigen anstatt die Duplo-Eisenbahn von Nachbars Bubi.

15 - 20 Punkte:
Wir hoffen, Sie hatten noch die Geduld, diese Auswertung zu lesen, denn für gewöhnlich sind Sie ja immer auf dem Sprung. Stets unterwegs zum nächsten Abenteuer, Sie sind der geborene Globetrotter. Für Sie sind Grenzen nur dazu da, überschritten zu werden. Schade, dass Sie nicht ein paar Generationen früher geboren sind, denn damals wäre noch viel mehr Neues zu entdecken gewesen. Aber das Universum hat hoffentlich auch für Sie noch einiges zu bieten. Ein Bausparvertrag macht für Sie keinen Sinn, vielleicht sollten Sie jedoch über den Abschluss einer Lebensversicherung nachdenken. Denken Sie an die, die hier bleiben!

Mal ehrlich, hältst Du es für möglich, dass ein normal bemittelter Mensch diesen Test ernst nimmt? Mein Pastor fand ihn witzig, ein paar andere auch, aber VIELE NICHT! Die Kommentare reichten von „Frechheit" über „Schwachsinn" bis zu „ich hab den Test gemacht, aber irgendwie traf nichts richtig auf mich zu"! Ich war zutiefst schockiert und fürchte immer noch Vergeltungsschläge. Angeblich wollen sich einige Leute beim Pastor beschweren! Mal sehen, wie die Reaktionen ausfallen, wenn er ihnen beichtet, dass die Grundidee von ihm stammte. Ich werde sehr genau prüfen, ob ich wirklich beim Kirchenkabarett, das anlässlich der 750-Jahr-Feier der Kirche Wahrenholz aufgeführt werden soll, mitmache. Ich möchte nicht vom wütenden Mob aus dem Dorf getrieben werden.

Gestern ist Dein Brief angekommen. Ich war etwas irritiert und beinahe besorgt, als Du von Symptomen der Reisemüdigkeit berichtetest. Aber dann kam NEUSEELAND – mein Traum! Genieße bitte für mich mit. Falls Du dort aus Versehen sesshaft werden solltest, besuche ich Dich oder beantrage Asyl, falls die Sache mit dem Heimattest aus dem Ruder läuft.

Alles Liebe und 1000 Küsse

Marion

Australien ruft Südheide

NEUSEELAND

5. Februar – 2. Mai 2008

Freitag, 8. Februar 2008

Liebe Lieblingsschnecke,

neben dem Bett hängt eine Wärmflasche an einem Haken an der Wand, ein Schild informiert mich ausführlich darüber, wie ich selbige zu meinem Wohlbefinden zu benutzen hätte, draußen humpelt jemand die Treppe herunter, ganz langsam, Stufe für Stufe. Nein, ich bin nicht im Altersheim, sondern in einem Backpackers, Version Neuseeland. Und die sieht ganz anders aus als in Australien! Meist kleine, putzige, bunt angemalte, ehemalig private Holzhäuser, leicht umgebaut und mit zusätzlichen Toiletten und Duschen versehen, umgeben von blühenden Gärten, in denen Katzen und anders Getier herumtollen - und damit meine ich nicht die in Australien zu erwartenden giftigen Spinnen und Schlangen! Das war überhaupt einer der ersten verwundert registrierten Unterschiede: blühende Blumen! In Australien herrscht je nach Landesteil seit sechs bis zehn Jahren Dürre, bunte Gärten und Parks gibt es außer im tropischen Norden schon lange nicht mehr, inzwischen verdorren sogar große, starke, etablierte Bäume. Pflanzencenter und Samenhandlungen mit zum Beispiel den *sweet peas*, den Wicken, die ich dir geschickt habe, konnte ich bislang nur in Tassie finden, wo es zwar auch weniger regnet, aber immer noch genug.

Tja, nun bin ich also endlich in Neuseeland, genauer gesagt auf der Südinsel in einem schnuckeligen kleinen Ort etwa neunzig Kilometer von Christchurch entfernt, von dem ich auf den ersten

Blick dachte, dass er an einem See und nicht etwa am Meer liegt, denn das Wasser ist von einem strahlenden Blaugrün und dabei so milchig wie sonst nur sehr mineralhaltige Bergbäche oder -seen. Akaroa liegt auf einer Halbinsel und ist nur über zwei Straßen zu erreichen: eine bergige oder eine sehr bergige. Ich nahm natürlich letztere, zum einen wegen des großartigen Blickes vom Grat auf azurblauen Pazifik zu beiden Seiten, zum anderem, um mein Auto zu testen. Und ich bin begeistert! Fritz schnurrt mich auch auf steilsten Hängen nur sanft an, bremst am anderen Ende zuverlässig, reagiert wendig und geschmeidig in Kurven, überhitzt, qualmt, klötert, klappert und rappelt nicht und hat innerhalb kürzester Zeit meine tiefe Zuneigung gewonnen! Nicht gerade Liebe auf den ersten Blick, aber eine hoffentlich glückliche, stabile Langzeitbeziehung. Naja, zumindest für drei Monate.

Freitag, 22. Februar 2008

Stille.

Das haben sie gemein, Australien und Neuseeland. Es ist so unvorstellbar still hier.

Diese tiefe Stille in Neuseeland finde ich in Deutschland nicht, selbst bei Freunden auf der Alm hört man Flugzeuge fliegen und Autos fahren.

Hier nichts.

Stille.

Ich sitze auf der Terrasse der *Kinloch Lodge* am alleräußersten Ende des Wakatipu Sees im tiefen Süden. Viel weiter geht es nicht, hier ist das Ende der Welt, Sackgasse. Ein Ort namens

Australien ruft Südheide

Paradise und ein paar mehrtägige Wanderwege, das war's. Vor mir Abendstimmung auf dem See, um mich herum eine der höchsten Bergregionen Neuseelands mit Höhen von über 3000 Metern. Auch jetzt im Spätsommer noch ein paar schneebedeckte Gipfel, Gletscher. Absolute Windstille, die Welt eine Mischung aus unterschiedlichen Blau- und Grautönen. Ein paar Amseln schimpfen auf der Wiese am See, sonst nichts. Die Bäume im Wald hinterm Haus rauschen nicht mehr, die Ruhe vor dem Sturm. Morgen soll es den ganzen Tag regnen.

Die Lethargie in mir will ihre Ruhe, will abschalten, aber mein Kopf ist voller Gedanken. Nachts schlafe ich schlecht, träume wirres Zeug. Freunde lesen meine Reiseberichte und scheinen mich zu beneiden, schreiben, dass sich ihr Leben in wenigen Zeilen zusammenfassen ließe, während ich so viel erlebe, es mir so gut geht. Ja? Geht es mir wirklich so gut? Alles plätschert so vor sich hin, die Unzufriedenheit ist wieder da. Oder war sie nie wirklich weg? Auch Reisen kann zur Routine verkommen. Jeden Tag die gleichen Entscheidungen: Fahre ich heute schon oder erst morgen? Mache ich einen Abstecher nach xy oder lasse ich das Städtchen aus? Nehme ich die linke, etwas längere Straße oder die rechte über den Berg? Welches Hostel oder welchen Campingplatz laufe ich als nächstes an? Mach ich mir jetzt einen Salat oder ein paar Nudeln? Gut, dazwischen sehe ich, wenn ich Glück habe und das Wetter mir keinen Strich durch die Rechnung macht, Berge, Seen, Orte und smalltalke bei Kaffee oder Bier. Aber mir fehlt eine Aufgabe. Kann Reisen an sich schon meine Aufgabe, mein Lebensinhalt, sein? Jammern auf höchstem Niveau. Der Kopf wird nicht gefordert, der Körper auch nicht, ich habe noch keine anstrengenden, den Körper wohltuend erschöpfenden Wanderungen gemacht. Es regnet ja meist. Wenn man einen Gedanken denkt, ist das häufig schon der erste Schritt zu seiner Verwirklichung. Was, wenn ich

Australien ruft Südheide

im Frühjahr zu einem Bewerbungsgespräch nach Deutschland fliegen muss? Ich könnte da bleiben und nicht nach Australien zurückkehren. Ich könnte meiner Mutter zur Hand gehen. Könnte außerhalb der Feriensaison in Europa reisen. Könnte in Andalusien einen Spanischkurs belegen. Könnte könnte könnte

Und könnte Gespräche, soziale Kontakte jenseits der Reiseoberflächlichkeiten führen. Bei Roswitha und Phil konnte ich mich endlich wieder mit Menschen, die ich lange kenne, unterhalten. Schön war das. Vielleicht hilft es auch schon, endlich wieder zu arbeiten, irgendwo für mehr als zwei Tage ‚sesshaft' zu werden, aber bis dahin vergehen noch mindestens zwei Wochen. Noch besser wäre, einen Begleiter zu finden. Zum ersten Mal seit langer Zeit schleicht sich so etwas wie Neid ein, wenn ich Leute gemeinsam reisen sehe. Nicht unbedingt Pärchen, sondern Freunde, wie die drei, die mit mir in der Küche sitzen, vertraut, harmonisch.

Ich sollte anfangen, von meinen Erlebnissen zu berichten, vielleicht fällt mir dann auf, wie wenig Grund ich für Trübsal habe!

Eigentlich wollte ich von Christchurch erzählen, aber außer dem bunten *Art Centre* – einem Sammelsurium von mindestens 25 verschiedenen Kunsthandwerkerläden – und der erfrischend unkonventionellen *Art Gallery* habe ich nicht viel gesehen, weil Autokauf und -anmeldung einige Zeit kosteten. Also direkt weiter zu Roswitha und Philip nach Westport. Leider fand die Fahrt weitgehend im Nebel statt, die Landschaften waren aber mit fantasievollem Ergänzen besonders der wolkenverhangenen Berggipfel immer noch recht vielfältig: trockenes Weideland im Osten, in diesem Jahr viel zu trocken, so dass verzweifelte Schaffarmer ihre hungernden Tiere erschießen oder verschenken. Dann ein zügiger Aufstieg in kahle schottisch anmutende Höhen von über 2200 Metern, der Arthur's Pass ist der höchste Neusee-

Australien ruft Südheide

lands mit 924 Metern. Die Straße ist feucht vom Schweiß der Radler, von denen es hier selbst im Vergleich zum radverrückten Deutschland Unmengen gibt. Die meisten Radfahrer scheinen übrigens tatsächlich Deutsche zu sein, aber ich persönlich habe glücklicherweise früh meinen ursprünglichen Plan, Neuseeland mit dem Rad zu bereisen, zugunsten motorisierter Fortbewegung aufgegeben und tätschle Fritz die matte Motorhaube angesichts des Regens täglich mehrfach!

Wie leer Neuseeland ist! Die immerhin 650 Kilometer lange, zentrale Bergkette der Südinsel wird von ganzen drei Straßen gequert! Mehr brauchen die gut vier Millionen Einwohner und die jährlich zweieinhalb Millionen Touristen offenbar nicht, die vierzig Millionen Schafe sowieso nicht. Die Schafe werden übrigens derzeit gerade geschoren, oder sollte ich lieber sagen gerupft? Einige der Scherer haben offenbar ihre kreative Ader entdeckt: Die Muster, mit denen die armen Viecher sich nun für Monate durch Berg und Tal quälen dürfen, reichen von Zebrastreifen über Kreation ‚Raue See' und abgewandelte Nürburgringe bis zu psychedelischen Verirrungen im Dickicht der Wolle. Einzig Schachspieler scheint es unter den Scherern nicht zu geben!

Sobald ich den Pass hinter mir hatte, verstand ich, dass die Westküste Neuseelands und die Ostküste Südamerikas nur ein Zipfelchen Tasmaniens und tausende von Kilometern Ozean trennen, über dem sich die Wolken gnadenlos mit Wasser vollsaugen, um es westlich der Bergkämme, die ich gerade überquert hatte, fallen zu lassen. Fazit: Die Westküste ist bedeckt von einem üppigen Regenwald, der besonders wegen der satt-hellgrünen, bis zu zwanzig Meter hohen Baumfarne und den über achtzig verschiedenen Moosen fast tropisch wirkt. Angeblich verlaufen sich immer wieder Leute in diesem nahezu undurchdringlichen Dickicht, weil sie sich beim Wandern nur fünf Meter vom Pfad entfernen, um eine moosig-kitzlige Pinkelpause einzulegen, und dann nicht mehr auf den Weg zurückfinden, in dem grünen Geflecht die Orientierung verlieren.

Felsen und morsche, umgestürzte Baumriesen sind dicht von flauschig-pelzigem Moos und Flechten überwuchert und ich vermute hinter jeder Biegung eines von Tolkiens Fabelwesen, Gandalf im Rauschebart höchstpersönlich. Kein Wunder, dass die Trilogie hier in Neuseeland verfilmt wurde, die Landschaften sind wirklich überwältigend!

Bei Roswitha und Phil und ihren vier bis sechs Katzen wollte ich eigentlich nur zwei Tage bleiben, aber gemeinsames Kochen und Essen, schnurrende Schmeichler und viel Zeit zum Reden, Schreiben und sich Wohlfühlen hielten mich fast eine Woche lang fest. An zwei Tagen wurde die Sonne nicht von Dauerregen weggespült, also schnell raus! Nördlich von Westport endet eine rekordverdächtige 100 Kilometer lange Sackgasse in Karamea. Von dort ging es durch triefend nassen Regenwald zum Oparara Arch, einer halboffenen Höhle von bis zu 37 Metern Bogenhöhe, und weiter ein paar Kilometer entlang des Heaphy-Tracks, eines der berühmten und sehr touristischen neun Great Walks, die weitgehend auf der Südinsel Neuseelands verstreut sind. Erstaunlich an diesen Walks ist für mich, dass die meisten wandertechnisch wesentlich weniger anspruchsvoll sind als viele andere der unzähligen, gut markierten Wanderwege Neuseelands, für die man zwischen zwanzig Minuten und mehreren Tagen benötigt. Hier heißt alles Track und hat einen klangvollen Namen, selbst wenn es sich nur um einen kurzen Schlenker vom Parkplatz aus handelt. Wäre das nicht eine lohnende Aufgabe für dich? Reg' doch bitte in Wahrenholz die eingeborenen Hobbywanderer an, in ihrer schönen Gemeinde mit gutem Beispiel voran zu gehen und – sagen wir – zehn neue Wanderwege zu markieren! Sie könnten die dann klangvoll ‚Otto-Sssteenbock-Track, eine

Australien ruft Südheide

reizvolle Wanderung für Angefangene und Fortgeschrittene' oder ‚Hein-Lütje-Walk, mückenarm und aussichtsreich' nennen!

Einige der Great Walks sind relativ stark frequentierte Strecken, ‚Wanderbahnen', wie Simon den etappenweise überlaufenen Rotwein-Wanderweg an der Ahr nannte. Wer wie ich etwas mehr Wildnis und weniger pensionierte Japaner, zum Teil mit aufgespanntem Regenschirm bewehrt, mag, der wird auf diesen Great Walks enttäuscht. Der berühmteste Track, der gut 53 Kilometer lange, *sandfly*-verseuchte Milford Track, soll zu den schönsten Wanderwegen der Welt zählen. Der verwöhnte Wanderer kann ihn sogar als geführte 5-tägige Wanderung für stolze 850 Euro machen – selbstorganisiert 60 Euro für die üblichen drei Hüttenübernachtungen! –, aber dafür muss er sein eigenes Gepäck nicht tragen und das Essen wird auf der Hütte serviert, sobald man geruht anzukommen. Welche Aufgabe der Guide dabei hat, ist mir allerdings schleierhaft. Sicher wird er etwas zu Flora und Fauna sagen, aber der Pfad selbst ist weiß Gott breit genug und auch ohne Guide nicht zu verfehlen! Überlaufen ist er allerdings nicht, denn pro Tag wird nur vierzig Wanderern Eintritt gewährt, um die Natur nicht zu sehr zu strapazieren.

Als ich mich endlich von meinen Freunden losgerissen hatte, ging es stur gen Süden. Bedenke bitte immer: Süden heißt hier kälter, grobe Richtung Südpol! Vorbei an *Jack's Gasthaus* (heißt genau so und gehört Jack, Berliner, seit etwa 25 Jahren mit immer neuen Ehefrauen hier ansässig), wo man dunkles, selbstgebackenes Schwarzbrot bekommt; den Pancake Rocks, wie Pfannkuchen aufgeschichtete Meeresklippen in Punakaiki; dem Greenstone (Jade) Ort Hokitika, wo alte, schön geformte Maori Symbole in Schmuckstücken Verwendung finden; und nicht zuletzt dem witzigen Pub *Bushman's Center*. Dort spezialisiert sich die Köchin auf *roadkill*, sprich plattgefahrenes Viehzeug, Motto *"You kill it, we grill it!"*. Man genießt dort Gerichte mit so launigen

Namen wie *Bambi Burger, Possum Pie, Shovel Flipped Roadside Pizza* oder *Sandfly Steak*.

Apropos *sandfly*! Da dachte ich fast vier Monate lang, die pro Kubikmeter gefühlt millionenfach auftretende gemeine australische Buschfliege (*Schmeißfliegibus nervigus Australiensis*) treibe mich in den Wahnsinn und es könne nichts Schlimmeres geben als diese Bestie. Ich war froh, dem Brummer endlich in Richtung Neuseeland zu entkommen. Pustekuchen! Fliegen krabbeln zwar zu Tausenden auf einem herum und finden surrend ihren Weg in jede Körperöffnung, aber immerhin beißen sie nicht! Anders *sandflies*, Sandfliegen! Ich hatte mit dieser Horrorspezies bereits in Südchina Bekanntschaft gemacht, wo ich einen sehr schönen Strand überraschenderweise für mich allein hatte. Die kleinen, schwarzen Fliegen beachtete ich nicht weiter. Dann kam der Abend und mit ihm der Beginn einer nicht enden wollenden, wochenlangen Juck-und-Kratz-Tortur. Damals meinte eine Freundin, dass die Bisse von *sandflies* stammen könnten, von denen sie in Neuseeland (!!) übelst zugerichtet worden sei. Neuseelandkundige versicherten mir, dass man einfach einen Bogen um gewisse allseits bekannte Strände machen müsse. FALSCH! Auf der Nordinsel mag das zutreffen, dort gibt es angeblich weniger fliegende Ungeheuer, hier auf der Südinsel findet man sie beinahe überall, zum Teil in rauen Mengen, und alle wollen mein kostbares Blut! Auch der Name *sandfly*, der diesen Killerbestien bereits vor rund 230 Jahren von Captain Cook, dem Entdecker Australiens und Neuseelands, gegeben wurde, ist irreführend. Sie sind nämlich erstens überall, im Wald, in Städten, auf Hochgebirgswiesen und eben nicht nur im Sand, also an Stränden! Und zweitens sind sie keine banalen Fliegen, dann würden sie nämlich wie ihre friedvollen australischen Brüder nicht beißen. Stattdessen schlabbern sie mich mit ihrem widerlichen Speichel voll, der die Bisse zum Teil mordsmäßig anschwellen lässt und einen Juckreiz bewirkt, der den Ungeschützten in den Wahnsinn treiben kann. Ich habe

Australien ruft Südheide

Beine mit offenen Fleischwunden gesehen, weil die aufgekratzten Stellen sich auch noch entzündet hatten. Einige Mitleidende berichten von mehreren hundert Bissen an den Beinen! Ich torkle morgens noch schlaftrunken und nichts ahnend ins Bad und bevor noch der erste Tropfen Wasser mein Gesicht netzt, hängen mir schon drei von den Biestern an der Wade! Meist scheinen sie Beine zu bevorzugen, dünnhäutige Knöchel, aber auch Arme, Gesichter und jede andere offen zutage getragene Haut wird gern genommen. Ich kann sie förmlich hören: „Da ist sie! Kommt Mädels, Restaurant *Chez Sigi* ist geöffnet!"

Wie bei Mücken brauchen auch hier die Weibchen Blut zur Aufzucht von NOCH mehr Ungeziefer! Eigentlich bin ich ja ein friedfertiger Mensch und lasse Tierchen Tierchen sein, habe mich in Australien mit Spinnen und Schlangen prima arrangiert und zermatsche auch sonst Mücken und andere Quälgeister nur in Notwehr. Aber *sandflies*? Nur eine tote Sandfliege ist eine gute Sandfliege! Und es kann nur einen geben, nämlich mich. Also bin ich dazu übergegangen, mich in jeder wachen Minute großflächig zu vergiften: Bin stolze Besitzerin von vier verschiedenen anti-*sandfly* Sprays, Lotionen und Wässerchen! *Nobite* aus Deutschland wirkt hervorragend und zwar stundenlang, auch das neuseeländische *Goodbye sandfly* funktioniert prima, muss aber stündlich neu appliziert werden. Und wenn's einen dann doch mal erwischt, ich pflege zurzeit etwa dreißig Bisse, dann habe ich ein Cremchen für danach: *pot of gold*, angeblich mit geriebenem Bernstein. Da kann drin sein, was will, Hauptsache es hilft! Na gut, Grenzen gibt es schon. Gestern erzählte jemand, dass es hier Hammerpräparate mit Wirkstoffen gäbe, die bei uns als Nervengift verboten seien. Du kennst mich und weißt, was geschehen muss, damit ich überhaupt irgendwelche fiesen Chemikalien an meine Haut lasse, aber *sandflies* lassen einen wirklich zu extremen Maßnahmen greifen. Wenn man wie ich neulich gerade

Fotos macht an einem Aussichtspunkt, von dem natürlich jede nicht ganz blöde Sandfliege weiß, dass es dort reichlich lecker Touristenblut gibt und sich gütlich hält, das arme Opfer aber erst nach einigen Minuten zurück im Auto zum rettenden goldenen Pöttchen greifen kann, dann leidet die Gebissene wochenlang. Von diesen fiesen Hyper-Bissen habe ich Gott sei Dank nur vier, aber das reicht, wenn sie grad mal wieder beschlossen haben zu jucken! Na, willst du immer noch dein *sandfly*-freies, sicheres Dorf in Richtung Neuseeland verlassen? Wissen die Menschen in Deutschland eigentlich, wie verdammt gut sie es haben? Bei uns gibt es nichts wirklich Gemeines, Giftiges, Bissiges oder Saugendes. Man muss sich nicht mit Grizzlies oder anderen großmäuligen Raubtieren herumschlagen, nicht mit den Wölfen heulen, kann ungestört schwimmen gehen, ohne zerfleddert zu werden und selbst widriges Kleingetier gibt es nicht. Wenn das kein Grund ist, endlich mit dem Jammern aufzuhören!

Aber zurück zu den schöneren, weniger schmerzhaften Seiten Neuseelands, die mir sicher länger in Erinnerung bleiben werden als diese Landplage. An Tag drei nach Roswitha kam ich an meinem nächsten Ziel an, dem *Franz-Josef-Gletscher*, wo ich ein echtes Novum erleben wollte: meinen ersten Flug in einem Helikopter! Ein Heli-Hike! Einfach nur Helikopterfliegen ist natürlich langweilig, da musste schon eine Wanderung auf dem Gletscher dazukommen, ganz weit oben, wo man zu Fuß als Tourist auch bei den obligatorisch geführten Tageswanderungen nicht mehr hinkommt! Nachdem man uns mit den nötigen Jacken und Stiefeln versorgt und in so eingepacktem Zustand gewogen hatte (oh je!), um uns nach Gewicht und Größe in Gruppen auf die Helikopter zu verteilen, hoben wir endlich ab. Als Kleine ganz vorne sitzend hatte ich einen unglaublichen Blick! Und ausgerechnet ich, die sonst eine gesunde Grundabneigung gegen alles hat, was mit Motorkraft fliegt, hätte jauchzen können vor

Australien ruft Südheide

Vergnügen! War das toll!!! Besonders wenn wir uns so richtig schön in die Kurve legten oder – noch viel nervenkitzeliger – ganz niedrig über einen der ins Gletschertal hineinragenden Felsgrate flogen und dann von einer Sekunde zur nächsten der Boden unter uns verschwand, mit ihm auch immer mein Magen ein paar Zentimeter tiefer sackte, sich aber ganz schnell wieder hochrappeln musste, denn da kam schon der nächste Bergschrund! Oder wenn der Hubschrauber so nah an der Wand des Tals entlangflog, dass ich mich unwillkürlich zur Seite wendete, um nicht mit der Schulter anzustoßen, erstaunlicherweise aber nicht mal die Rotorblätter an Bäumen oder Felsen entlangschrabten! Oder die Runden über dem Gletscher selbst! Wie klein, wie winzig und völlig unbedeutend ich mir in unserem klitzekleinen Hubschrauberchen vorkam angesichts dieser riesigen, wild zerklüfteten, weiß-blau-grauen Eismasse unter uns! Es war gigantisch!

Ich hätte noch stundenlang weiterfliegen können, aber schon nach zwanzig Minuten landeten wir auf dem Gletscher, wo zwei Guides auf uns warteten, die uns mit Spikes unter den Stiefeln versahen und los ging eine fast dreistündige Wanderung auf dem Eis. Ob die Jungs für ihre kurzen Höschen Frostbeulen-Zulage bekommen? Sah schon sportlich aus, aber frieren taten sie sicherlich, denn die Sonne, die oben nahe der Kuppe zunächst noch geschienen hatte, verließ uns, wodurch es nicht nur ziemlich kühl wurde, sondern auch das Eis weniger blau leuchtete. Ich war immer davon ausgegangen, dass große Teile eines Gletschers glatt und irgendwie schneebedeckt seien. Falsch! Franz-Josef gab sich zerklüftet, rissig und vor allem sehr nass, weil er ein sogenannter warmer Gletscher ist. Überall plätscherte und gurgelte es, Bächlein traten an die Oberfläche und verschwanden wieder, bizarre Formen im Eis zurücklassend. Auf unserer Wanderung fanden wir ein Loch, durch das wir nacheinander unterm Eis verschwanden, uns etwa dreißig Meter weit durch einen engen und sehr nassen Tunnel hangelten und aus dem leuchtend blauen Inneren des Gletschers am anderen Ende wieder zutage kletterten. Toll! Und weil es im Eis hell ist, trotz der Enge überhaupt nicht klaustrophobisch. Am Ende der Wanderung, kurz bevor wir eine Viertelstunde lang schlotternd auf den Helikopter warten mussten, wurden wir in einer Eisrutsche noch mal richtig nass, aber das scheint in Neuseeland ohnehin langsam zum Dauerzustand zu werden.

Als ich nach dem viel zu kurzen Rückflug wieder festen Boden unter den Beinen hatte, führte der Weg dann weiter in Richtung Süden Richtung Southern Lakes. Lag es wieder nur am Wetter, das aufklarte und mich mit blauem Himmel und Schäfchenwolken verwöhnte, dass mir diese Strecke so bezaubernd erschien? Am Spätnachmittag hielt ich zum x-ten Mal, um die Landschaft zu bestaunen, diesmal am Lake Wanaka – und beschloss spontan, zum ersten Mal mein Zelt aufzuschlagen, das ich zum Auto als Zugabe bekommen hatte. Es entpuppte sich als prähistorisch einhäutig mit wackeligen Alu-Stangen und einem eklatanten Mangel an Heringen. Egal, bei vollkommener Windstille saß ich bald vor meinem Wigwam und genoss die Abendsonne – bis die Dunkelheit hereinbrach und mit ihr – dem Wellengang nach zu urteilen – Windstärke sechs! Ich musste nachts mehrmals raus, um losgerissene Heringe wieder in den glücklicherweise weichen Boden zu rammen, aber irgendwann gab ich auf. Morgens fand ich mich als Häufchen Elend unter einem kollabierten Zeltberg wieder, inzwischen wieder bei Windstille. Merke: Mit Oropax lässt sich das ohrenbetäubende Knallen eines schlecht gespannten Zeltes sekundenschnell akustisch von Windstärke sechs auf Stärke drei reduzieren, faktisch bricht aber immer noch das Zelt über dir zusammen! Trotzdem bewog mich die Nacht am Busen der Natur – Seen, Berge, *sandflies* – dazu, mir am nächsten Tag ein funkelnagelneues, leuchtend gelbes *home sweet home* zu kaufen. Es

Australien ruft Südheide

gibt im ganzen Land einfache DOC – *department of conservation* – Campingplätze in meist sehr schöner Lage mit Toiletten und manchmal sogar Trinkwasser und einen Behälter, in den man ein ausgefülltes Anmelde-Zettelchen und umgerechnet etwa drei Euro in einer Plastiktüte wirft. Komfortablere Campingplätze mit Küchen, Bädern, Waschmaschinen, Lädchen, Aufenthaltsraum mit TV, manchmal Restaurants und häufig auch netten kleinen, privaten *cabins* bieten einen Platz für mich, Fritz und Zelt (noch namenlos!) ab sechs Euro. Auf Empfehlung von Freunden blieb ich drei Tage auf dem *Glendhu* Zeltplatz am Lake Wanaka und unternahm von dort aus endlich eine Wanderung in strahlendem Sonnenschein: den Rob Roy Valley Track. Neuseeland wie im Reiseführer: Regenwald, alpine Wiesen über der Baumgrenze, rauschende Wasserfälle, schäumende, türkisfarbene Flüsse und ein gleißend weißer Gletscher, nach fünfzig Kilometern Rückfahrt durch das idyllische Matukituki-Tal ein Sprung in den erfrischend kühlen See, eine heiße Dusche und ein Glas Merlot in meinem herrlich dekadenten Campingstuhl – solche Tage machen wochenlanges Regenwetter schlagartig wett!

Übrigens passierte es neulich mal wieder: In Arrowtown, einem hübschen alten Goldgräberstädtchen, stellte sich mir plötzlich jemand in den Weg: „*Sigi, is that you?*", ich schaute hoch und es war Flores, der nette Holländer von der Everest-Tour! Die Welt ist auch in Neuseeland ein Dorf!

Sonntag, 24. Februar 2008

Immer, wenn du meinst, es geht nicht mehr,
kommt irgendwo ein Lichtlein her.

Diesen Spruch hat mir mal jemand ins Poesie-Album geschrieben, als es diese noch in alter Form gab und nicht wie heute

Australien ruft Südheide

ein Buch voller vorgefertigter doppelseitiger Listen kursiert, in dem so einfallslos Banales abgefragt wird wie Lieblings-Gruppe, Lieblingsfarbe oder Lieblingsessen. Was ist aus unseren mit Glitzer-Oblaten und herrlich moralin-sauren Lebensweisheiten bestückten ‚Poh-sies' geworden, die manchmal wirklich wegweisenden Charakter hatten? Mein Klassenlehrer auf der Grundschule schrieb mir zum Beispiel:

Will das Kleine je werden groß,
muss es sich rühren und regen.

Ich muss gestehen, ich hab mir Mühe gegeben!

Zurück zu meinen Lichtlein: Bei mir leuchteten gestern gleich drei: erstens Silvia aus Berlin, genau so alt wie ich und Lehrerin im Sabbatjahr, und zweitens Linda aus Dresden, die mir mit langen Gesprächen und viel Herzlichkeit die vergangenen zwei Tage versüßten und damit das gaben, was mir unterwegs immer wieder fehlt. Die Reiselust-Batterien sind wie nach dem Besuch bei Roswitha und Phil also zumindest für einige Tage wieder aufgeladen.

Lichtlein Nummer drei war dein Brief, meine liebe Heimat-Geschädigte! Was sind denn das für Töne?! Du willst bei einem Hauch von einfältigem Gegenwind gleich die Flinte in den Doppelkorn werfen, womöglich auf deine alten Tage doch noch einen Reisepass beantragen und nach Neuseeland auswandern? Welch perverser Gedanke, besonders angesichts der Tatsache, dass ich momentan auf genau entgegengesetzter Schiene fahre und mich ansatzweise nach Deutschland sehne, wenn auch nicht unbedingt nach Wahrenholz! Bei aller zugestandenen Schnuckeligkeit deines Dörfchens ist es dir doch sicher in den letzten zwanzig Jahren nicht entgangen, dass das deutsche Dorf Brutstätte unterschiedlichster Tierchen ist, neben

Australien ruft Südheide

vielen liebenswürdigen oder herrlich schrulligen sicher auch von anderen mit einem HQ (Humor-Quotienten) von deutscher oder neuseeländischer Hochsommertemperatur – momentan regnet es mal wieder und ich trage eine dicke Jacke! Ich finde es im Gegenteil sehr positiv, dass die Leutchen tatsächlich den Mund aufmachen und sich beschweren, dann kannst du denen, die nicht mitbekommen haben, dass der Test einen satirischen oder gar einen gewissen selbstironischen Charakter hatte, erklären, wie er gemeint war. Oder schreib doch beim nächsten Mal Erleuchtendes drüber, zum Beispiel: „Vorsicht, lustig!" Oder: „Der nun folgende Text hat einen unterhaltsamen, bisweilen vergnüglichen Inhalt. Zu Risiken und Nebenwirkungen fragen Sie Ihren Arzt, Apotheker oder Pastor."

Vielleicht entspinnt sich gar eine öffentliche Diskussion zum Thema Heimat mit Leserbriefen, Gegendarstellungen und literarischen Beiträgen, die die Welt bewegen! Da ist endlich mal was los bei euch, außer der Pflege jahrhundertealter Traditionen wie Grünkohlsaufen oder Schützenkönigsschießen – und du willst auswandern! Dass du in des Dorfes Eintracht ein wenig *the odd one out* bist, mein hellschwarzes Schäfchen, das wusstest du vorher schon und solltest dich folglich auch weiterhin durchknabbern! Und ganz unbissig ist der Test ja auch wirklich nicht, das musst du zugeben. Da gibt sich die zartbesaitete Landfrau schon mal sensibel, wenn sie mit Kritik konfrontiert wird! Wie dem auch sei, ich bin gespannt, wie sich das Drama weiter entwickelt und ob dir bis zu deinem nächsten Brief bereits anonyme Androhungen öffentlichen Ersäufens in hochprozentigem Heidegeist ins Haus geflattert sind! Von mir aus sicherer Entfernung jedenfalls ein herzliches ‚Glück auf', meine liebe Heimatverbundene!

Was mich allerdings ansatzweise beunruhigt und ich bei meinem nächsten Besuch zügig erklärt haben möchte: Wieso bitte bin ich laut Punkteanalyse nur knapp an den wahrhaftig Heimatverbün-

Australien ruft Südheide

deten vorbeigeschrammelt und gehöre entsetzt in die Kategorie der idiotennahen Langweiler und Trantüten?!

Eine weitere unmaßgebliche Beobachtung angesichts deiner Terminfülle und phasenweisen Organisationsverknotungen: Nachdem ich beim vierten Lesen endlich verstanden hatte, was du mit wem wo so alles machen musstest, und ich mit Schmunzeln feststelle, dass du in jedem Brief mehrmals von vergeblichen Versuchen berichtest, zur wohl geordneten und durchgeplanten Normalität zu finden, wäre eine weitere Alternative zum Auswandern vielleicht ein Teilrückzug aus einigen deiner Verpflichtungen. Wirkt manchmal Wunder. Dann hast du endlich weniger zu tun, irgendein anderer armer Irrer dafür umso mehr. – Diesen letzten Absatz darfst du mir spätestens bei meiner Rückkehr in den deutschen Schuldienst und meine hirnverbrannte Lust, mich in aufreibende Arbeitsgruppen und Pöstchen zu stürzen, gerne in zehnfacher Ausfertigung zurücksenden!

Mittwoch, 27. Februar 2008

Eine Aktion jagt die andere, schließlich ist die Gegend hier um die Südalpen und das Fjordland nicht umsonst das Mekka der Aktiv-Reisenden und partiell Lebensmüden – siehe Bungy jumpen, das angeblich hier in Queenstown erfunden wurde! Ich lass es da schon etwas ruhiger angehen: Die Tage durchwandere ich auf Teilstrecken mehrtägiger Tracks, die Abende durchklöne ich mit sympathischen Leuten, von denen es in diesem Hostel nur so wimmelt.

Nach fünf Tagen reise ich schweren Herzens aus der *Kinloch Lodge* ab, nicht ohne auf dem Rückweg in die Zivilisation eine *Funyak*-Tour zu machen. Was ist ein Funyak? Eine leuchtend rote Kreuzung zwischen Kajak und Schlauchboot für 2-3 Perso-

Australien ruft Südheide

nen. Und mit dem ging's zwei Stunden lang den Bach runter. Mit dickem Neopren-Anzug, ebensolchen Stiefeletten, warmem Fleece, Spray-Anorak und Schwimmweste ausgestattet nahmen wir zwölf Michelin-Männchen erwartungsvoll in einem Jetboot Platz, das uns in Lichtgeschwindigkeit über den See und den Dart-River hinauf schießen sollte – es stattdessen aber vorzog, mit verstopfter Düse und kaum Schaum schlagend müde putternd nur knapp das gegenüberliegende Ufer zu erreichen. Zurück zum Anleger, Düse entstopfen. Ging kaum besser und außerdem lag da plötzlich eine neue Sandbank im Wege, denn der Fluss musste sich nach zwei Nächten heftiger Regenfälle und Hochwassers ein neues Bett suchen und das sah offensichtlich grundlegend anders aus als das vorhergehende. Im Englischen nennt man diese Art des Flussdeltas übrigens *braided river*, geflochtener Fluss. Hübsch! Diese neue Sandbank bedeutete nicht nur ein heftiges und unerwartetes Katapultieren ins Genick des Vordermannes, sondern war auch ein weiterer Sargnagel für unsere Düse und so besuchten wir zum dritten Mal innerhalb von zehn Minuten den Hafen, stiegen um auf ein größeres Jetboot und schossen nun tatsächlich los! Aber wie! Gut eine Stunde lang flogen, tanzten, stieben wir den Fluss hinauf, drehten uns auf ein Zeichen des Fahrers mehrfach um 360 Grad, dass uns das Wasser nur so um und in die Ohren flog! Was für ein Spaß! Ich olle Grüne war noch nie mit einem Jetboot gefahren, weil ich das natürlich aus umweltpolitischen Gründen höchst verwerflich finde, aber irre Spaß macht's trotzdem!

Irgendwann stiegen wir um in die Funyaks und weil ich die einzige Alleinreisende war, fuhr ich mit Lisa, einer der beiden Guides, im Kajak. Ich selbst musste kaum paddeln, Lisa lenkte das Bötchen von hinten und wir trieben einfach den Fluss herunter. Einfach? Wir ja. Und die anderen? Mark Twain hat mal gesagt, dass man nur mit jemandem in Urlaub fahren muss, um herauszufinden, ob man ihn hasst oder liebt. Zugespitzt kann man sagen: Wenn man mit jemandem in einem Doppel-Kajak paddeln kann, dann kann man ihn auch heiraten. Wenn nicht, droht Scheidung. Du hättest mal hören sollen, wie sich die Paare angekeift haben, egal ob jung oder alt, egal welcher Nationalität, egal ob mit Grund oder ohne. Immer hatte der andere an allem Schuld und darauf, dass der heftige Wind oder die starke Strömung einen nicht unerheblichen Anteil am Zickzack-Kurs, dem Auf-Grund-Laufen oder den Drehungen haben könnte, kam niemand.

Eine fernsehreife Leistung bot ein amerikanisches Paar, Klischee pur: Stark übergewichtig, asthmatisch und knöcheloperiert ließen sie sich eingequetscht in XXXL-Neoprenanzüge ins Boot plumpsen, er zuerst. Das arme Funyak bog sich, hielt aber stand. Nachdem sie dann vorne dazugeplumpst war, war das Gleichgewicht wiederhergestellt und es ging los. Zeternd, zankend und schimpfend hielten sie sich zuerst recht wacker, bis ihnen dann ein Stromschnellchen mit anschließendem Steilufer den Garaus bereitete und beide im Wasser landeten! Wir waren glücklicherweise in ihrer Nähe, fischten sie raus, klippten ihr Boot mit Karabinern an unserem fest und trieben mit den beiden Ärmsten, die aussahen wie nasse Ratten und den Tränen nah waren, gemeinsam die letzten Kilometer bis zum wartenden Bus. Sie taten mir schon sehr leid, aber ob so offensichtlich unsportliche Leute wirklich eine solche Tour machen müssen, bleibt dahingestellt. Ein anderer Amerikaner hatte hingegen einen herrlichen Humor und fragte kichernd die Guides am Ende der Flusstour Bezug nehmend auf seine hinter ihm sitzende, schäumende Gattin, ob die Einschusslöcher hinten in seiner Schwimmweste wohl schlimm seien!

Mein Highlight der Tour war ein Abstecher in ein enges Tal, in das wir die Boote japsend und schnaufend bis zum Bauch eingetaucht gegen die Stromschnellen gut hundert Meter weit hineinziehen mussten. Das Wasser hatte nur sechs Grad und das ist

Australien ruft Südheide

auch mit Neopren ziemlich kühl, aber was dann kam, entschädigte: Wir paddelten durch eine nur wenige Meter breite Schlucht mit hoch aufragenden, vom Wasser bizarr ausgewaschenen Felswänden, das Wasser leuchtete blau-milchig, dazwischen die farbenfrohen Kajaks – wunderschön! Das Ende kam leider schon nach wenigen hundert Metern an einem Wasserfall, an dem wir umkehrten.

Auf der gesamten Strecke erklärte unser Guide Fynch auf brüllkomische Art Geschichtliches und Wissenswertes über die Landschaft, durch die wir uns bewegten und die so überwältigend schön und wild ist, dass hier viele Szenen aus dem *Herrn der Ringe* gedreht wurden. Launige Erzählungen über die Dreharbeiten und erhellende Informationen wie zum Beispiel, dass es sich bei den wollweiß-flauschigen, blökenden Tierchen auf der Weide neben der Straße um die berühmten neuseeländischen Berg-Schneeleoparden handele, vertrieben uns die Zeit zurück zum Camp. Fazit: Eine Funyak-Tour ist unbedingt empfehlenswert!

Freitag, 29. Februar 2008, ein Schaltjahr!

Schön, wenn man in seinem Sabbatjahr sogar noch einen extra Tag geschenkt bekommt – auch wenn es einer mit Dauerregen vom Aufstehen bis zum Dunkelwerden war. Immerhin fand das Aufstehen auf dem Doubtful Sound statt. Vor zwei Tagen hatte ich auf dem Milford Sound – ebenfalls bei Regen – eine zweieinhalbstündige Schiffstour gemacht und irgendein Teufel ritt mich nun, auch die Doubtful Tour zu buchen, diesmal mit Übernachtung an Bord. Der Milford hat nur ein Zehntel der Wasserfläche des Doubtful Sounds, dafür aber weit mehr als die 10fache Menge an Touristen! Mir persönlich gefällt der Doubtful ungleich besser, aus genau diesen beiden Gründen. Trotzdem war ich zu

Beginn der Fahrt einige Stunden lang zum ersten Mal auf meiner gesamten Reise so richtig wütend, ausschließlich auf mich selbst, dass ich diese blöde Tour überhaupt gebucht und dann auch noch mein Buch im Hostel vergessen hatte. Gott sei Dank war das Laptop dabei!

Es regnete und auf den ersten Blick sah alles aus wie auf dem Milford, auch die sechzig Mitreisenden wirkten wenig interessant. Aber dann entwickelte sich der Doubtful langsam zu einem meiner Lieblings-Orte in NZ bis dato. Zuerst paddelten wir in den bordeigenen Kajaks eine Stunde lang auf dem vollkommen menschenleeren Fjord umher, und auch wenn die imposante Landschaft und die schiere Größe in ihrer überwältigenden Mächtigkeit von unserem Schiff aus betrachtet schon eindrucksvoll genug war, so kam ich mir alleine in einem winzigen Kajak noch viel stäubchenhafter vor angesichts dieser Naturkulisse. Ich war begeistert! Vor dem Schlafengehen gab Ben, der Guide an Bord, als Betthupferl eine Powerpoint-Präsentation. Kurz ein paar Worte zu den Reiseleitern hier in Neuseeland: Egal, ob sie nur eine zwanzigminütige Busfahrt zu irgendeiner Sehenswürdigkeit oder eine zweitägige Schifffahrt auf dem Doubtful Sound begleiten, sie sind immer eloquent und sachkundig, auch wenn die Zahlen manchmal variieren (es gibt in NZ zum Beispiel zwischen achtzig und zweihundert Moos-Sorten) oder arg hohe Wellen schlagen (der Tsunami, den ein wirklich großes Erdbeben auslösen kann, soll angeblich bis zu 600 Meter hoch werden können), aber sie lieben ihren Job und ihr Land sehr und dieser Enthusiasmus greift über auf die Besucher. Das Augenfälligste ist jedoch ihr Sinn für Humor. Auch Ben musste seinen Vortrag mehrfach unterbrechen, weil wir uns ausschütteten vor Lachen und so stieg ich dann anders als nach meinem anfänglichen Frust angenommen einige Stunden später zufrieden schmunzelnd in meine Koje.

Australien ruft Südheide

Nachdem es gestern immerhin noch ab und zu aufhörte zu regnen, haben wir heute das Wetter, dem die Landschaft ihre Einzigartigkeit verdankt: Dauerregen! In Fjordland fallen pro Jahr etwa acht METER Regen, in den meisten anderen Gebieten dieser Welt misst man den Niederschlag bekanntermaßen in Millimetern! Aber obwohl ich im Grunde durchgängig nass war, genoss ich Wetter und Landschaft sehr. Feuchtigkeit ist schließlich gut gegen Falten! Und da Haut schneller trocknet als Stoff und 16 Grad für eine Norddeutsche nicht wirklich kalt ist, war ich in Shorts und Regenjacke mit der Kamera ständig draußen und versuchte stundenlang, die schemenhaften Berge, Inseln und Bäume in unzähligen Grautönen ohne Regentropfen auf dem Objektiv zu fotografieren. Bei den Wasserfällen gab ich am schnellsten auf, hunderte von Metern hohe regelrechte Wasserwände kann man nicht zufriedenstellend auf ein Bild quetschen. Es gibt im Doubtful Sound übrigens nur sehr wenige permanente Fälle, die heutigen unzähligen Kaskaden sind dem Dauerregen zu verdanken, sie versiegen wenige Stunden, nachdem er aufhört. Wie die welthöchsten dauerhaften Angel Falls in Venezuela ist der höchste dieser temporären Fälle über neunhundert Meter hoch und das ist kein Seemannsgarn, wie ich zunächst vermutete, denn der Gipfel des Commander Peak direkt daneben ist 1274 Meter hoch. Ein unvergleichliches Gefühl: mit dem Bug direkt unter dem Wasserfall, noch nasser werden, als man ohnehin schon ist, am Fuße von 1000 Metern Fels unter donnernden Wasserströmen nichtig und klein!

Noch mehr faszinierende Zahlen: Unser 700 Tonnen *Navigator* ist 38,40 Meter lang und 10,50 Meter breit, Captain Cooks *Endeavour* war nur 32,31 Meter lang, 8,92 Meter breit und hatte 364 Tonnen. Mit diesem Kahn hat er mal eben Australien und Neuseeland entdeckt und ist mit den damaligen, kaum nennenswerten technischen Mitteln und ohne Karten, die er ja weitge-

Australien ruft Südheide

hend erst selbst zeichnete, um den halben Globus gesegelt! Eine unglaubliche Leistung! Übrigens überlebten viele der Seeleute die Landgänge in NZ nicht, sondern inspizierten die örtlichen Kochtöpfe von innen: Einige Maori-Stämme waren Kannibalen!

Trotzdem, bei aller Liebe zu diesem norddeutschen Wetter und zum Fjordland: Es reicht! Ich brauch mal wieder Sonnenschein und wenn's geht länger als nur zwei Tage, das bisherige Maximum! Ab morgen soll es langsam besser werden, ich mach mich auf den Weg nach Norden, in die Sonne.

Sonntag, 2. März 2008

Sonne, haha! Heute ist der sechste oder siebte Tag der bislang 29 Tage in NZ, an dem ich irgendwo festsitze, weil ich auf besseres Wetter warte. Von diesem winzigen Nest an der Curio Bay in den Catlins am äußersten Südzipfel der Südinsel aus gesehen ist das nächste Festland die Antarktis und dazu passend herrscht draußen ein derartiger Sturm, dass wir nachts den Eindruck hatten, er deckt gleich das Haus ab. Das ist kein Witz, sondern durchaus möglich, da viele Häuser in Neuseeland vergleichsweise instabil aus Holz mit Wellblechdach gebaut sind. Der Regen hat inzwischen aufgehört, die Verbindungsstraße nach Dunedin ist überflutet – aber ich bin gar nicht mal so unzufrieden, hier hängen geblieben zu sein! Bewirkt haben das ein langer Spaziergang im Winkel von 45 Grad gegen den Sturm gelehnt am Strand entlang und – wie üblich – ein Sammelsurium von interessanten Mitbewohnern, mit denen man sich mehr zu erzählen hat, als ein paar nette Sätze Smalltalk.

Wenn ich über NZ sagte, dass es leer sei, dann ist dieser Südost-Zipfel die Steigerung davon: leer, leerer, Catlins. Einsam, kaum bevölkert und windzerzaust. Die wenigen Häuser, meist Bauern-

Australien ruft Südheide

höfe, sind zur Windseite hin von überdimensionierten Hecken geschützt, die so breit sind, dass sie den größten Teil deines Gartens einnehmen würden: Drei bis vier Lagen unterschiedlich hoher Büsche und Bäume stemmen sich schräg aufsteigend dem immerwährend wehenden Wind entgegen, dahinter schmiegt sich das im Vergleich zierliche Häuschen in den Windschatten. Dazu grüne Hügel, eine wilde Küste, Schafe, Unmengen von Wasservögeln und Pinguine! Sehen die putzig aus, wie sie an Land hüpfen, sich erstmal dekorativ der Länge nach auf den Schnabel legen, sich wieder aufrappeln und tollpatschig weiter wackeln in Richtung Nest in den Büschen!

Auch die ersten Seehunde und schwer beeindruckende Seelöwen habe ich hier gefunden, die sich von den am Strand wandernden Touristen nicht weiter in ihrem Mittagsschläfchen stören lassen. Trotzdem hielt ich respektvoll Abstand und beschloss, dass ich diese so behäbig aussehenden Kolosse auch aus fünfzehn Metern Entfernung noch gut genug sehen kann. Eine Seelöwendame hatte bezüglich der Frage von Nähe andere Pläne, stupste ihren dösenden Helden mehrfach mit der Schnauze an und grunzte ihm liebevoll – oder liebestoll? – immer wieder irgendetwas ins Ohr, was ich nicht verstand. Er aber offensichtlich schon, fand sie oder ihr Angebot jedoch nicht ausreichend attraktiv, um dafür sein Nickerchen zu unterbrechen und jagte sie unsanft davon. Die dabei an den Tag gelegte Geschwindigkeit hätte ich diesen fleischgewordenen Sitzsäcken sicher nicht zugetraut und auch das Röhren des Männchens inspirierte mich nicht unbedingt dazu, meinen Sicherheitsabstand zu verringern! Auf den Schildern am Strand stand, man solle nicht näher als fünf Meter an die possierlichen Tierchen herangehen! Wenn so ein immerhin aufgerichtet etwa 1,80 Meter großer und bis zu 450 Kilo schwerer Bulle mich aus nur fünf Metern Entfernung angebrüllt hatte, wäre ich wahrscheinlich auf der Stelle zu Seesand zerfal-

Australien ruft Südheide

len! Ich bin nicht gebaut für Begegnungen mit Tieren, die dicker sind als Roswithas Katzen!

Apropos Tiere: Halleluja, an der Ostküste gibt es nur einen winzigen Bruchteil der Anzahl von Sandfliegen, die die Westküste zu bieten hat!

Mittwoch, 13. März 2008

Sandflies! Wen interessieren schon alberne Sandfliegen, wenn er Albatrosse haben kann! Albatrosse, Delphine, Pinguine, Boote, Berge inklusive Eisberge, Strände, Wälder, rauschende Bäche, Seen ... Inzwischen bin ich in Kaikoura, an der Küste im Nordosten der Südinsel und endlich, ENDLICH habe ich gutes Wetter und fühle mich dadurch wie ein neuer Mensch. Zunächst ging es aber noch ein paar Tage so kalt, nass und windig weiter wie in den stürmischen Catlins: Ich besuchte Friederike in Dunedin, eine Freundin von Roswitha, die sich als wahrer Glücksgriff herausstellte, was mein Manko an guten Gesprächen anbelangt. Drei Tage lang dachte ich, dass uns doch nun langsam mal der Gesprächsstoff ausgehen müsste, aber das Gegenteil war der Fall: Je mehr wir uns unterhielten, desto mehr Themen fanden wir – was direkt proportional zu Weinkonsum und Schlafdefizit war. Einen Tag lang chauffierte sie mich über die wunderschöne Otago Halbinsel und zeigte mir allerlei Getier zu Land, zu Wasser und in der Luft. An einem Abend begleitete ich sie in ihren Malkurs – sie ist Malerin und gibt auch Unterricht – und legte den Grundstein zu einem eigenen Werk, das das Kunstverständnis der Welt verändern wird – wenn es denn je zu Ende geführt werden sollte.

Auf dem Weg hierher nach Kaikoura machte ich einen kleinen Schlenker nach Christchurch, um mir eine neue Kamera mit

Australien ruft Südheide

18-fachem Zoom zu kaufen und die ersten Fotos haben mich heute schier in Entzücken versetzt: Albatrosse in Nahaufnahme! Diese riesigen Vögel faszinierten mich schon als Kind mit ihren unglaublichen 3,60 Metern Flügelspannweite, 12 Kilo Körpergewicht und 60 Jahren Lebenszeit, die sie weitgehend hunderte bis tausende von Kilometern vom Land entfernt auf und über dem offenen Meer verbringen, wo sie sogar im Fliegen ein Nickerchen einlegen können. Sie leben monogam, nachdem sie sich in langen Balzritualen einen Partner ausgesucht haben. ‚Partys' nennt man diese Rituale hier passenderweise!

Dieses Schnabelgeklapper, Hälserecken und Imponiergehabe hatte ich schon im *Albatross Centre* auf der Otago Halbinsel in Dunedin gesehen, aber was hier in Kaikoura geboten wird, schlägt Otago bei Weitem: Man fährt mit einem kleinen Boot etwa 20 Minuten lang raus, stoppt und ist innerhalb kürzester Zeit umgeben von zig Wasservögeln. ‚Boot' sei laut unserem Guide für die Tiere gleichbedeutend mit ‚Futter'. Folgerichtig kündigte er uns ‚*Albatross icecream*' an, griff in die bordeigene Kühlkiste und brachte einen stabilen Gittersack zutage, gefüllt mit einem völkerballgroßen, gefrorenen Block Fischleber! Hmmm, lecker, fanden die Albatrosse und stürzten sich darauf, wobei die verschiedenen Arten sehr unterschiedliche Verhaltensweisen an den Tag legten: Einige sind offenbar aggressiver, andere wie der Königsalbatros blieben fast schüchtern im Hintergrund und warteten, bis sie an der Reihe waren. Somit schwammen, flogen und segelten jeweils mindestens zehn Albatrosse, riesige Sturmvögeln und diverse Arten von Möwen ohne jegliche Angst vor Nähe um uns herum und ließen sich willig fotografieren. Und das mit einem 18er Zoom! Aber irgendwann hatte selbst ich mich satt fotografiert und bewunderte nur noch die schönen Tiere, die in zwei Metern Entfernung neben dem Boot im Wasser trieben und sich ganz zutraulich unseren ausgestreckten Händen näherten.

Australien ruft Südheide

Wir machten aber auf Anraten des Guides doch einen Rückzieher angesichts der Tatsache, dass ihre Schnäbel fast so lang sind wie unsere Hände und in einem tückischen Haken enden! Diese Köpfe mit den je nach Art unterschiedlichen Zeichnungen sind überhaupt das Schönste! Allein der Kopf eines Albatrosses ist selbst ohne Schnabel so groß wie eine ausgewachsene Amsel! Meine Lieblinge sind der Buller- und der Weißkappenalbatros, die einen aus großen, ruhigen Augen unter einem Strich hervor anschauen, der wirkt wie eine Augenbraue und ihnen ein regelrechtes Gesicht gibt. Ich habe noch keine Wale aus der Nähe gesehen, aber die Albatrosse von Kaikoura zu schlagen wird schwierig!

Donnerstag, 14. März 2008

Dolli, Fina, jetzt hört bitte auf rumzuspringen, kommt her und hört mir zu. Heute ist endlich der ersehnte Tag gekommen: Ihr dürft zum ersten Mal Menschen treffen! Da die ganze Angelegenheit zwar riesig Spaß macht, aber nicht ganz ohne Risiko ist, werde ich euch ein bisschen darüber erzählen. Also, dreimal täglich kommen Menschen mit Booten hierher, weil sie mit uns schwimmen wollen. Offensichtlich finden die das so toll, dass sie sogar Geld dafür bezahlen! Das braucht ihr natürlich nicht, wir haben ganz umsonst unseren Spaß mit diesen merkwürdigen Wesen! Über die Jahre haben wir es sogar geschafft, die Bootsführer in mehrerer Hinsicht zu dressieren: Wir schwimmen auf ihr Schiffchen zu, springen ein bisschen in die Luft und machen allen möglichen Firlefanz, flitzen unter dem Boot durch, spritzen sie ein wenig nass und plötzlich ertönt dann eine laute Hupe und pro Boot platschen ungefähr zwölf von diesen Möchtegern-Fischen ins Wasser! Sie sind schon sehr liebenswert in ihrer unbändigen Freude darüber, mit uns schwimmen zu dürfen, und auch wir

Australien ruft Südheide

haben unser Vergnügen mit ihnen: Es ist zum Brüllen, wie sie sich bewegen! So was von tollpatschig und ungelenk! Sie sind natürlich nicht so schön stromlinienförmig wie wir, sondern haben fünf merkwürdige Auswüchse am Körper: einen kurzen, den Kopf, am einen Ende und vier längere, Arme und Beine, die in alle Richtungen strampeln und kaum eine sinnvolle Funktion zu haben scheinen. Damit sie sich überhaupt halbwegs vernünftig im Wasser bewegen können, haben sie lange, unechte Flossen an den Bein-Enden, und damit die Ärmsten nicht erfrieren, stecken sie in dicken, schwarzen Ganzkörper-Schaumgummihüllen, da sie das Wasser ulkigerweise als kalt empfinden.

Und jetzt kommt der Hit: Menschen haben zwar auch Augen, können aber unter Wasser nicht wirklich sehen! Was können die eigentlich? Wozu sind sie überhaupt da? Aber dumm sind sie immerhin nicht, denn sie haben große Brillen für das Gesicht entwickelt, durch die sie uns ganz verzückt anstarren. Besonders lustig ist es, von vorne auf einen von ihnen zuzuschwimmen, denn damit rechnen sie nicht wirklich. Ihr sollt mal sehen, wie sie die Augen hinter der Taucherbrille erschreckt aufreißen und wie sie zappeln, um schnell wegzukommen! Wir treiben noch zwei weitere Spielchen mit ihnen: Nachdem wir etwa zehn Minuten zwischen den Menschen umher geschwommen und gerollt sind und unseren Spaß hatten, entfernen wir uns ein Stück vom Boot, und da sie wie gesagt ganz furchtbar schlecht schwimmen können, ertönt wieder die Hupe, alle strampeln wie wild zum Boot, platschen sich gegenseitig mit den Schwimmflossen in die Rippen und auf die Köpfe und schaffen es kaum, an Bord zu krabbeln, um uns hinterherzufahren!

Unsere Glanzleistung, was das Trainieren von Menschen angeht, ist es, sie zum Singen zu bringen! Ja, tatsächlich, schaut nicht so ungläubig! Wir unterhalten uns ja unter Wasser durch Fiepen und nun sind die Bootsführer offenbar auf die Idee gekommen, den

Menschen zu sagen, dass sie auch ‚singen' sollen, weil uns das wohl gefallen könnte! Da haben sie aber voll ins Schwarze getroffen! Stellt euch das bloß mal vor: Da plantschen und zappeln also zwölf von diesen kuriosen Tierchen im Wasser herum und quieken und jauchzen in den höchsten Tönen, was man besonders gut hören kann, wenn man selber aus dem Wasser springt, weil ihre Töne durch lange Rohre, die aus ihrer Taucherbrille herausragen und zum Atmen dienen, auch über der Oberfläche gut zu hören sind! Es ist wirklich urkomisch, macht uns allen riesig Spaß und wir kugeln uns und springen, dass es nur so spritzt – was wiederum den Menschen gut gefällt.

So, ich glaub, jetzt geht's los. Wie viele sind wir denn? 160, 180, 200 ... na, so viele wie an anderen Tagen sind wir heute nicht, aber die Menschen werden trotzdem vor Begeisterung völlig aus dem Häuschen sein! Sie sehen im ‚Schwimmen mit Delphinen', wie sie es nennen, eine ganz besondere, spirituelle Erfahrung und versuchen deshalb manchmal ziemlich üble Dinge: Sie wollen uns nämlich anfassen, streicheln, liebkosen, die Dummköpfe, obwohl sie wissen sollten, dass uns das schaden kann, weil an ihren Händen für uns sehr schädliche Dinge kleben wie Sonnencreme und Bakterien. Also, schwimmt ruhig ganz nah heran und spielt mit ihnen, aber passt auf, dass sie nicht nach euch greifen. Noch vorsichtiger müsst ihr sein, wenn ihr in der Nähe des hinteren Endes des Bootes schwimmt, denn dort dreht sich nämlich ein flügeliges Stück Metall, das euch richtig weh tun kann! Bleibt am besten immer in meiner Nähe, dann kann ich euch unterwegs noch ein paar Tipps geben. Auf geht's und viel Vergnügen!

Mittwoch, 19. März 2008

Endlich die Stadt, auf die ich mich seit meiner Ankunft gefreut habe: Nelson! Ganz im Norden der Südinsel gelegen hat sie die

Australien ruft Südheide

meisten Sonnentage, eine blühende Künstler- und Kunsthandwerkerszene und liegt landschaftlich traumhaft schön zwischen Bergen und Strand. Ich frage mich, warum nicht die gesamte Bevölkerung Neuseelands nach Nelson zieht! Will sie zum Teil schon, aber nur wenige können es sich leisten: Die Hauspreise hier sind im vergangenen Jahr um 70% gestiegen! Für mich aktuell wichtiger ist es, dass die Backpacker sich offenbar gegenseitig überbieten wollen, was Qualität, Ausstattung und Ambiente anbelangt. Hauptgrund meiner Nelson-Liebe sind allerdings 26 Grad im Schatten, ein wolkenloser Himmel und Sonne auf der Haut! Endlich! Ich bin voller Energie, werde ab morgen für drei Tage im Abel Tasman Nationalpark wandern und Kajak fahren und dann nach 25 Jahren wieder Wein pflücken! Ab Montag habe ich einen Job auf einem Weingut in der Region Marlborough!

Und jetzt geh ich feiern: *Happy birthday to me!*

Herzliche Grüße von
Deiner Sigi

SÜDHEIDE

22. März 2008

Hallo Sigimaus,

Happy birthday to you! Was kann ich Dir außer Glück, Gesundheit und Zufriedenheit noch wünschen? Vielleicht allzeit gute Wanderstiefel, unberührte Landstriche, die touristische Erschließung des Weltraums? Ja, all das wünsche ich Dir und obendrein noch viel Humor und Gelassenheit.

Endlich mal ein Geburtstag bei Sonne und Wärme. Vielleicht kann Dir Neuseeland Deine latente Reisemüdigkeit vertreiben. Helikopterflüge, Funyak-Tour, Seelöwen bewundern, mit Delfinen schwimmen – du lässt wirklich nichts aus! Wenn Du jemals sagen solltest: „Und das soll alles gewesen sein?", klebe ich Dir eine!

Meine von Dir angesprochene Suche nach Struktur geht weiter. Ich überlege gerade, welche Aufgaben oder selbstauferlegte Verpflichtungen ich kurzerhand abschaffen könnte. Vielleicht entspannt sich die Lage, wenn Christian morgens in der Schule ist, so dass der Nachmittag für uns beide ein offenes Ende hat. Momentan ist weder zwischen Frühstück und Kindergartenbeginn noch zwischen Kindergartenende und Abendbrot ein Zeitraum, der sich für größere Vorhaben eignet. Ab Sommer haben wir nach dem Mittagessen beide Zeit bis zum Abend, um uns entweder gebührend zu amüsieren oder um Aufgaben zu bewältigen.

Das zeitraubendste Projekt ist derzeit wieder der Garten. Nach langem Zögern schaut der Frühling doch noch in Norddeutschland herein, und das zeigt sich zuallererst am massenhaften Austrieb des Unkrauts. Also ran an die Hacke! Nach ungefähr einer Stunde macht es sogar Spaß, auf den Knien über die Erde zu rutschen, denn nach

Südheide ruft Australien

dieser Einarbeitungsphase laufen die Handgriffe automatisch und der Kopf wird frei. Die Gedanken, die sonst nur kreisen und zu keinem Schluss kommen, lösen sich auf und machen Platz für neue überraschende Einfälle. Für nächste Woche habe ich eine Wagenladung Pflanzen bestellt. Vier Wochen habe ich mich mit Gartenzeitschriften, Internetbaumschulen und Pflanzplänen befasst. Und nun kommt endlich Leben in die Steinkunstwerke, die die Gärtner im letzten Jahr hier hinterlassen haben.

Der diesjährige Anstoß zur Gartenarbeit endete allerdings mit einem Eigentor. Ich hatte mir ausgemalt, dass ein bisschen zusätzlicher Mutterboden meiner Scholle gut tun würde: hier und da ein wenig modellieren, dort ein wenig auffüllen… Gedacht – telefoniert – drei Kubikmeter Erde bestellt. Als der LKW die Ladung auf den Bürgersteig vor dem Haus kippte, kam mir mein Plan plötzlich irrsinnig vor. Mir war nicht klar gewesen, dass schlappe drei Kubikmeter ein so großer Haufen sein können. Fatalerweise hatte ich nicht bedacht, dass am folgenden Sonntag Konfirmation im Dorf sein würde. Da haben die Bürgersteige wie geleckt auszusehen. Also stand die Woche im Zeichen der Schubkarre. Selbstverständlich regnete es ständig, was die Erde nicht leichter machte. Nachdem ich die aufzufüllenden und zu modellierenden Stellen versorgt hatte, war der Haufen lediglich um ein Drittel geschrumpft. Allen Nachbarn schwatzte ich die feinste Erde auf – gegen Selbstabholung. Die Nachfrage hielt sich allerdings in Grenzen, da lag immer noch ein gutes Drittel. Das verteilte ich auf dem gesamten Grundstück als dekorative Maulwurfshügel. Bis Samstag hatte ich mehr als hundert Schubkarrenfüllungen bewegt und die schlammverschmierte Straße für den Feiertag poliert. Der Zeitdruck zerrte an den Nerven, aber erstaunlicherweise wurde ich in dieser Woche von meinen sonst üblichen Kopfschmerzen verschont – trotz extrem einseitiger Belastung. Ergo: Frischluft ist angezeigt! Davon werde ich in den nächsten Wochen genug bekommen, denn gut

Garten will Weile haben! Und die Gedanken dürfen dabei schweifen. Vielleicht kann ich meine Texte für das Kirchen-Kabarett bei der Arbeit zusammendenken. Das erste Vorbereitungstreffen für das Kirchen-Kabarett war vielversprechend. Wir schnürten eine schöne Ideensammlung. Szenenverbinder wird ein steinaltes Pärchen aus Wahrenholz, das auf der Kirchenbank auf den Beginn des Gottesdienstes wartet und sich dabei allerlei zu erzählen hat. Zum Beispiel, dass man die Leiche des Mönchs gefunden hat, der vor ungefähr 750 Jahren auf dem Weg von Wahrenholz, wo er die Messe gelesen hatte, zu seinem Kloster in Hankensbüttel zu Tode gekommen ist. Es folgt eine Szene „Pathologie" nach Quincy-Muster mit allerlei Theorien zur Todesursache wie Alkoholvergiftung oder Wirbelbruch aufgrund einer zu schweren Kollekte.

Es wird eine köstliche Aufbereitung des Weihnachtsbaumthemas geben, die gar nicht weit von der Realität abweicht, denn die extreme Größe des Kirchenweihnachtsbaums sorgt alljährlich für groteske Szenen: Vorstandsmitglieder, die in Slapstick-Manier den Baum in die Kirche zu stopfen versuchen, halsbrecherische Dekorations- und Illuminationsaktionen und ein Pastor, der sich Heiligabend energisch durch das Gestrüpp kämpfen muss, um zum Altar zu gelangen, wo ihn freilich nur noch eine Minderheit der Gottesdienstbesucher erkennen kann. Außerdem werden neue Ansätze zum Fundraising und zur Event-Konfirmation vorgestellt, eine absolut sinnfreie aber verdreht-verfloskelte Predigt gehalten, eine Rechtsverordnung zur Änderung der Rechtsverordnung zur Durchführung einer Amtshandlung nacheinander als liturgischer Gesang, als Rap und als Blues vorgetragen und eine Grußbotschaft aus Rom im verballhornten Latein übermittelt. Ich werde Dich zu dem Ereignis im nächsten Frühjahr einladen. Wehe, wenn Du fernbleibst!

Südheide ruft Australien

Na gut, ich habe mir wieder etwas aufgehalst statt Ballast abzuwerfen, aber in diesem Fall bin ich bis unter die Haarspitzen motiviert. Mein Eifer beim Verfassen meines Gemeindebriefbeitrags hielt sich dafür in Grenzen. Ich erspare Dir deshalb das Ergebnis. Thema war diesmal: Feste feiern – feste feiern. Das inspirierte mich nicht besonders zum Schreiben, so etwas setze ich eher in die Tat um. In fünf Wochen ist es wieder so weit: Wahrenholz steht Kopf, das Dorf vibriert, es brodelt und kocht, denn das 377. Schützenfest will und muss und wird gefeiert werden.

Für mich bedeutet es in diesem Jahr leider nur acht Stunden Abwaschen oder Pommes machen oder Brötchen schmieren, da ich eine Schicht im so genannten „Fresszelt" (und glaube mir, diese Ausdrucksweise kommt nicht von ungefähr!) ableisten werde. Besonderheit ist in Wahrenholz nämlich, dass der Schützenkönig des Vorjahres der Festwirt für das laufende Jahr ist. Und bei dem Fest handelt es sich nicht um einen Tag Schießen und einen Nachmittag Kinderfest, sondern das Ganze zieht sich über eine komplette Woche hin – fast rund um die Uhr. Der König sucht sich in der Verwandtschaft, Nachbarschaft und im gesamten sozialen Umfeld 300 (in Worten dreihundert) Helfer, die sämtliche Arbeiten wie Aufbau, Kochen, Backen, Bedienen, Abwaschen, Kassieren, Aufräumen usw. verrichten und lädt diese wiederum zwei Wochen später zum All-In-Helferball (Essen und Trinken bis zum Abwinken) ein. Nach der Festwoche hat der König durch den Verkauf an Essen und Trinken gut verdient, aber seine Majestät ist dabei um Jahre gealtert, denn seine gesamte Regentschaft bedeutet ausschließlich Arbeit. Bei der Proklamation hat schon manche Ehefrau des neu gekürten Königs nicht Tränen der Rührung oder Freude vergossen, sondern der Wut und der Verzweiflung.

Sinnigerweise kann nur König werden, wer schon fünf Jahre im Schützenverein ist und somit schon einen Haufen Leute kennt, die eventuell als Helfer in Betracht kommen, einen eigenen Haushalt führt und Platz für all die Dinge hat, die sich im Laufe des Jahres bei ihm ansammeln werden, und verheiratet ist und damit jemanden als Halt und Hilfskraft an seiner Seite hat.

Als erstes werden fünf Kühltruhen direkt vom Festplatz zum neuen König transportiert, damit die Dame des Hauses schon mal den frisch gestochenen Spargel für die Hühnersuppe im nächsten Jahr einfrieren kann. Mehr und mehr verwandelt sich der Königshaushalt in ein Kleinunternehmen. Immerhin ist mit der Königswürde automatisch ein Kredit bei der Volksbank verbunden, so dass die Vorbereitungen nicht aus Geldmangel ins Stocken geraten. Ich weiß nicht, wie viele Gäste das Schützenfest bewirtet, es sind sicher 2000 täglich. Es gibt fünf Theken, jede mindestens fünf Meter lang, die sich auf den großen Schützensaal, die beiden angeflanschten Festzelte und das Schützenzentrum verteilen, die an den Hauptfesttagen vom Vormittag bis weit nach Morgengrauen von sehr gut besucht bis katastrophal belagert sind. Für die Klößchen der Hühnersuppe wird ein Zentner Mett verarbeitet. Diese Aktion kann dank der Kühltruhen auch schon im Winter erledigt werden, das Backen der Kuchen und Torten, das ebenfalls in der Küche des Königs aus Gründen, die mir bisher verborgen geblieben sind, stattfinden muss, stürzt den Königshaushalt kurz vor dem Fest endgültig ins Chaos. Bis dahin sind schon die Helfer mit einem persönlichen Besuch geworben und eingeteilt, Getränke, Lebensmittel, Klopapier und was man sonst noch braucht bestellt, Zelte, Tische, Stühle herangekarrt und aufgebaut, Musikgruppen gebucht, technisches Gerät wie Truhen, Friteusen, Kaffeemaschinen etc. in das Schützenhaus geschafft, Speisekarten gedruckt und der Festsaal dekoriert. Dann geht es endlich los, und nun ist für das Königspaar oberste Pflicht, die Helfer bei Laune zu halten. Stündliche Versorgung mit alkoholischen Getränken ist Minimum. Die vornehmste Aufgabe der Frau Königin ist allerdings, während der Feierlichkeiten immer und immer wieder die Klos zu putzen, und

Südheide ruft Australien

diese hehre Pflicht darf nicht delegiert werden. Das Putzen macht im Verlauf der Abende zunehmend Freude, denn der Alkoholkonsum ist in Wahrenholz eigentlich immer aber beim Schützenfest schon aus Prinzip extrem. Nicht umsonst hat man bei der Renovierung des Herrenklos wieder eine schlichte Pissrinne eingebaut. Standard-Urinale würden den Herrschaften zu viel Treffsicherheit abverlangen.

Man MUSS nicht trinken, aber es gibt wenige, die sich dem Gelage entziehen. Hans-Joachim hält ohne Schlafunterbrechung auf dem Klappstuhl oder Ruhepäuschen zu Hause durch, manch anderer braucht so eine Auszeit zwischendurch. Ich meide beim Schützenfest die Tische, auf denen die Schnapsflaschen bereits zu Türmen aufgeschichtet werden, denn wenn ich mich dort niederlasse, ist die Party für mich nach zwei Stunden beendet. Es kommt vor, dass mein Glas „aus Versehen" umkippt oder ich es irgendwo vergesse. Nein zu sagen, ist sinnlos, auf wundersame Weise hat man immer wieder ein Glas in der Hand. Ich kann und will bei dieser Druckbetankung nicht mithalten, aber selbst bei mir löst das Schützenfest mittlerweile ein gewisses Prickeln aus – trotz Blasmusik und Ringelpiez! Ich werde beim nächsten Brief den diesjährigen Ablauf des Wahnsinns schildern. Prost!

In diesem Sinne Grüße ans Ende der Welt

Mimi

NEUSEELAND

Montag, 24. März 2008, Ostermontag

Liebe Marion,

bemerkenswert, wie oft ich in Neuseeland den Eindruck habe, am Ende der Welt angekommen zu sein. Anders als in Australien liegt es nicht an den endlosen Weiten, sondern an den vielen Sackgassen, die sich irgendwo im Nichts verlieren. Die dreitägige Kajak- und Wandertour im Abel Tasman National Park vergangene Woche startete am Ende einer Straße in der Einsamkeit. Drei Tage lang wenige Menschen, dafür ein Seehundkindergarten auf Adele Island, in dem gerade Formationsschwimmübungen auf dem Stundenplan standen; viele lautstarke, aber leider weitgehend unsichtbare Vögel; glasklares, leuchtend grünes Wasser, Urwald in völliger Windstille, so dass das Summen von Millionen von Bienen neben dem Vogelgeschrei das einzige Geräusch war, eine abwechslungsreiche Wanderstrecke und einfache, aber landschaftlich wunderschön gelegene kleine Campingplätze, Sonnenschein satt, ein Wassertaxi, das mich von Bucht zu Bucht brachte ... perfekt! Das einzige, winzig kleine Manko war die zunehmende Zahl an sandflies, je weiter ich im Nationalpark in Richtung Nordwesten vordrang.

Auf dem Weg dorthin hatte ich es mir in Motueka ein paar Tage lang in einem Backpacker gemütlich gemacht, wollte liegengebliebene Mails und Karten erledigen, das Auto ausmisten, einfach ein bisschen chillen – und da man dort jemandem zum Putzen suchte, putzte ich halt das erste Mal seit meinen Studientagen wieder. Zwei Stunden Betten machen, staubsaugen, Bäder und Küchen schrubben für ein Bett, kein schlechter Tausch. In eben

Australien ruft Südheide

jenem Bett erlebte ich übrigens kurz vor Mitternacht mein bislang heftigstes Erdbeben in NZ: Stärke 4,6 mit dem Epizentrum ganz in der Nähe bei Nelson, aber sehr tief. In dem Zusammenhang lernte ich, dass man auch in NZ offensichtlich auf DAS ganz große Beben wartet. Besonders in Wellington zittern die Bewohner, denn die Stadt liegt genau auf einer sehr aktiven Spalte. Das Beben ist einige Jahrzehnte überfällig und offenbar scheint sich im Untergrund etwas verhakt zu haben, was jetzt als Bremse wirkt. Wenn die Spannung irgendwann zu groß wird und der Brocken, der jetzt bremst, nachgibt, wird es wohl ganz gewaltig krachen. Deshalb ist man über solche spannungsmindernden Beben wie neulich sehr froh.

Auch gestern endete ich nach einer Fahrt auf dem landschaftlich sehr reizvollen Queen Charlotte Drive mit wunderschönen Aussichten auf einen der zahllosen Wasserarme des Marlborough Sound und ein paar Spaziergängen durch Orte am Wege in einer Sackgasse. Zu Mittag gab es unterwegs einen ganzen, fangfrischen und köstlich gegarten Hummer aus dem Straßenverkauf – ähnlich wie bei uns Fritten –, der mich um ganze 17 Euro erleichterte! Schon witzig: Einerseits putze ich, andererseits ernähre ich mich von Hummer, wie's grade kommt. Ich mag's bunt.

Am Ende der Sackgasse dann mein neues *home sweet home*: *Clos Marguerite* heißt es und ist die *winery*, also das Weingut von Marguerite und Jean-Charles, die mit ihren zwei Kindern vor 12 Jahren aus Belgien kommend hier einwanderten, um sich ihren Lebenstraum eines eigenen kleinen, aber feinen Weingutes zu erfüllen. Und ein Traum ist es wirklich! Der Hof liegt 15 Kilometer vom Dörfchen Seddon entfernt am Ende der Welt, kurz bevor man in den Pazifik fällt links, ist mit acht Hektar relativ klein, produziert nichtsdestotrotz oder gerade deswegen Pinot Noir und Sauvignon Blanc in einer Qualität, die ich in Neuseeland noch nicht getrunken habe. Köstlichst! Die beiden machen in ihrer *winery* bis auf die Flaschenabfüllung mit großer Leidenschaft alles selbst und tüfteln liebevoll an jeder Nuance, jeder Finesse ihrer Weine. Anders viele *vinyards* der Umgebung, die Trauben nur anbauen, um sie an Großabnehmer zu verkaufen, die sie zu Wein weiterverarbeiten. Der Unterschied zwischen *vinyard* und *winery* ist nur ein Beispiel für viele Dinge, die ich in den vergangenen 24 Stunden gelernt habe. Jean-Charles, der hauptberuflich Manager bei einem der großen Erzeuger in der Umgebung ist, lacht schon immer, wenn ich ihn mit weiteren Fragen löchere. Ich find's wirklich irre spannend, so viel Neues über meine Lieblingsflüssigkeit zu lernen!

Die Qualität des Essens entspricht der des Weins und auch dabei werde ich sicher eine Menge lernen, denn wir bereiten alles gemeinsam zu. Gestern gab es Lamm aus eigener Zucht, heute duftet vor sich hin köchelndes Wild aus der Küche herüber. Die anderen Wwoofer passen in die idyllischen Zustände: Susan, eine nette Köchin (!) aus Irland; Dominique, eine anthroposophisch orientierte junge Frau, die in der Schweiz eine landwirtschaftliche Lehre absolviert hat; Fabiano, italienischer Sonnenschein, gelernter Winzer und Jean-Charles' rechte Hand und Blair, ein sehr stiller, introvertierter Weinhändler aus den USA. Die unglaublich quirlige Marguerite und ihr stets spöttelnder Jean-Charles, Tochter Sibylle und Sohn Marin, meist abwesend, da in Wellington studierend, vervollständigen das gesellige Bild. Nachdem ich wochenlang durch Kiwi-Land gefahren bin und mich bei all den einsamen Gehöften fragte, wie um alles in der Welt man dort wohnen kann, alleine, der nächste Nachbar viele Kilometer entfernt, kann ich mir an diesem Ort durchaus vorstellen, dass man so abgeschieden glücklich und zufrieden leben kann – und das, obwohl es hier so einsam und abgelegen ist, dass Wahrenholz sich dagegen wie eine Großstadt ausnimmt! Was man aller-

Australien ruft Südheide

dings braucht, ist ein Mann! Du erinnerst dich? Mein Weinbauer? Immer, wenn mich zu Hause jemand fragte, ob ich denn nach dem Sabbatjahr auch tatsächlich wieder nach Deutschland zurückkomme, scherzte ich: „Ja klar, wenn mich nicht unterwegs ein netter Schaffarmer aufhält!" Irgendwann erhoben dann Freunde Einspruch, dass Schaffarmer womöglich wie ihre Viecher riechen und kratzen, ich solle doch lieber einen Winzer nehmen, was mir angesichts meiner Liebe zu gutem Wein nur logisch erschien. Tja, und darauf warte ich nun. Ich bin erst 24 Stunden hier, was nicht ist, kann ja noch werden und ein bisschen mehr Zeit sollte ich dem Schicksal schon zubilligen!

Heute früh ging es dann um acht Uhr aufs Feld zu vier Stunden Arbeit – auch da sind Marguerite und Jean-Charles sehr kulant und bleiben am unteren Ende der Zeit, die man als Wwoofer täglich arbeiten soll. Ab morgen werden wir wohl nach allgemeiner Absprache und Zustimmung zwei Stunden länger arbeiten, die wir dann bezahlt bekommen. Rate mal, womit ich mich entlohnen lasse! Naturalien, sag ich nur! Flüssige!

Im Vergleich zum Beaujolais, wo ich vor fast 30 Jahren (oh Gott!) mehrere Jahre lang bei der Weinlese arbeitete, sind hier die Rebstöcke ganz anders beschnitten, die Trauben hängen in rückenfreundlicher Höhe, der erwartete ‚Weinberg' stellte sich als platter Acker heraus, dessen Boden wunderbar eben und nicht zerfurcht und schotterig wie in Frankreich ist. Natürlich schmerzt der Rücken nach sechs Stunden Bücken durchaus, jedoch hält es sich in Grenzen. Die Sonne strahlt vom wolkenlosen Himmel, aber wenn es gerade beginnt, am Nachmittag zu heiß zu werden, ist unser Arbeitstag zu Ende und wir können im Fluss hinterm Haus baden gehen oder wenige Kilometer zum Meer fahren. Paradiesische Zustände nach der Plackerei bei Peter!

Australien ruft Südheide

So, ich glaube, ich muss jetzt dringend den 2007er Sauvignon Blanc verköstigen und prüfen, ob er genau so gut ist wie der 2006er gestern!

Donnerstag, 3. April 2008

Morgen geht's unwiderruflich weiter, auch wenn noch 2-3 Tage weiter gepflückt wird! Ursprünglich sollte heute der letzte Tag sein, worauf ich meine Planung abgestimmt hatte. Die Zeit für die Nordinsel wird so langsam knapp. Viele Leute sagen, dass drei Wochen dort oben reichen, aber ich will nicht hetzen, besonders jetzt, da endlich das Wetter mitspielt.

Die vergangenen zwei Wochen sind wie im Flug vergangen: Aufstehen um halb sieben, Frühstück, Arbeitsbeginn halb acht. Fünfzehn Minuten Pause so gegen zehn, dann weiter bis ein Uhr. Bücken, hoch, bücken, hoch, bücken, hoch. Zur Entlastung unterschiedlich gekrümmt, manchmal auf den Knien, manchmal gerader Rücken, manchmal krummer, manchmal gebeugte Knie, manchmal gerade. Alles letztlich gleich schmerzhaft. Aber spätestens, sobald Fabiano mit aufgetürmten Dreadlocks und süßem Lispeln auftauchte, in italienischem Französisch oder englischem Italienisch rumalberte oder völlig unkenntliche italienische Hits durch den Weinberg brüllte, herrschte prima Laune. Mittagspause war gegen eins, meist pflückten wir länger, die Entscheidung lag bei uns. Marguerite und Jean-Charles blieben tatsächlich die Schätzchen, als die ich sie zu Anfang kennengelernt hatte. Beide sind sehr gesprächig, offen und herzlich, immer vergnügt und zu Scherzen aufgelegt. Stell dir mal vor, du hast ständig mehrere Leute im Haus, die in deiner Küche schalten und walten, alle Mahlzeiten mit dir einnehmen, dein Zuhause für ein paar Tage bis Wochen zu ihrem machen – auch wenn sie wie hier nicht unter dem selben Dach, sondern in einem Neben-

Australien ruft Südheide

gebäude wohnen – so dass du letztlich nie allein bist. Und das in diesem Falle während der Lese, also der stressigsten, alles entscheidenden Zeit des Jahres. Unter diesen Umständen jahrelang immer lieb, freundlich, intelligent und witzig wahrscheinlich weitgehend identische Unterhaltungen zu führen, das stelle ich mir ziemlich schwierig vor. Marguerite und Jean-Charles sagen übereinstimmend, dass sie bislang großes Glück gehabt hätten, bis auf einen oder zwei Helfer alle wirklich mochten und die Gespräche durchaus unterschiedlich und sehr interessant seien. Wie man in den Wald hineinruft, so schallt es heraus! In diesem Haus bei diesen Menschen muss man sich einfach wohl fühlen, da ist man in jeder Beziehung in Hochform!

Eines wurde mir täglich bewusst: Ich dachte eigentlich, ich kenne mich mit Wein ein bisschen aus, kann einen Pinot Noir von einem Bordeaux unterscheiden, einen Chardonnay von einem Sauvignon Blanc und weiß, dass man Rotwein nicht unbedingt eisgekühlt trinken sollte. Aber was meine hiesigen Mit-Wwoofer an Kenntnissen an den Tag legen, gibt mir ein Gefühl der uneingeschränkten, vorbehaltlosen Blödheit! Jeden Abend standen Weine hoher Güte auf dem Tisch, Weine, die ich mir zu Hause nicht täglich gönne. Es ging um Qualität, nicht um Quantität. Zu Sechst tranken – oder besser: kosteten – wir meist nicht viel mehr als eine Flasche pro Abend, aber die war göttlich. Mir ist ja bewusst, dass die Herstellung von Wein eine ganz besondere Kunst ist, aber mit welcher Leidenschaft und Liebe zum Wein Blair, Susan, Fabiano, natürlich Jean-Charles und Marguerite und an vielen Abenden Besucher, meist Freunde von anderen Weingütern, schnuppernd und schlürfend fachsimpelten, ließ mich wirklich in Ehrfurcht erstarren. Nicht arrogant, gedrechselt oder maniriert, sondern kompetent und voll der Erfahrung, wie bestimmte geschmackliche Feinheiten, Abstufungen und Nuancen erreicht werden können. Das konnte ich natürlich in zwölf Tagen nicht aufnehmen, da muss ich einfach weiter probieren und lernen – aber ich könnte mir schlimmere Forschungsfelder vorstellen!

Jeden Nachmittag backte ich nach dem Schwimmen zu wunderbarer Musik aus der abwechslungsreich ausgestatteten CD-Sammlung einen Kuchen! Seit meiner Au-Pair-Zeit in Paris liebe ich Rotweinkuchen und war bass erstaunt, dass ihn hier niemand kannte! Und das auf einem Weingut! Falls es dir genauso geht, hier das Rezept:

Rotwein-Schokoladenkuchen
(nicht ganz kalorienfrei!)

250 g Mehl
250 g Zucker
250 g Butter
4 Eier
200 ml Rotwein
1 TL Zimt
2 EL Kakaopulver
150 g Schokoladenstückchen
1 Päckchen Vanillezucker
1 Päckchen Backpulver

Nach den üblichen Regeln vermischen und bei 180 Grad etwa 70 Minuten backen. Vorsicht, macht definitiv süchtig!

Australien ruft Südheide

Sonntag, 6. April 2008

Die *Rainbow Warrior*! Greenpeace! Wo wäre diese Welt, wenn es diese Organisation, dieses Schiff nicht gäbe? Die *Rainbow Warrior* als Inbegriff von haarsträubenden Aktionen und todesmutigen Aktivisten, die in winzigen Schlauchbooten vor Walfängern dümpelten oder verfolgt vom französischen Geheimdienst in Atolle einfuhren, um dort die französischen Atomversuche zu verhindern. Erfolgreich, bis der französische Geheimdienst 1985 die *Rainbow Warrior* I hier in Neuseeland im Hafen in Auckland versenkte und dabei einen portugiesischen Aktivisten tötete. Ich erinnere mich noch sehr gut daran, wie empört ich damals darüber war, dass eine Regierung eine so offenkundig kriminelle Handlung ungestraft begehen kann. Ich Naivchen!

Und heute stand ich nun tatsächlich im Hafen von Wellington ehrfurchtsvoll an und unter Deck der *Rainbow Warrior* II und lauschte den Erzählungen der jungen Wissenschaftler, Aktivisten und Schiffsbesatzungsmitglieder, die uns auf ihrem Schiff herumführten! Ich konnte es gestern kaum glauben, als ich nach meiner Ankunft in Wellington die Zeitung durchblätterte auf der Suche nach Sehenswürdigem und Veranstaltungen, mit denen man auch im strömenden Regen (!) relativ trocken sein Wochenende angenehm verbringen könnte und plötzlich las, dass die *Rainbow Warrior* im Hafen vor Anker liege und man sie Samstag und Sonntag besichtigen könne. Regen oder nicht, da musste ich hin und – man glaubt es kaum – die etwa zwei Stunden, die ich auf dem Schiff und am Kai verbrachte, waren die einzigen, in denen sogar ab und an die Sonne durch die Wolken brach! Ich hatte die ganze Zeit richtig Herzklopfen und bestimmt glänzende Augen, als ein sympathischer Argentinier mit spitzbübischem Grinsen von dem Katz- und Maussspiel der Crew mit den Leuten vom französischen Geheimdienst vor einem ‚Besuch' dieser zweiten *Rainbow Warrior* auf dem Mururoa Atoll sprach: Er erklärte die Bohrungen in den Fenstern der Brücke als Haltepunkte für eine eilends angebrachte Vergitterung gegen das Eindringen der Geheimdienstler, die daraufhin die Fenster von außen schwarz besprühten und hofften, dass das erblindete Schiff nun in den engen Durchfahrten des Atolls aufgeben würde. Der Kapitän hatte Ähnliches vorausgesehen und lavierte sein Schiff von einem Loch in einer Kiste oberhalb der Brücke aus durch die engen Passagen. Erfolgreich, denn die Franzosen mussten den Atomtest absagen und führten danach auf Mururoa keinen weiteren durch! Auch unter Deck fühlten wir uns hautnah bei der Sache, als wir im Laderaum zwischen eingerollten Bannern, Teilen von Schlauchbooten, Seilen und allem möglichen Gerät Platz fanden, um uns einen leider viel zu kurzen, aufregenden Film anzusehen, in dem zig haarsträubende Aktionen der vergangenen Jahrzehnte zusammengeschnitten waren, die man zwar alle aus den Nachrichten kannte, die aber in so geballter Form die gesamte unglaubliche Bandbreite der Arbeit von Greenpeace besonders deutlich werden ließ. Für mich steht endgültig fest, dass Greenpeace und seine Mitarbeiter zu meinen absoluten Helden gehören! Ähnlich wie vor dreißig Jahren bei einigen der ersten kontroversen Aktionen und Diskussionen der Grünen schoss auch bei Greenpeace vielleicht manches über Ziel und guten Geschmack hinaus, aber man muss manchmal radikale Standpunkte vertreten, nachdrücklich seinen Forderungen Gehör verschaffen, damit beim langen Weg durch die Instanzen Ideale und Entschlüsse nicht zu sehr verwässern.

Nachdem sich meine Aufregung langsam gelegt hatte und ich wie üblich die Stadt per pedes erkundete, fand ich die unteren fünfzig Meter von Wellington sehr hübsch – alles was darüber lag, verschwand in einer undurchdringlichen Decke aus tief über Bay und Bergen liegenden Wolken, aus denen es mal mehr, mal weniger nieselte. Also standen Museen auf dem Programm: Allein im *Te Papa* verbrachte ich zweimal fünf Stunden und langweilte mich keine Minute. Es ist das ‚Museum Neuseelands', in dem von den Maori-Anfängen über unterschiedlichste Einwanderungswellen, Fauna und Flora bis hin zu moderner Kunst auf fünf Stockwerken alles seinen Platz findet, was NZ ausmacht. Wirklich beeindruckend, sowohl inhaltlich als auch was die Art der Präsentation anbetrifft: Man kann vieles anfassen, öffnet Schranktüren, hinter denen sich Schiffsrationen der frühen Siedler verbergen inklusive einiger überrascht aufschauender, ausgestopfter Ratten, oder hört das Ächzen und Knarren der Schiffsbalken und das Stöhnen kranker Passagiere unter Deck in der Einwanderungsabteilung. Die olfaktorischen Zustände einer Überfahrt um 1850 hat man den Besuchern Gott sei Dank erspart.

Auf den Samstagabend hatte ich mich besonders gefreut, da wollte ich in einer mir von Blair empfohlene Jazz-Kneipe namens *Mighty Mighty* zur Abwechslung mal wieder so richtig das Stadtleben genießen. Als um halb 11 endlich die Musik begann, gab man an diesem Abend allerdings nicht Jazz, sondern krachigen Zweimann-Rock 'n Roll – nach zehn Minuten ging glücklicherweise die Anlage kaputt. So konnte ich mich mit zwei jungen Männern, Kiwis, an meinem Tisch unterhalten, was sich allerdings als sehr anstrengend entpuppte. Beide zusammen genommen erreichten kaum mein Alter, waren aber ausgesprochen anhänglich. Als dann auch noch ein dritter Freund auftauchte, mir fest und lange die Hand drückte, tief in die Augen schaute und sich suchend nach einem Stuhl umsah, bot ich eilig meinen an, ergriff meine Tasche und Hals über Kopf die Flucht. Da es inzwischen auf halb zwölf zuging, waren die Straßen voller besoffener, kreischender Jugendlicher, deren weiblicher Anteil trotz Regen und Kälte spärlichst bekleidet vor Kneipen stand oder auf prekär hohen Hacken die Straße entlangstöckelte, sodass mir

Australien ruft Südheide

der Appetit auf ein weiteres Bier verging und ich entnervt nach Hause ging. Freue ich mich auf Europa, gemütliche Weinbars und eine Kneipenszene, in der man auch über dreißig nicht bereits zum Alteisen gehört oder als Frau nicht halbnackt losziehen muss, um Spaß zu haben.

Sonntag, 13. April 2008

Mir stinkt's! Und zwar ganz gewaltig! Schwefel! Ich bin nämlich inzwischen in Rotorua, dem vulkanischen Zentrum Neuseelands, angekommen. Hier in der Gegend pufft und sprudelt und gluckert es überall aus dem Boden, stinkt nach faulen Eiern, also nach Klärwerk, und viele der Berge sind eindeutig kegelförmig oder waren es, bevor sie explodierten. Und das geschieht gar nicht so selten! 1995 gab es etwa hundert Kilometer weiter südlich im National Park ein größeres Schauspiel, als der Ruapehu das letzte Mal spektakulär ausbrach. Neuseeland gehört zum sehr aktiven pazifischen *Ring of Fire* und pro Jahr bebt die Erde etwa dreitausend Mal, allerdings meist für uns nicht spürbar.

Die Südinsel ist berühmt für Fjorde, Gletscher, Berge und ihre Tierwelt, die Nordinsel in der Hauptsache für geologische Phänomene wie Vulkane, Geysire und einige schöne Strände, zum Teil in Personalunion: Es gibt heiße Strände, das heißt man gräbt am Strand ein Loch, das sich dann mit thermal aufgeheizten Wasser füllt und fertig ist die Badewanne. Meine erste, glücklicherweise passive Begegnung mit den Naturgewalten der Nordinsel fand in Napier an der Ostküste statt. Die meisten Ziegelgebäude waren 1931 von einem Erdbeben zerstört worden, die Holzhäuser überstanden das Beben zunächst noch halbwegs unbeschadet. Auf alten Fotos sieht die Stadt aus wie Dresden oder Lübeck nach dem Krieg, denn auch hier brachen sofort Feuer aus. Was übrig blieb, waren Gerippe und Schutthaufen. Die Stadtobe-

Australien ruft Südheide

ren fassten dann die weise Entscheidung, die Stadt so schnell wie möglich neu zu bauen und zwar in dem zu Beginn der 30er Jahre modernen Art Deco Stil. Das Zentrum Napiers ist heute eine lehrbuchwürdige bonbon-bunte Ansammlung von floralen Motiven, Strahlen, Winkeln, Ecken, Kanten und anderen zeittypischen Ornamenten, die selbst bei Regen noch sehr farbenfroh und hübsch aussieht; dazwischen für NZ eher untypische Palmenalleen, ein dagegen hier nicht untypischer schwarzer Kiesstrand und viele Touristen. Ein Art-Deco-Vorzeigestädtchen zu bauen war eine wirklich lukrative Idee! Im örtlichen Museum ist ein direkter Link zu einem seismologischen Institut beeindruckend: Man kann zum Beispiel genau ablesen, wo in NZ es in den vergangenen Tagen gebebt hat. Eine Grafik, die ich so noch nie gesehen hatte, ließ unter die Erdoberfläche blicken und zeigte anschaulich, wo die Beben in welcher Tiefe mit welcher Stärke rumpelten – und da sah man ein wildes Gewimmel von sehr, sehr vielen Aktivität symbolisierenden, verschiedenfarbenen Punkten, die wie bunte Lichterketten unter Neuseeland hingen, und bekam mit Kloß im Hals deutlich vor Augen geführt, wie unberechenbar diese Beben sind, sprich wie leicht es entlang der zahlreichen Spalten unter Neuseeland zu einer unglücklichen Verknüpfung von geringer Tiefe, großer Stärke und Nähe zu dicht bebauten Gebieten kommen kann!

Abends gab es dann Kultur pur. Seit Wochen hatte ich an Litfasssäulen überall im Land eine Konzert-Ankündigung gesehen für das Eggner-Trio, ein Kammertrio aus Österreich, und immer war ich entweder zu früh oder zu spät am betreffenden Ort. Aber hier passte es endlich und so fand ich mich um acht Uhr inmitten der Pensionärsszene Napiers im örtlichen Kino-Theater-Konzertsaal wieder und genoss fast zwei Stunden lang ein absolut fantastisches, hochkarätiges Konzert, das Sehnsucht nach mehr kulturellen Events aufkommen ließ, die in Neuseeland allerdings nicht zu stillen ist. Auch ein Grund für Heimweh!

In Napier wäre ich noch gerne etwas länger geblieben, aber der Berg rief! Auf dem Programm stand die Tongariro Crossing, die angeblich schönste Tageswanderung Neuseelands durch den Tongariro National Park rund um drei zum Teil aktive Vulkane im Herzen der Nordinsel. Dort sollte laut sämtlichen deutschen und neuseeländischen Vorhersagen das Wetter gut sein – anders als in Napier – und tatsächlich fand ich nach 200 Kilometern Fahrt – oh Wunder – strahlenden Sonnenschein und ein paar malerisch um die Kuppen der Vulkane drapierte Wölkchen vor! Den ersten Nachmittag verbrachte ich damit, mich darüber zu wundern, wie sich diese mit schwarzen Lavabrocken und -schutt bedeckten vegetationslosen Berge im Winter in das Zentrum des Ski-Geschehens der Nordinsel verwandeln können. Fritze und ich erklommen im Schritttempo die steile Straße zu einem Dörfchen hoch oben am Vulkan auf 1600 Metern, in dem zwischen Lava-Geröll eindeutig nach alpiner Skikulisse aussehende Ferienhäuser, Restaurants und Liftanlagen standen, die gerade für die nahende Wintersaison in Schuss gebracht wurden. Ein ziemlich schräger Anblick, aber die Fotos in Läden und Hostels der Umgebung belegten deutlich, dass Ski und Rodel hier gut sein müssen. Für die nächsten Tage war jedoch zunächst mal Sonne satt angesagt und so ging ich dann am nächsten Morgen im Frühtau zu Berge. Meine Güte, bin ich unfit! Solche Steigungen legten wir bei unseren Wanderungen in der Umgebung Pekings mühelos zurück, hier keuchte ich nach Monaten relativer Bewegungslosigkeit atemlos die Stufen hoch! Ja, richtig gelesen, zum Teil haben die freundlichen Herren vom *Department of Conservation* gut befestigte Holzstufen und -wege angelegt, die ich zunächst ausgesprochen störend fand, da ich mir Neuseeland wesentlich wilder und ursprünglicher vorgestellt

Australien ruft Südheide

hatte. Nach den ersten Kilometern wurde mir allerdings zunehmend klar, dass diese Befestigungen hauptsächlich dem Schutz der Natur und erst in zweiter Linie der Bequemlichkeit der Touristen dienen, denn wenn jeder irgendwo auf breiter Front den Berg hoch kraxelte, wären Schäden und Zerstörung wesentlich umfangreicher. Was sich mir zwischen steilem Auf- und Abstieg bot, übertraf alle Erwartungen! Der perfekt geformte Kegel des 2287 Meter hohen Mount Ngauruhoe, der in der Gipfelregion an mehreren Stellen qualmte, bildete das Hintergrundbild zur Frühstückspause und die Entscheidung stand an, ob ich da hoch straucheln wollte oder nicht. Der Blick von dort oben muss einfach traumhaft sein, aber der Anstieg sah sehr rutschig, steil und gefährlich aus, und da ich grundsätzlich nicht glücklich mit Höhen bin, war meine Entscheidung nach ein paar hundert Metern Probeanstieg schnell getroffen. Später sagte ein junger Mann, der oben gewesen war, dass das zum Beängstigendsten und Riskantesten gehörte, was er jemals gemacht hat, weil es oben keinen erkennbaren Weg und auf dem losen Geröll keinerlei Halt gab, die Kuppe zum Teil in den Wolken lag und man auf allen Vieren irgendwie versuchen musste, heil den Berg hoch und wieder runterzukommen. Und das war einer von denen, die sich ohne mit der Wimper zu zucken mit einem Stückchen um die Füße gewickelten Gummiband von Brücken und anderen möglichst hohen Gebäuden oder Gerüsten stürzen oder sich fröhlich jauchzend aus mehreren tausend Metern mit einem auf den Rücken geschnallten Tandempartner aus Flugzeugen fallen lassen! Ohne mich!

Was sich während der Tongariro Crossing am Wegesrand bot, ist ganz sicher das herausragende Naturerlebnis meines Neuseelandaufenthaltes! Siebzehn Kilometer weit geht es vorbei an rauchenden Vulkankegeln, leuchtend roten Gesteinsschichten im grandiosen *Red Crater*, einem Stück wild aufgerissener Erde, in das man wie in eine gigantische, unregelmäßg-zackige Narbe von oben hereinblickt, holt sich ein warmes, feuchtes Hinterteil bei einer Rast auf dem mit etwa 1600 Metern höchsten Punkt des Trecks, wo der Boden auf weiter Fläche aus jeder Pore heißen, feuchten Dampf ausatmet, in dem man sich gerade noch niederlassen kann, ohne dass man sich den Allerwertesten ansengt. Jemand machte die launige Bemerkung, dass man sich so wohl als Baby mit vollen Windeln fühlen müsse. Netter Vergleich! Überhaupt waren viele Mit-Wanderer recht unterhaltsam. Die Strecke ist sehr stark frequentiert, man ist nie allein, irgendjemand hat immer einen Scherz oder ein paar aufmunternde Worte parat. Es machte Spaß, an den schönsten Plätzen eine kurze Atempause einzulegen, Fotos voneinander zu machen, zu versuchen, diese Landschaft und seine Gefühle irgendwie in Worte zu fassen oder einfach nur gemeinsam lautstark vor sich hinzuschnaufen. Von dort oben genossen wir also sozusagen in Windeln nicht nur auf der einen Seite den Blick in den *Red Crater*, uns zu Füßen lagen außerdem die Emerald Lakes, die auf jeder Broschüre des Tongariro Nationalparks abgebildet sind. Nun hatte ich im Zeitalter schummelnder Computertechniker gedacht, dass da jemand mit Photo-Shop kräftig nachgeholfen hat, was die Farbgebung der Seen anbelangt. Falsch! Diese Seen leuchten tatsächlich in geradezu unwirklichem, unnatürlich erscheinenden Grün aus dem sie umgebenden dunklen Lavagestein zu den nach stinkiger Luft schnappenden Wanderern hinauf!

Der Abstieg zu den Seen war rasant: Ich lief den steilen Hang mit riesigen Sprüngen – bei jedem Schritt bis zu den Knöcheln in tiefen, warmen Sand versinkend – hinunter, was zwar ziemlich piekte, weil ich mit jedem Schritt mehr Sand und Steinchen in die Stiefel schaufelte, aber trotzdem machte es ungeheuer Spaß. Leider war das in jeder Beziehung der Höhepunkt des Trecks,

Australien ruft Südheide

denn nach einem flachen Teilstück entlang des weit weniger spektakulären Blue Lake begann der Abstieg und der war lang, knie-feindlich und bis auf das letzte Stück, das durch einen sehr schönen Wald führte, recht öde, auch wenn der Blick über den gesamten Lake Taupo bis in das 80 Kilometer entfernt liegende Städtchen gleichen Namens etwas entschädigte. Fazit: Falls es dich irgendwann tatsächlich nach Neuseeland verschlagen sollte, ist die Tongariro Crossing auch für dich Wander-Unlustige ein absolutes Muss!

Und der Tag ging so wunderbar weiter! Ich machte nämlich eine Nacht in Taupo Rast und Lisa, eine Neuseeländerin, mit der ich mir das Zimmer teilte, war rundweg ein Volltreffer! Abends hatten wir kaum Zeit zum Klönen, weil sie wegen eines Hockey-Spiels ihrer Tochter hier war, aber am nächsten Morgen schwatzten wir stundenlang in den Betten und beim Frühstück mit dem Ergebnis, dass sie mich zu einem Wochenende mit ein paar Freundinnen in einem Ferienhaus auf der Coromandel Halbinsel und zu sich nach Hause einlud. Ich hoffe, ich kann mindestens eine der Einladungen wahrnehmen! Wenn ich bloß mehr Zeit hätte!

Weiter ging es dann nach Rotorua, und da sitze ich nun, benebelt von fauligen Dämpfen, aber ähnlich begeistert wie zuvor vom Tongariro Nationalpark. Womit die Natur hier aufwartet, ist wortwörtlich atemberaubend! Gestern habe ich mir Orakei Korako, ein kleineres, aber auch sehr schönes Geothermalgebiet angesehen, heute war ich im Waiotapu Thermal Wonderland. Blöder Name, aber sehr zutreffend. Die Farben, in denen Tümpel, Seen, Sinterterrassen, Schlammlöcher und Krater mit Hilfe diverser Mineralien erstrahlen, reichen von rot über türkis, blau, grün, weiß bis zu zitronengelb und – frei nach Loriot – einem frischen schlammgrau. Den Gestank nimmt man glücklicherweise irgendwann weniger wahr, trotzdem bleibt meine Befürchtung, dass er sich auf Wochen fest in Haut, Haare und Kleidung einfrisst und meine Sozialkontakte auf ein Mindestmaß reduzieren wird. Besonders komisch war der Lady Knox Geysir. Der wird nämlich jeden Morgen um 10.15 Uhr mittels biologisch abbaubarer Seife in Aktion gekitzelt. Durch die reduzierte Oberflächenspannung spuckt der Geysir zuerst kräftig Schaum und dann schießt vor dem staunenden Publikum, das in der amphitheaterartigen Anlage zu Hunderten geduldig wartet, eine Fontäne bis zu 20 Meter in die Luft. Touristen-Spektakel pur! Eine passende Geschichte gibt es dazu natürlich auch: Strafgefangene, die in der Umgebung vor über hundert Jahren arbeiteten, entdeckten das Heißwasserbecken und beschlossen, ihre Wäsche dort zu waschen. Nachdem sie Seifenpulver in den Kessel geschüttet hatten, verabschiedete sich sehr zur Überraschung der Herren ihre Wäsche in dem aufschießenden Wasserstrahl himmelwärts und sie selbst sich furchtbar erschrocken in alle Himmelsrichtungen! Wenn Männer schon mal Wäsche waschen wollen!

Eigentlich hatte ich erwartet, dass mein Interesse an diesen unterschiedlichen Thermalgebieten spätestens nach dem zweiten erlahmt, aber weit gefehlt! Ich hätte mir gerne noch einige andere angesehen, die im Umkreis Rotoruas vor sich hin blubbern, aber – du ahnst es wahrscheinlich – meine Pläne wurden rabiat vom Wetter vereitelt.

Gestern Abend rang ich mich zu einer Maori-Show durch, Entschuldigung: einer Kulturveranstaltung der Maoris. Gut so, denn auch hierbei war ich bass erstaunt! Erwartet hatte ich viel kitschig-bunten Zauber für die tumben Touristen, wurde dann aber vier Stunden lang bestens und sehr humorvoll unterhalten. Meine Begeisterung wurde nicht nur von den herrlich tätowierten nackten Männerpopos angestachelt: Abends ist es inzwischen empfindlich kühl, aber was ein echter Maori ist, der trägt auch dann nur ein kleines Läppchen statt Feigenblatt. Auch entzückten mich die mehrstimmigen Gesänge, der berühmte *haka*, der

Australien ruft Südheide

Kriegstanz der Maoris mit viel Gebrüll, aufgerissenen Augen und unfassbar weit herausgestreckter Zunge, und eine kurze Wanderung im Dunkeln entlang eines kleinen Bächleins, auf dem ein *waka*, ein Maori-Kanu, heranruderte, inklusive acht trotz der Kälte dürftig bekleideter, wild dekorierter und böse brüllender Krieger. Zwischendurch servierte man *hangi*, das in der Erde gekochte, typische Mahl der Maoris. Nur eins fehlte mir persönlich: das traditionelle Nasenpressen mit dem gar reizenden Häuptling!

Dienstag, 15. April 2008

Stromausfall. Mal wieder. Man kennt das in Neuseeland. Wenn es stürmt oder ohne erkennbaren Anlass. Hoffentlich bekommt das Laptop bald wieder Strom, sonst nützt mir alle Zeit der Welt nichts, die ich endlich wieder habe, um dir zu schreiben. Rate mal, woran es liegt, dass ich nicht wie geplant am Strand liege, eine Wanderung oder eine Bootstour unternehme? Richtig, es schüttet! Wie aus Eimern und das schon seit etwa 36 Stunden. Es donnert und blitzt, Straßen sind über- oder unterspült, Äcker stehen unter Wasser, Neuseeland jubiliert, die in Teilen des Landes schlimmste Dürre seit 1956 ist zu Ende, Radiomoderatoren dichten Lieder auf den Regen, die Reservoirs füllen sich sichtbar – und ich steh mal wieder im waagerecht peitschenden Wasser! Und das in Northland, dem Zipfelchen Land nördlich von Auckland, am äußersten Ende der Nordinsel, berühmt für subtropisches Klima, türkis schimmerndes Meer und leuchtend weiße Strände – wenn man diese denn durch den treibenden Regen sehen könnte. Laut Wettervorhersage soll es noch ein paar Tage so bleiben. ‚Ein paar' ist immer so enervierend unbestimmt: Sind das drei oder sieben Tage? Das Positive an der Misere: Ich sitze in einem urgemütlichen *backpackers*, *Captain Bob's Beachhouse* in Paihia an der Bay of Islands. Regale voller Tausch-Bücher, sehr

Australien ruft Südheide

gut ausgestattete Küche, schuhfreie Zone ab Haustür, sogar Teppiche im ganzen Haus, fünfzig Meter zum Strand und Balkone, von denen man – angeblich – den Ozean sehen kann. Warten wir den sichtbaren Beweis ab, bis die Sintflut das zulässt, aber hören kann man die Brandung immerhin!

Freitag, 18. April 2008

Neuseeland trauert. In dem Unwetter, von dem ich vor drei Tagen berichtete, sind im Tongariro Nationalpark, nur wenige Kilometer von meiner Wanderstrecke entfernt, sechs Schülerinnen und Schüler im Alter von sechzehn Jahren und ein 29-jähriger Lehrer beim Canyoning in einer flashflood, einer Sturzflut, ums Leben gekommen. Wie unbeschreiblich traurig und unfassbar grausam eine solche Tragödie ist – wie unzulänglich Sprache, solch ein entsetzliches Unglück in Worte zu fassen. – Auch aus Peking erreichen mich schlimme Nachrichten, liebe Menschen sind gestorben oder schwer krank ... Beeinflussen kann man den Gang der Dinge kaum, einen Glauben, der mir weiterhelfen könnte, habe ich nicht. Ergo: Carpe diem. Jeden Tag neu ergreifen, zugreifen, festhalten, in seiner Fülle wahrnehmen. Alt? Abgedroschen? Platt? Oberflächlich? Nein, wahr und überzeugend rufen sich diese Worte zu solchen Anlässen immer wieder als mein Leitsatz in Erinnerung.

Sonntag, 20. April 2008

Soso, das ist also Auckland! Von vielen anderen Reisenden hatte ich gehört, dass man sich die Stadt sparen könne, sie habe kein Flair, nichts Außergewöhnliches – und jetzt gebe ich ihnen Recht. Sie liegt zwar wunderschön am Wasser, hat ein abwechslungsreiches Hinterland, meist prima Wetter und hätte damit das Poten-

Australien ruft Südheide

tial, seinen 1,2 Millionen Einwohnern eine Menge zu bieten. Tut sie aber nicht. Die gesamte Kulturszene scheint eher einer Stadt von einem Zehntel der Größe angemessen, Geschäftsstraßen und Architektur bieten wenig Besonderes. Zwei Tage reichten mir, aber nach NZ kommt man nicht wegen der Städte, da gefiel mir Northland wesentlich besser!

Der Regen, der mich empfing, löste sich sympathisch schnell in Wohlgefallen auf und vier Tage lang hatte ich meist Sonnenschein. Es wird Herbst. Viele Bäume und Büsche sind bunt verfärbt und besonders nachts ist es empfindlich kühl. Im Tongariro Park hatten wir neulich schon heftig Nachtfrost, morgens hieß es Eis kratzen. Eine Nacht im Zelt auf dem Weg nach Auckland hat mich davon überzeugt, meine letzten zehn Tage in NZ lieber in Hostels zu verbringen. Auch am Tage ist mindestens ein dicker Pulli notwendig, ich habe die langen Hosen nach fast drei Monaten aus dem Rucksack gekramt, und das ist besonders fies, da meist die Sonne scheint und ich an wunderschönen Stränden entlangspaziere oder segele, ab und an auch noch schwimme, aber faul in der Sonne im Sand zu liegen ist eindeutig passé. Ja, richtig gelesen, ich war endlich nach fast sieben Jahren wieder segeln und zwar zum ersten Mal auf einem Katamaran! Ein beeindruckendes Schiff! 72 Fuß lang, leuchtend rot, der größte kommerziell genutzte Katamaran Neuseelands, der bei einer Tagestour schon mal sechzig Passagiere an Bord hatte! Bei der Überführung von Australien nach NZ segelte die *On the Edge* 33 Knoten schnell, gut 60 Stundenkilometer, eine ganz beachtliche Geschwindigkeit für ein Boot. Wir haben es neulich immerhin auf 14,5 Knoten gebracht, aber gespürt hat man davon nichts. Kats liegen anders als einfache Kielboote sehr ruhig im Wasser. Saukalt war es! Einige der nur zwölf Mitsegler hatten es sich noch im Hafen in T-Shirt und Shorts auf den Trampolinen, den zwischen den Kufen aufgespannten, netzartigen Liegeflächen, gemütlich gemacht – dann aber im Minutenrhythmus mehr Kleidungsstücke angezogen, so dass wir alle am Ende des Tages unsere Piccolos leckeren neuseeländischen Sekts in Öljacken mit Kapuzen einnahmen. In Australien, oben im heißen Queensland, will ich wieder segeln gehen, dann für mehrere Tage! Heiß klingt ja gut und schön, aber dort kann ich dann leider nicht wie hier einfach ins Wasser hüpfen, da warten Haie, Krokodile und mordende Quallen. In dieser Hinsicht werde ich mich sicher noch das ein oder andere Mal nach Neuseeland zurücksehnen!

Dienstag, 22. April 2008

Im Hintergrund spielt eine CD von Whirimako Black, einer Maori Sängerin, die ich neulich in einer Galerie gehört und mir dann gleich drei ihrer CDs gekauft hatte. Wunderschöne ruhige, sanfte, manchmal fast mystische Musik. Ich verstehe kein Wort Maori, aber gerade das gibt der Musik eine besondere Qualität, man kann sich ganz auf den Klang der Worte und der Töne einlassen. Dazu ein Glas Wein in einem behaglichen, TV-freien Backpackers in Hahei am Strand auf der Coromandel Halbinsel, nächtelange Gespräche. Ich stimme eindeutig nicht mit anderen Reisenden überein, die bei der Nordinsel eher abwinken und sagen, die könne man schnell abhaken, Rotorua, Tongariro, das wär's. In Northland und besonders auf der Coromandel gefällt es mir sehr gut. Die Strände sind nicht palmengesäumt wie in Thailand und die Dörfer haben nach einer einstündigen Schnuppertour (im Örtchen Kawakawa immerhin inklusive eines neuseelandweit berühmten von Hundertwasser entworfenen öffentlichen Klos) nicht viel zu bieten, aber die Atmosphäre stimmt. Ich fühle mich herrlich entspannt, genieße es einfach stundenlang zu lesen oder zu schreiben, am Strand entlangzulaufen, der Brandung zuzuhören und Löcher in die Wellen zu starren oder mit den anderen

Australien ruft Südheide

Reisenden zu klönen, die sich wie ich in der Nachsaison in diese eher unauffälligen Gegenden verirren. Schade ist nur, dass es inzwischen nach der Zeitumstellung – wir haben hier seit dem 6. April Winterzeit – um sechs Uhr abends dunkel ist und dadurch die Aktivitäten draußen eingeschränkt sind. Der Gemütlichkeit abträglich ist einzig das Fehlen einer Heizung in fast allen Häusern, egal ob privat oder Backpackers. Die meisten Privathäuser haben einen Holzofen im Wohnzimmer, der dort wie ein Kamin eine winterlich-wohlige Stimmung verbreitet, das Haus zum Teil mitbeheizt und das Wasser erwärmt. In vielen Hostels steht in den Schlafzimmern höchstens ein elektrischer Radiator und daher war es in einigen Zimmern sehr kühl und verbunden mit der hohen Luftfeuchtigkeit recht klamm. Ich sollte wirklich in Deutschland ein Hostel aufmachen, in dem ich all das einbringe, was ich auf meinen Reisen beobachtet und gelernt habe. Betten, Lampen, Lüftung, Lichtschalter, Küchen, Bäder, Musik und Mobiliar ... das in einem einzigen Hostel kombinierte Optimum aller Bereiche habe ich noch nicht gefunden, aber einige der Kiwi-Backpacker kommen dem schon sehr nah!

Heute hatte ich richtig Spaß! Wusstest du, dass Knochen furchtbar eklig stinken, wenn man darauf herumsägt oder -schleift? Keine Angst, ich bin nicht unter die Kannibalen gegangen, ich habe mir nur einen Kettenanhänger in neuseelandtypischer Maori-Manier geschnitzt, im sehr professionellen Workshop von Roland und Claudia, zwei Deutschen, die hier in Whitianga leben. Ich begann mit einem kleinen Schienbeinscheibchen einer vormals glücklichen Kiwi-Kuh und endete nach zweieinhalb Stunden Feilen, Schleifen und Raspeln mit einem Anhänger, dessen Design ich vorher selbst entworfen hatte. In NZ läuft jeder, egal ob Kiwi oder Tourist, mit einem Anhänger entweder aus Knochen oder aus *greenstone* herum und jetzt gehöre ich endlich auch zur Masse, diesmal sehr gerne.

Sonntag, 27. April 2008

Wow!

Wow wow!

Ich schwebe einen Meter über dem Boden, Musik in den Ohren, im Kopf, im Herzen, im Blut, im Bauch! Ich komme gerade aus dem neuen U2 Film, U2 3D. Völlig genial! Den MUSST du dir ansehen! Anhören! Anfühlen! Die 3Dimensionalität ist einfach berauschend, überwältigend und zusammen mit der großartigen Dolby Suround Tonqualität und der perfekten Lautstärke hatte ich fast den Eindruck, im Konzert zu sein, nur dass man dort nie so herrlich nah heran kommt. Nach dem ersten Stück hätte ich fast die Arme hochgerissen und angefangen zu klatschen, so authentisch wirkte der 3D-Effekt. Blöd nur, dass man im Kino relativ still dasitzt, weder mitspringt noch tanzt und schon gar nicht lautstark mitsingt! Ich liebe Konzerte, je näher an der Bühne, je heißer, schwitziger und enger, desto besser. Wie ich das in Peking vermisst habe! Und wie blöd war ich eigentlich, die Ankündigungen für das Police Konzert damals in Melbourne zu übersehen?!

Donnerstag, 1. Mai 2008

Dreizehn Grad Tageshöchsttemperatur! Regen! Dichte Wolkendecke! Ich möchte bitte einen Glühwein! Bevor jedoch womöglich wie bereits im Süden auch hier die ersten Schneeflocken fallen und ich anfange, mich vorweihnachtlich zu fühlen und Kekse zu backen, sollte ich mich schleunigst von Neuseeland verabschieden! Mein Fritzchen habe ich heute problemlos dem Autohändler wie vereinbart für den halben Preis zurück verkauft, morgen früh um sechs geht der Flieger nach Sydney.

Australien ruft Südheide

Tja, meine Liebe, das ist nun das Ende meiner letzten Mail aus Neuseeland, dem Land ohne Autobahnen und ohne Atomkraft, aber auch noch weitgehend ohne Umweltbewusstsein. Dem Land, in dem ein Haus inklusive vollständiger Inneneinrichtung bis hin zum Besteck im Schrank in vier Tagen fertiggestellt werden kann, wenn sich über hundert Firmen zwecks der Versteigerung dieses Hauses für einen wohltätigen Zweck zusammentun. Dem Land, in dem ‚viel Verkehr' heißt, dass einem auf einer Landstraße mehr als fünf Autos pro Stunde begegnen. Dem Land mit den wahrscheinlich saubersten Toiletten weltweit, in denen man auch mitten im Bush noch Klopapier und eine Telefonnummer für Beanstandungen vorfindet. Dem Land, in dem aufgrund weitgehend fehlender Baubeschränkungen unendlich vielfältige, bunte, phantasie- und geschmackvoll gestaltete Häuser die Landschaft zieren. Dem Land mit putzigen, flugunfähigen Vögeln und netten, eher unauffälligen, aber liebenswürdigen und höflichen Menschen, ohne giftiges Getier und mit einer fantastischen Landschaftsfülle, die Mediterranes mit Alpinem und isländische Vulkanfelder mit deutschem Mittelgebirge verbindet. Dem Land, in dem Ureinwohner und Neueinwohner relativ wenige Probleme miteinander zu haben scheinen, was historisch begründet unter anderem daran liegen mag, dass die Maoris mit nur einer Sprache eine recht homogene Volksgruppe darstellen, die politisch relativ früh mit einer Stimme sprach. Anders die Aborigines in Australien mit ihren etwa 250 Sprachen! Dem Land, in dem man selten weit vom Ozean entfernt ist, viele Familien ein Boot haben, Angeln Nationalsport ist und schon mal ein überfahrener Fisch auf der Straße liegt. Dem Land, das in vielerlei Hinsicht putzig antiquiert ist mit prähistorischen Schaufensterpuppen, weißgestrichenen Lattenzäunen, 60er-Jahre Gasöfen und Spitzengardinchen, das andererseits aber auch etwas weltabgewandt und rückständig, in dem internationale Nachrichten rar sind und Häuser trotz Kälte und Feuchtigkeit außer einem zentralen Ofen keine Heizung haben und schlecht isoliert sind. Dem Land mit einem für Traveller ungemein unkomplizierten Reisen auf leeren Straßen und in wunderbaren, kleinen familiären Hostels, aber ohne wirkliche kulturelle Vielfalt wie Musik, Theater, Kunst und buntem Leben auf der Straße, all den Dingen, die ich so gerne um mich habe; stattdessen mit Geschäften, Cafés und ganzen Städten, die gnadenlos um fünf Uhr nachmittags schließen, damit anschließend die Bürgersteige hochgeklappt werden können. Dem Land mit dem beklagenswert schlechtesten Fernsehprogramm, das mir weltweit je untergekommen ist, dem Radio und Zeitungen besonders was internationale Nachrichten angeht qualitativ nur geringfügig nachstehen. Dem Land, in dem insgesamt zusammengenommen nicht so viele schräge Typen herumlaufen wie in Berlin an einer einzigen Straßenecke.

Ich glaube, ich habe mich über die Jahre doch eher zu einer Stadtpflanze entwickelt, die am Wochenende oder im Urlaub gerne mal Landluft schnuppert. Prä-senile Bettflucht und/oder Lust am Leben und/oder die Abwesenheit eines anderen Menschen zu Hause treiben mich abends gerne vor die Tür und da finde ich hier – auch in Städten – kaum Unterhaltung. 10.000 Kilometer bin ich in drei Monaten zwischen dem 34. und dem 47. Breitengrad umhergekreuzt und vieles ist wunderschön anzuschauen, hat mir gut gefallen, ich habe tolle Erfahrungen gemacht und nette Leute kennengelernt. Besonders die Besuche bei Lisa, meiner neuseeländischen Hostel-Bekanntschaft, und der Abschiedsbesuch bei Roswitha und Phil in Westport waren sehr, sehr schön und ich hatte ein großartiges Gefühl von Nähe und Herzlichkeit. Aber jetzt freue ich mich darauf, weiterzureisen.

Weiter. Immer weiter. Warum? In meinem Kopf schwirrt immer noch die Idee herum, vielleicht früher als geplant nach Deutschland zurückzufliegen, meine Mutter mal etwas länger als drei Tage zu besuchen, und wenn möglich noch ein bisschen

Australien ruft Südheide

Spanisch in Andalusien zu lernen. Ich mache die Entscheidung davon abhängig, wie ich mich in Australien fühle. Es ist zunehmend aufschlussreich, meine Gedanken und Gefühle während dieser Reise zu beobachten. Ich suche immer, wenn ich unterwegs bin – besonders wenn ich fast ein Jahr lang reise – neben den offensichtlichen Reiseeindrücken sicher auch nach Erkenntnissen. Über mich selbst, über meine Wahrnehmung der Welt und darüber, was ich mag und was ich brauche. Wie kann es anders sein, denn wenn ich zu Hause wirklich alles hätte, was ich suche und brauche, würde ich ja nicht weggehen.

Insofern ist die etwas klischeehafte Frage meines Freundes Gisbert, als ich nach China ging: „Wovor läufst du eigentlich davon?" verfehlt. Sie müsste heißen: „Wo läufst du eigentlich hin?" Sprich: Was suchst du? Und natürlich kann man das vorher höchstens erahnen, denn wenn man schon wüsste, was genau man sucht und was auf einen möglicherweise zukommt, wäre es ja keine echte, offene Suche, sondern nur noch das Bestätigen eigener Vorurteile. Und so bin ich manchmal bass erstaunt über meine eigenen Reaktionen. Dass mir zum Beispiel elf Monate reisen zu lang sind, hätte ich nie, nie, nie erwartet. Außerdem stelle ich fest, dass ich mich immer mehr zu stilleren Frauen und Männern hingezogen fühle, nicht mehr zu den lebhaften, sprudelnden Alleinunterhaltern. Menschen, die ich vor kurzem einfach nur als temperamentvoll bezeichnet hätte, finde ich inzwischen unangenehm laut und sie fallen mir regelrecht auf den Wecker. Vielleicht liegt das daran, dass man naturgemäß auf Reisen nie eine wirkliche Rückzugsmöglichkeit in den eigenen vier Wänden hat und dadurch empfindlicher reagiert, aber Lautstärke gepaart mit Dummschwätzen und Plattitüden empfinde ich zunehmend als unerträglich. Was ich allerdings sehr wohl brauche ist Geborgenheit. Und wie erstaunlich orts-ungebunden ist dieses Gefühl! Geborgen fühle ich mich in meiner Wohnung in Deutschland genauso wie zu Besuch bei dir, bei Roswitha und Phil, manchmal selbst in einem Hostel in Neuseeland. Jahrelang hing in meiner Küche der Spruch: *Heaven is not a place, it's a feeling*. Genau das trifft auch für Geborgenheit zu. Es ist das Gefühl, wenn sich eine schnurrende Katze auf meinem Schoß zusammenrollt. Wenn ich jemanden habe, mit dem ich bis nachts um zwei bei einem Glas Rotwein über Gott und die Welt spreche. Sogar das Gefühl, nach Wochen von einer guten Freundin unverhofft eine Mail zu bekommen. Dieses Gefühl von Nähe. Auch das Gefühl der Ruhe und des Angekommenseins, das für mich fast immer mit anderen Menschen zusammenhängt. Da kann die Landschaft um mich herum noch so faszinierend sein, die Eindrücke noch so überwältigend, die Freiheit noch so grenzenlos – was ich unabdingbar für meine Zufriedenheit, ja, mein Glück, brauche, sind Freunde und ein Gefühl von Geborgenheit, Sicherheit, Wärme. Sonst gerät jede noch so fantastische Reise zu einem unpersönlichen, ruhelosen Abhaken von Sehenswürdigkeiten und Sensationen. Dieses Gefühl fehlt mir in letzter Zeit manchmal ganz entscheidend und es lässt sich nicht immer so leicht herbeischaffen, denn ich reise nun mal alleine und gute Gespräche mit entsprechenden Menschen lassen sich nicht einfach so aus dem Hut zaubern. Das sind dann die Momente, in denen ich dich herzlich beneide: Du hast deinen Lieblingsmann und du hast Christian und vielleicht gehört eine klein bisschen auch Wahrenholz dazu, denn auch, wenn mindestens zwei der drei dich manchmal an Heim und Herd verzweifeln lassen, sind sie doch letztlich dein ganz persönlicher *heaven. Not a place, but a feeling.*

Klingt das sehr kitschig? Ich möchte weder sentimental werden noch ‚das kleine Glück' melodramatisch verklärt gefühlsbeduseln, aber ein bisschen Eifersucht kommt manchmal schon auf, wenn ich so ganz allein vor mich hinreise.

Australien ruft Südheide

So, genug! Bevor ich noch ganz rührselig werde, zurück nach Neuseeland, deinem Traumland. Was meinst du jetzt? Ist es – zumindest laut meinen Berichten – so, wie du es dir vorgestellt hast? Passen meine Reiseeindrücke in das Bild all dessen, was du über Kiwi-Land gehört, gelesen und gesehen hast? Hast du noch mehr Lust bekommen, selber herzukommen? Wahrscheinlich schwierig zu beantworten, weil du ganz anders reisen und daher grundsätzlich andere Erfahrungen machen würdest als ich, – dein entgeisterter Gesichtsausdruck, als du meinen Rucksack auf dem Rücken hattest, wird mir ewig in Erinnerung bleiben! –, aber ich glaube, Neuseeland würde dir als abwechslungsreiches Reiseziel mit all seinen atemberaubenden Landschaften sehr gut gefallen! Vielleicht tragen die Mosaiksteinchen meiner Erzählungen ja dazu bei, dass ich irgendwann mal eine Urlaubskarte von Dir aus Kiwi-Land bekomme! Von dir und deinen beiden Männern!

In dem Sinne einen herzlichen Gruß von
Kiwi-Sigi

SÜDHEIDE

10. Mai 2008

Hi Kiwisigi,

mein Traum bleibt Neuseeland! Abgesehen von den *sandflies* ist dieser Flecken Erde die Verlockung selbst: grandiose Landschaften, die meisten Klimazonen im Schnelldurchlauf, kaum Menschen, Verkehr, Lärm und trotzdem kein giftiges, mörderisches oder widerliches Getier (außer eben den *sandflies*). Eines Tages mache ich mich auf und sehe selbst. Oder sollte ich doch beim Träumen bleiben? Da kann einem nichts von der schnöden Realität verdorben werden. Und vielleicht ist es besser für Neuseeland, wenn ich mich fernhalte.

Meine Verwünschungen von Orten, über die ich mich ärgerte, haben nämlich schon einige Male funktioniert! Ich besuchte die Uffizien in Florenz. Die ersten sechzehn Säle beeindruckten mich sehr, aber nach dem etwa 300. Gemälde mit dem Titel *Maria col bambini e santi* merkte ich an, dass es die Hälfte ja auch getan hätte. Kaum waren wir in der Heimat, gingen die Uffizien in Flammen auf!

Beim nächsten Italien-Urlaub ließ ich mich von transpirierenden Menschenmassen den Schiefen Turm von Pisa hochschieben. Erschöpft vom Aufstieg, hälftig den Abgrund vor Augen, von der Hitze und den Gerüchen sank ich auf einen zu meiner Verwunderung freien Platz nieder. Warum dieser Bereich gemieden wurde, war mir Punkt vier Uhr explosionsartig klar, als direkt hinter mir die Turmglocke schlug. Nicht nur einen Knallschaden, sondern auch den Hohn und Spott der schlaueren Touristen musste ich ertragen und so zischte ich meine Flüche durch ein aufgesetztes

Südheide ruft Australien

„ich-kann-Spaß-ab-Lachen" hindurch. Und? Ein halbes Jahr später war der Turm erstmal gesperrt!

Ich schleppte mich mit einer Lungenentzündung über die Golden Gate Bridge und dachte: „Bekloppte Amis mit ihren Klimaanlagen auf Kühlschranktemperatur! Der Strom soll ihnen ausgehen!" Und? Wir sahen – oder eben nicht – San Francisco in schwärzester Nacht – Stromausfall!

Na gut, höchstwahrscheinlich sind es Zufälle. Ich habe auch schon an anderen Orten geflucht, ohne dass postwendend Vulkanausbrüche, Überschwemmungen oder Feuersbrünste gemeldet wurden. Außerdem werde ich nicht die erste gewesen sein, der auf dem Schiefen Turm die Ohren dröhnten und in den Uffizien die Augen tränten. Also wage ich vielleicht doch den Sprung nach Neuseeland.

Vorerst bleibe ich weitgehend der Heimat treu und wurschtele mich durch meine persönliche Prioritätenliste:

1. Kind: Christian macht so große Schritte Richtung Schulkind, dass ich kaum nachkomme und staunend und überrascht die Wendungen zur Kenntnis nehme. Bis vor einigen Wochen verabredete er sich nur selten mit anderen Kindern. Jetzt ist ein Tag ohne gleichaltrige Besucher öde und kaum zu ertragen. Während ich mich bis vor vier Wochen mit Lego, Monopoly, Uno und Eisenbahnen zu befassen hatte, wünscht mein Sohn nun eher, sich mit mir zu unterhalten und das Spielen mit anderen Kindern zu erledigen. Bitte, wie der Herr wünscht!

2. Mann: Nichts Neues: Hans-Joachim arbeitet klaglos vor sich hin, liest viel Zeitung, freut sich auf den Urlaub und fiebert der Fußball-Europameisterschaft entgegen.

3. Arbeit: Die Arbeitszeit ist zu kurz, um alle Aufgaben meinen Ansprüchen gemäß erledigen zu können, eine Behauptung, die für viele ungefähr so glaubwürdig klingt wie Anglerlatein. Andererseits habe ich keine Lust, zusätzliche Tage zur Arbeit zu gehen. Jetzt vor dem Urlaub sehe mich dazu genötigt, aber Gewohnheit werden darf es nicht. Für den kreativen Part meiner Arbeit habe ich inzwischen einen Beitrag für das Kirchenkabarett in halbtrockene Tücher bekommen. Höret nun die Geburtstagsgrüße aus Rom an die Kirchengemeinde Wahrenholz:

Zwei förmlich gekleidete Menschen treten auf. Einer trägt eine Pergamentrolle andächtig mit ausgestreckten Armen vor sich her. Sie stellen sich als die Überbringer einer Botschaft aus Rom vor. Der eine trägt den lateinischen Urtext vor, der andere übersetzt.

Saluto amici!
Ich grüße Euch, Freunde!

Trafficus romanus collapsus.
Leider kann ich nicht kommen.

Sed audite mea espistula gratulationis!
Hört daher mein Glückwunschschreiben an!

Jubilate! 750 anni eglesia Wahrenholziensis.
Freut Euch! Die Wahrenholzer Kirche ist 750 Jahre alt.

Quid? Est historia. Erat anno domini duo milia octo!
Was? Das war ja schon letztes Jahr!

Nunc, officii romani desastri.
Nun, die Bürokratie in Rom ist überlastet.

Südheide ruft Australien

Retro festum jubileum. Causa gaudi magni.
Zurück zu Eurem Jubiläumsfest. Ein Grund zu großer Freude

Video 750 anni eglesia felicita.
Ich blicke auf einen 750 Jahre alten glücklichen Iglesias.

Bitte?
Oh, Verzeihung, 750 Jahre glückliche Kirche.

Wahrenholz portabat gaudi ad urbi et orbi.
Wahrenholz hat Freude in den Ort und in die Welt getragen.

Erant Halleluja et catastrophi.
Es gab Jubel und Leid.

Labor durus.
Harte Arbeit.

Et festi excessivi.
Und gediegene Feste.

Audio fideles socii, cantus brillantus et etiam magna concordia.
Ich höre von fidelen Freunden, brillantem Gesang und der große Turnverein Concordia ist auch da! Oh, Entschuldigung! Eine große Eintracht ist auch da.

Multi laborant ad opus mundi in Castel Lupi.
Viele von Euch arbeiten in einer Weltfirma in Wolfsburg.

Est machina reliquus?
Ist da vielleicht mal ein Auto über?

Este industris!
Seid fleißig!

Taxi eglesiae necessarii sunt.
Kirchentaxis sind erforderlich.

Verzeihung?
Kirchentaxis sind notwendig. Oder?

Taxis?
Äh…

STEUERN! KIRCHENSTEUERN SIND NOTWENDIG!
Oh!

Et date collecta penunsi.
Und spendet immer für die Kollekte.

Quod multi festi absolvendum in curiculi eglesiae.
Denn auch in Kirchenkreisen müssen Feste gefeiert werden.

Hic dies est festa omnibus!
An diesem Tag feiert ihr im Bus. Falsch! Feiert ihr alle.

Nos etiam!
Wir auch!

Hic probo vino ruber cum cumpani mei.
Ich verkoste gerade Rotwein mit meinen Kumpels.

Hic haec hoc.
Hihihi.

Südheide ruft Australien

Venio ad finis ante veniam ad finis.
Ich komme zum Ende bevor ich am Ende bin.

Carpe diem et carpe Grappa, asti spumante, ramazotti.
Gebt auch den Überbringern dieser Botschaft genug zu trinken.

? - ! - Asparagus, Angussteakus, Ravioli.
Und zu essen.

Sed cave! Non vomitate!
Aber Achtung! Überfreßt Euch nicht!

Non Ramba Zamba!
Vermeidet eine Prügelei!

Gaudete Zucchero et Gianna Nannini.
Freut Euch und singt lustige Lieder.

Lambada et Tango.
Schwingt das Tanzbein.

Sed este digni et honesti.
Aber bleibt sauber.

Madonna, Parisia Hiltonia, Britannica Speara!
Versündigt Euch nicht!

Eritis comati et pleni,
Wenn Ihr müde und voll seid,

capite via directa et dormite in pacem.
geht direkt nach Hause und ruhet sanft.

Et hallucinate de festi proximi.
Und malt Euch das nächste Fest aus.

Gaudete!
Viel Spaß!

Amicus Romanus
Ein römischer Freund

Ein direkter Draht nach oben fehlte uns ad punctum quartum – Haus: Unser Hauswasserwerk ist explodiert! Es konnte dichtungstechnisch den Wassermassen nicht mehr standhalten und weckte Erinnerungen an die Wasserspiele in Las Vegas oder an *Magic Waters* in der Autostadt. Was für ein Spaß, wenn einem völlig unerwartet Fontänen ins Gesicht spritzen! Ansonsten wird Punkt vier zugunsten von Punkt fünf eher stiefmütterlich versorgt.

5. Garten: Jede freie Minute wird hier eingesetzt. Endlich habe ich die neuen Flächen bepflanzt. Kaum zu glauben, wie viele Stauden und Sträucher auf die letzten brachliegenden hundert Quadratmeter passten. Drei Mal war ich in der Gärtnerei und jedes Mal froh, dass ich einen Kombi fahre. Fertig bin ich selbstverständlich nicht, das ist man wohl nie. Im Herbst geht es weiter mit den Änderungen, die mir jetzt für andere Bereiche des Gartens schon eingefallen sind, und ich rechne fest damit, dass mir dabei neue Ideen kommen.

6. und 7. Deutsches Rote Kreuz und Landfrauen: Zurzeit keine besonderen Vorkommnisse oder Aktivitäten für die Vereine.

8. Dorf: Das Schützenfest liegt hinter uns. Es gab keine schweren Zwischenfälle, keine tödlichen Alkoholvergiftungen, nur der übliche Wahnsinn. Mein Einsatz als Helfer begann am Donnerstag um 19.00

Südheide ruft Australien

Uhr. Traditionell laden die Wahrenholzer Firmen ihre Mitarbeiter am Donnerstag zum Essen und Trinken auf den Schützensaal ein. Gewaltige Zechen werden da skrupellos dem Chef vorgelegt. Als ich meinen Dienst antrat, war das Gröbste schon überstanden. Nur Edeka, der Friseur, die Steuerberater, die Großbäckerei und einige kleinere Gesellschaften waren noch heftig in Gange. Zuerst war ich ein wenig irritiert, als ich zum Bedienen an den Tischen eingeteilt wurde. Ich hatte mich auf einen Abend an der Friteuse oder in der Küche eingestellt. Deshalb hatte ich meine Brille zu Hause gelassen, die mir nun bei der Entzifferung der Preise auf der Speisekarte, die mir nebst einem Portemonnaie mit Wechselgeld, Stift, Block und einer Schürze ausgehändigt wurde, fehlte.

Gaby ergatterte einen Einsatz an der mobilen Spülmaschine, die gottlob vor einigen Jahren den großen hölzernen Waschzuber (ohne fließend Wasser, daher nur sporadisch mit einer Eimerkette mit frischem Wasser versorgt) abgelöst hatte. Ich bediente zwei Tische mit zusammen 50 Plätzen. Da die Herrschaften schon alle gegessen hatten, war die Aufgabe zu meinem Glück gut zu bewältigen. Schwierigkeiten machen vor allem die Getränke, von denen einige echte Wahrenholzer Erfindungen sind. Da ist zum Beispiel der 108er, eine betörende Mischung aus „Ratzeputz" mit 58% vol. und dem „Heidegeist" mit 50 % vol. (macht in Wahrenholz zusammen 108%!!). Hilflos mit den Achseln zuckte ich bei meinem ersten Einsatz vor ein paar Jahren, als man „Pooks" von mir forderte. Heute weiß ich, dass es sich hierbei um Korn mit Cola handelt – ekelhaft. Auch großer Beliebtheit erfreut sich das „U-Boot", für das man einen Heidegeist im Schnapsglas und ein Glas Limonade serviert. Der geübte Trinker nimmt beide Gläser mit einer Hand, hält das kleine über das große, und auf Kommando wird der Heidegeist samt Glas im Brauseglas versenkt und dieses zügig geleert. Dieser Trinkkultur sind bisher nur etliche Schnapsgläser final durch zu harten Aufprall auf das Limonadenglas und saubere

Oberhemden und Uniformjacken vorübergehend durch die dem Trinker entgegenschwappende Essenz zum Opfer gefallen. Bei den U-Boot-Kommandanten gab es zum Glück noch keine größeren Verletzungen. Die Steigerung ist das „Atom-U-Boot", bei dem ein „108er" in einem „Pooks" versenkt wird. Wie viel Kreativität bei so einem Anlass zutage gefördert wird!

Obwohl es ein verhältnismäßig ruhiger Abend war, ging die Schicht bis 3.00 Uhr, und die letzten Stunden, in denen mancher im fortgeschrittenen Trunkenheitsstadium beim Verzehr eines Heringsbrötchens – ganz wichtig: mit Schwanz – jegliche Tischmanieren vermissen ließ, weder Teller, Tisch oder Mund von der pommesumkrallenden Hand getroffen wurden und die Hartgesottenen ausgerechnet den Durchgang hinter die Theke okkupierten, ließen doch hin und wieder unchristliche Gedanken in mir aufkommen. Auf dem Heimweg wurde mir klar, warum in Wahrenholz bis mindestens zum Morgengrauen gefeiert wird. Als hinter Gaby und mir die Tür des Saals ins Schloss fiel, sahen wir – nichts! Stockfinsterste Nacht! Kein Stern, kein Mond, keine Laterne! Eine kleine Schrecksekunde lang dachte ich, ich wäre plötzlich erblindet, denn ich sah wirklich überhaupt nichts außer Schwarz! Wie Hänsel und Gretel fassten wir uns an den Händen und ertasteten mit der jeweils freien Hand unseren Weg zwischen den dicken Eichen, die rund um das Schützenhaus Stolz und Würde der Schützen symbolisieren. Wir arbeiteten uns Schritt für Schritt gemeinsam die 200 Meter bis zur Hauptstraße vor, jederzeit auf einen Zusammenstoß mit einer Eiche oder einer Laterne, was wahrhaftig der größte Witz gewesen wäre, gefasst. Dort konnten wir uns dank diverser lichtspendender Bewegungsmelder an den Häusern endlich trennen, um in entgegengesetzten Richtungen nach Hause zu gehen.

Am nächsten Tag waren die letzten Vorbereitungen für den Urlaub vorgesehen. Vorausschauend hatte ich so viel wie möglich schon am Donnerstag erledigt, denn genau dies war ich nämlich am

Südheide ruft Australien

Freitag: Erledigt, müde, kopfschmerzgeplagt. Schützenfest interessierte mich nicht einmal am Rande. Auch Hans-Joachim verzichtete erstmalig in seiner Laufbahn als Wahrenholzer Schütze auf das Fest, um noch dringende Aufgaben im „Werk" abzuarbeiten.

9. Urlaub: Am Samstag ging es wieder auf Reisen. Das wievielte Mal erzähle ich Dir eigentlich vom Urlaub, auch wenn diese immer innerhalb einer Autotagesreise stattfinden? Diesmal eine Woche Dänemark, Blavand, der westlichste Punkt Jütlands. Wir hatten noch einmal das Haus gemietet, in dem wir uns im letzten Frühjahr so wohl gefühlt hatten. Es ist kein modernes Holzhaus ausschließlich für Feriengäste gebaut, sondern das alte Zollhaus von Blavand mit altem Gemäuer, kleinen Gauben im Reetdach und halbhoch vertäfelten Wänden. Natürlich ist es renoviert und IKEA hat auch hier Einzug gehalten, aber es hat immer noch eine Atmosphäre, die nur alte Häuser ausstrahlen.

Bei der Einfahrt auf das Grundstück klemmte das Tor, weil sich zehn halb zerfetzte Müllsäcke dahinter stapelten. Kein Problem, Vermietungsbüro aufsuchen, Müllabfuhr anfordern und abwarten. Abwarten. Abwarten. Obwohl ich noch einmal die Entfernung der Säcke anmahnte, wurde nur deren Inhalt transportiert: nachts von irgendwelchen Tieren, die sich eine bequeme Mahlzeit erhofften, und morgens von mir, wenn ich die auf dem halben Grundstück verteilten nicht essbaren Anteile wieder in neue Tüten verfrachtete. Ich musste mich schon glücklich schätzen, dass mir dabei keine hungrigen Nager über die Füße liefen. Das und die Tatsache, dass unser Domizil im Laufe des letzten Jahres doch eine erhebliche Gästebeanspruchung wegstecken musste, aber wohl nicht konnte, waren der Todesstoß für eine weitere Woche irgendwann im alten Zollhaus.

Trotzdem war es ein schöner Urlaub. Das Wetter sommerlich wie fast immer im Mai. Ein Studium des Gästebuchs, in das sich einige besonders mitteilsame Mieter eingetragen hatten, brachte es an den Tag. Die Maigäste sind voll des Lobes über das Haus, Blavand, Dänemark und manchmal sich selbst (stundenlang gewandert, eine Woche kein Fernsehen, die größte Muschelsammlung aller Zeiten zusammengesucht). Juli- und Augustgäste beginnen ihre Einträge eher mit „obwohl" oder „gut, dass" („obwohl das Wetter nicht mitspielte,...", „gut, dass das Zollhaus zwei Fernseher hat..." oder „gut, dass es so einen schönen Kamin gibt..."). Im Frühling ist jeder Sonnenstrahl ein Geschenk, das man nicht unbedingt erwarten darf, im Sommer dagegen ist jeder Schauer ein Schlag ins Kontor, immerhin hat man den dreifachen Maipreis bezahlt und man muss sich bei schlechtem Wetter mit Horden von Feriengästen ins Wellenbad schieben lassen, in jedem Laden anstehen und man bringt im Legoland höchstens ein einziges Mal die Geduld auf, eine Stunde in der Schlange zu stehen für zwei Minuten Achterbahn.

Wie in St. Peter Ording bauten wir am Strand Deiche, Brücken und Tunnels und stellten anschließend die Hamburger Flut und den Deichbruch von New Orleans nach, den wenigen Spaziergängern lieferten wir ein sehenswertes Schauspiel, als wir bei heftigem Wind die Strandmuschel aufrichten wollten.

Was Dir ein Helikopterflug ist, ist Christian der Besuch des Legolands. Diesmal nutzte er ausnahmslos alle Fahrattraktionen und zwar mit wachsender Begeisterung. Verglichen mit anderen Erlebnisparks sind die Karussells und Bahnen magenfreundlich, aber da mir grundsätzlich schlecht wird, wenn ich mich in mehr als einer Ebene bewege, musste Hans-Joachim den Begleitservice übernehmen. So hatte ich Muße, meiner Liebe zum Legostein zu frönen. Ich bin ein Lego-Freak. Unsere Sammlung ist feinst säuberlich in Kästen sortiert, und wenn ich einmal anfange zu bauen, finde ich kein Ende. Zu meinem 33. Geburtstag hat mir mein Mann eine Legoburg geschenkt, und ich war begeistert. Hier im Legoland konnte ich ganze Straßenzüge, Schlösser, Hafen, Flughafen und jede

Südheide ruft Australien

Menge nachgebauter Sehenswürdigkeiten im Maßstab 1:20, alles aus insgesamt 20 Millionen Legosteinen, bewundern. Bäumchen und Sträucher auf Bonsaiart gestutzt machen den Eindruck perfekt. Die Bauwerke, der ursprüngliche Kern des Legolands, dienen nur noch den alten Leuten als Augenweide – also für mich gerade richtig –, während das Jungvolk sich die Eingeweide durchrütteln lässt. Kurz vor Toresschluss musste ich dann unbedingt noch in den Legoshop. Was für ein Anblick! Für jede Sorte Stein (Bausteine, Dachsteine, Platten, Menschen, nur Köpfe, Sondersteine usw.) gibt es pro Größe und pro Farbe einen eigenen durchsichtigen Behälter. Sämtliche Behälter an- und übereinander an der Wand können mich mit ihrer Ordnung und ihren leuchtenden Farben in regelrechte Verzückung versetzen. Eine Tüte Dachsteine, von denen hat man ja immer zu wenig, und ein paar transparente Steinchen habe ich mir gegönnt. Wer braucht schon Bernstein?

Der Urlaub in Dänemark ging zu Ende, aber wir legten noch einen drauf. Auf der Rückfahrt setzte uns Hans-Joachim bei Susi ab und da genossen Christian und ich bis Freitag Sonne und Ostseewind in bester Gesellschaft und mit Vollpension. Das war dann mein Entspannungsurlaub. Zuerst hatte Susi den Ehrgeiz, uns etwas Tolles zu bieten. So sind wir an einem Tag zum Columbus Park am Weissenhäuser Strand aufgebrochen. Da wir dort fast gebrochen hätten, haben wir den Ausflug schnell wieder abgebrochen. Diese mit einigen Hängebrücken, Flößen und Spielgeräten angereicherte Teichlandschaft ist ein anschauliches Beispiel für die Folgen der Überbevölkerung, in diesem Fall der von Enten. Es war im wahrsten Sinne des Wortes beschissen und nur etwas für extreme Entenanbeter. Die nächsten Tage verbrachten wir überwiegend lässig und gemütlich in Susis ebenfalls neu und wunderschön gestalteten Garten.

Heimatgefühle kamen in Segeberg auf: kleiner Stadtbummel (größer geht ja auch gar nicht), Mittagessen im City Grill, Füße in den Segeberger See gesteckt. Beim Blick auf unsere Schule, die so mitten im Zentrum klassisch, weiß und mächtig auf ihrem Hügel steht, kann ich das Gefühl von Verbundenheit, gemischt mit einer Idee von Stolz, Wehmut und innerem Lachen über unsere gemeinsamen Lateinstunden nicht verhehlen.

Die Rückfahrt nach Wahrenholz ließ mich an Dich denken: viel schlimmer kann Zugfahren in China auch nicht sein! Von Lübeck bis Lüneburg standen Christian und ich und mein schwerer Rucksack (wieder ein Gedanke an dich: wie kriegt man so ein Ding ohne Hilfe wieder auf den Rücken, ohne dabei Gefahr zu laufen, hinten über zu kippen?) im Gang, und das bei sengender Hitze außerhalb und mangels Klimaanlage und dank Masse Mensch innerhalb des Waggons. Zu allem Überfluss musste einer immer zur Toilette, die entgegen etwaigen anderen Vermutungen, die das 21. Jahrhundert nahelegen könnte, immer noch ein reines Plumpsklo war, und der Kloakengestank, der sich nach jeder Benutzung erstaunlich erfolgreich seinen Weg durch sämtliche Ritzen bahnte, nahm mir den letzten Rest von Reisefreude. Dies war Christians erste längere Zugfahrt. Wenn ich seine Worte („So etwas soll toll sein?", „Was ist jetzt hier gemütlich?", „Ich glaub, mir wird schlecht") richtig interpretiere, kann die Deutsche Bahn vorerst nicht mit einem neuen Stammkunden rechnen.

Da Du Hundertwasser in Neuseeland auf dem Klo begegnet bist, setze ich einen ganzen Bahnhof dagegen. Im Uelzener Bahnhof, von dem Hans-Joachim uns abholte, hat man weder Kosten noch Mühen gescheut und den gesamten Komplex von Friedensreich Hundertwasser umgestalten lassen. Das Ergebnis ist tatsächlich selbst so eine Zugfahrt wert. Ich schätze, dass mindestens zwanzig verschiedene Materialien (Granit, Pflastersteine, Kacheln, Fliesen, Glas, Ton, Spiegel, Basalt, Keramik, Metall…) kombiniert wurden, um aus diesem alten Backsteinzweckbau ein märchenhaftes Kunst-

Südheide ruft Australien

werk zu zaubern. Bunte Säulen, keine wie die andere, prächtige phantasievolle Mosaike, schillernde Farben und goldene Kugeln, und trotz aller Buntheit und Vielfältigkeit die heitere Harmonie. Nichts ist mehr eckig oder gerade – abgesehen von den Gleisen. Auch die Stoßkanten von Wänden und Böden sind abgerundet und geschwungen. So ein Gebäude macht einfach Spaß, auf keinem Bahnhof der Welt gehe ich gerne zur Toilette – in Uelzen ist es ein Event! Im Zug hatte ich mir dieses Anliegen aus naheliegenden Gründen verkniffen.

Die letzten vierzig Kilometer dann wieder mit Musik, Klimaanlage und Komfortsitz. Volkswagen – aus Liebe zum Automobil.

Nun sind wir wieder da! Auf, auf, mit frischer Kraft in den Alltag! Das blüht Dir ja auch bald, wo auch immer.

Liebe Grüße und *all the best for the rest!*
Mimi

AUSTRALIEN

3. Mai – 20. Juli 2008

Montag, 5. Mai 2008

Ein Quiz: Mir gegenüber steht ein Mann. Seine untere Hälfte steckt in einem Neoprenanzug, dessen Oberteil dekorativ herunterhängt. Den muskulösen Oberkörper ziert stattdessen ein knappes T-Shirt. Ein zufriedenes Lächeln umspielt seine Lippen, nachdem er einen Blick aus dem Fenster geworfen hat. Unter seinem Arm klemmt ein Surfboard.

Nun? Wo bin ich?

Im Kino?

Am Strand?

Im Himmel?

Falsch! Der Bus, in dem wir beide stehen, fährt ruckelnd an: Ich bin in Sydney! Genauer gesagt in einem Stadtbus Richtung Bondi Beach, dem örtlichen Mekka der Reichen, Jungen, Schönen und Berühmten beiderlei Geschlechts – und frag mich jetzt bitte nicht, warum ausgerechnet ICH dorthin unterwegs bin! Ich will halt mal schauen, *how the other half live*!

So dachte ich jedenfalls, als ich mich heute Vormittag ausgestattet mit einer Wochenkarte für Busse und Fähren (!) auf den Weg machte. Als ich lässig das Ticket in den Entwerter schob, fühlte ich mich wie ein echter *Sydneysider*. So heißen die Menschen hier. Sydneyer, Sydneyaner oder womöglich Sydner würde ja auch zu blöd klingen. Und das ist man hier nicht. Hier ist man *glitzy*, überkandidelt, exzentrisch und furchtbar wichtig. Auch das

Australien ruft Südheide

eine Weisheit, mit der ich von diversen Freunden und Bekannten, allesamt ehemaligen Sydneyreisenden, ausgestattet worden war. Und auch die ist genauso falsch wie oben erwähntes Image von Bondi, das ich als Vorort mit einem durchschnittlichen Strand und ganz hübschen Lädchen, aber keineswegs mit besonders aufregender Strandpromenade geschweige denn flanierenden Schönheiten empfand. Vielleicht bin ich aber auch nur von unserer europäischen Strandkultur mit herrlichen Promenaden, Cafés und viel Sehen-und-Gesehen-Werden verwöhnt.

Aber ahhhh, Sydney!!! Zwischen Sydney und Melbourne gibt es eine ähnlich heftige und polemische Rivalität wie zwischen Köln und Düsseldorf oder Peking und Shanghai – die letztlich genauso dumm ist. Jede Stadt ist ganz eigen, einmalig, originell und sehr attraktiv. Mein persönlicher Favorit? Eindeutig Sydney! Was für eine Stadt! Die Lage an einer Bucht, die sich zig Kilometer weit ins Land hinein erstreckt. Das Klima, das weite Teile des Jahres ausgewogen und gemäßigt, sprich sonnig und warm bis heiß ist, aber im Winter gerade kühl genug um die Wintergarderobe inklusiver *Uggies* zur Schau zu stellen, wildledernen Schaffellstiefeln, die hier gerade wahnsinnig ‚in' sind. Die gelungene Mischung aus Altem und Neuem, gepflegter Kolonialarchitektur und gläsernen Bürotürmen, Palmen und derzeit herbstlich buntem Ahorn, ordinären Spatzen und exotischen Papageien, die völlig un-stromlinienförmig sind und aussehen, als seien sie bereits gegen diverse Wände oder Bäume geflogen. Die bunte Multikulti-Menschen-Mischung aus aller Herren Länder, innerhalb derer Chinesen in der Mehrzahl sind: Man hört neben Englisch mit Abstand am meisten Chinesisch auf der Straße, sieht viele mit chinesischen Zeichen beschriftete Geschäfte. Das Netz von Bussen, Bahnen und Fähren, das auch die entlegenen Gegenden der Stadt inklusive mehrerer Strände effizient verbindet und bequem zugänglich macht. Die Vielfalt an Stadtbezirken, die sich stark voneinander unterscheiden, von alternativ über schickimicki, von großräumig nobel bis unauffällig mittelmäßig, von fast dörflich-geruhsam-beschaulich bis definitiv turbulent-schillernd-weltstädtisch, in denen es allerdings keine wirklich schlimmen sozialen Brennpunkte zu geben scheint. Liegt das daran, dass es hier keine Hochhaus-Ghettos gibt?

Vielleicht wäre ich nicht so begeistert, wenn ich nicht ausgerechnet in Glebe gelandet wäre, einem Stadtteil, von dem aus man zu Fuß in nur fünfundvierzig Minuten das *Opera House* erreicht, der aber andererseits anmutet wie ein Kleinstädtchen mit Alleen, einer langen Einkaufs- und Caféstraße, einer alternativ-intellektuellen Szene mit Künstlern, Studenten und reizenden älteren Damen mit Hund, einem Park zum Joggen direkt am Wasser und den leckersten Schoko-Croissants östlich von Paris! Ich fühle mich innerhalb weniger Tage derart heimisch, dass es schon fast unheimlich ist! So saupudelwohl wie hier in Sydney habe ich mich selten irgendwo gefühlt! Am ersten Tag wäre ich beinahe in den *Darling Harbour* gefallen, weil ich mit offenem Mund und großen Augen in die Gegend gaffte und nicht aufpasste, wohin ich ging.

Wenn du denkst, dass mindestens fünfzehn Kilometer begeistert absolvierter Fußmarsch durch Sydney, köstlicher Fisch und Chardonnay am Wegesrand mit Blick auf *Harbour Bridge* und *Opera House* und zweihundert Fotos im Kasten für den ersten Tag Sydney genug waren, an dem ich morgens um viertel nach sieben überhaupt erst mit Schlenker über Brücke und Oper eingeschwebt war, dann irrst du gewaltig. Denn abends kam das absolute Highlight: Ein Konzert im *Opera House*! Oleg Caetani, Chefdirigent des *Sydney Sinfonie Orchestra*, dirigierte Schuberts Symphonie Nr. 3 und Tschaikowskys Manfred Symphonie, nachdem er vorher höchstpersönlich fast 45 Minuten lang im Vestibül sehr charmant in Wissenswertes über die Werke einge-

Australien ruft Südheide

führt hatte! Welch ein Erlebnis! Meinem kulturellen Nachholbedürfnis wurde fantastisches Futter geliefert, sowohl was Orchester und Stücke, als auch was Ästhetik und Akustik der Halle betraf. Trotzdem: Ist dir schon mal aufgefallen, wie viele Leute in klassischen Konzerten selig einschlummern? Ich gebe zu, mir geht es manchmal nicht anders: Man sitzt warm und trocken in weichem Polster, umgeben von herrlicher Musik und teuren Düften, spätestens nach der Pause mit einem Gläschen Sekt im Bauch ... und irgendwann reißt einen dann donnernder Applaus aus süßen Träumen! Danke, ach, wär' doch nicht nötig gewesen! Äh ... oops, wo ... wie ... ach ja, hüstel, dann klatsch ich doch am besten einfach unauffällig mit! Das nenn' ich Qualitätsschlaf! Allerdings ein recht teurer. Ist mir hier aber nicht passiert, dazu ist ‚Manfred' einfach zu leidenschaftlich und crescendös.

Ein Bekannter in Beijing sagte nach seinem ersten Sydneybesuch, dass er jetzt endlich einen Grund habe, sich auf seine Pensionierung zu freuen, da er sich dann garantiert hier niederlassen würde. Dem hätte ich nach Tag eins in Sydney nichts hinzuzufügen.

Freitag, 16. Mai 2008

Vasco (Schnauzer), Louis (Bichon), Chounette (Chantilly/Tiffany Langhaarkatze), Olwen und Paule (Frauen), klassische Musik, lange Spaziergänge, gutes Essen, viele Besucher, ein gemütliches Haus mit Kamin, viele gemeinsame Themen für lange Gespräche, Zeit dir zu schreiben ... Herbst in Albury an der Grenze zwischen New South Wales und Victoria. Fünf Tage lang bin ich zu Besuch bei Olwen, die mir vor zwei Jahren in Beijing über den *Hospitality Club* ins Haus geschneit war, und ihrer Freundin Paule. Der *Hospitality Club* ist eine weltweite Organisation, die, wie der Name schon sagt, die Gastfreundschaft fördert. Man wird auf der Webseite Mitglied, erstellt sein Profil, sagt also etwas über sich selbst und wen man bereit ist aufzunehmen, wenn er/sie durch die eigene Stadt reist, ob man Zeit mit ihm/ihr verbringen oder lediglich ein Bett zur Verfügung stellen kann, ob man Mann/Frau/egal aufnimmt, Raucher oder Nichtraucher, welches Alter, welche Interessen und so weiter. Tolles System!

Irgendwann meldete sich dann besagte Olwen an, perfekt getimet zu einer Wochenendwanderung an meiner geliebten Mauer, guter Musik im Bookworm und Abenden mit Freunden. Sie war es, die mir helpx und einige andere wichtige websites und Tipps für mein damals noch in weiter Ferne erscheinendes Sabbatjahr, Teilziel Australien, gab. Ich kann ohne Übertreibung sagen, dass mein Sabbatjahr ganz anders ausgesehen hätte, wenn ich Olwen damals nicht kennen gelernt hätte. Auch jetzt pflanzte sie sehr interessante Ideen in meinen Kopf: Soll ich einige Zeit des Reisens in Australien und die zwei geplanten Wochen in Kanada zugunsten eines einmonatigen Lehrer-Seminars für Muttersprachler hier in Oz aufgeben? Oder doch lieber an einem Vipassana Meditationsseminar mit zehn Tagen Schweigegelübde und einem Wust von Regeln und Ge-und Verboten teilnehmen, das trotzdem sehr interessant und potentiell bereichernd klingt? Hmmmm, mal sehen. Morgen Abend geht es erst einmal wieder nach Sydney zurück. Per Greyhound Bus! Das weckt Erinnerungen an dreieinhalb Monate Reisen mit dem Greyhound einmal im Uhrzeigersinn um die USA und Kanada anno 1981! Mein Gott, ist das lange her! 27 Jahre! Wo – oder ob? – ich wohl 2035, also nach weiteren 27 Jahren, per Greyhound unterwegs bin ...
Inzwischen kenne ich auch den Grund für Olwens Körperfülle: Sie kocht hervorragend! Wie wäre es mit einem

Australien ruft Südheide

Bananen-Speck-Pfannkuchen

1 mittelgroße feste Banane, grob gewürfelt
80-100 g feingewürfelter Bauchspeck
1 Prise Muskatnuss
4 Eier
4 Essl. Milch

Speck anbraten, die Banane hinzugeben, gut vermischen und kurz zusammen braten. Anschließend die Ei-Muskat-Milch-Mischung hinzufügen, fertig. Guten Appetit!

In Sydney habe ich eine ganz besondere Woche vor mir. Vorsicht, jetzt wirst du neidisch: Du weißt, ich liebe alles, was mit Büchern und Schreiben zu tun hat: Bibliotheken, Buchläden, Autorenlesungen, Literaturzirkel, literarische Sendungen in Fernsehen und Radio, die Atmosphäre in Literaturcafés und kreatives Schreiben in der Schule. Außerdem finde ich es in jedem Metier ungemein spannend, hinter die Kulissen des Gewerbes zu blicken. In Sydney findet in der kommenden Woche das jährliche *Sydney Writers' Festival* statt – und ich bin dabei! Leider waren die interessantesten Seminare bereits ausgebucht, als ich hier ankam und die Termine des Festivals las, aber zu vielen Vorträgen muss man sich gar nicht anmelden, da heißt es einfach Schlange stehen – und währenddessen vielleicht nette Leute kennenlernen.

Wenn ich gerade nicht an Veranstaltungen des Festivals teilnehme, habe ich Zeit, diese großartige Stadt weiter zu erkunden. Kaum zu glauben, dass ich schon seit gut einer Woche hier bin! Und niemals fühle ich mich wie vorher so häufig gehetzt, wollte spätestens am dritten Tag weiter zum nächsten Ziel, Rucksack auf den Rücken oder in den Kofferraum und los. Nicht so in Sydney: Der Gedanke an Weiterreise liegt in weiter Ferne, obwohl sich die Tage oberflächlich betrachtet ähneln: Gegen sieben aus den Federn, Frühstück mit Riesenbecher Kaffee, köstlichem Schoko-Croissant und Zeitung in der Sonne auf dem Dach des YHA in Glebe, dann gegen neun mit dem Bus in die Stadt: Eine Ausstellung stand jeden Tag auf dem Programm, (fantastisch: Fiona Hall im *Museum of Contemporary Art*, die Archibald Prize Portraits in der *Art Gallery of New South Wales* und in der Nationalbibliothek die Pressefotos des Jahres 2008), Parks, Märkte, jeden Tag ein anderer Stadtteil, Galerien, immer ein Café in der Nähe, wenn die Füße gerade anfingen weh zu tun, und immer wieder Wasser, Strände, Fähren! Ich brauche unbedingt Wasser in der Stadt, in der ich lebe, mein Blick muss sich in der Ferne verlieren können und sei's nur über einen Fluss hinweg. Sydney scheint geradezu aus Wasser und wunderschönen Ausblicken zu bestehen!

Das einzige, was mir bislang fehlt, ist eine anständige Fußgängerzone. Es gibt zwar Cafés und Restaurants, in denen man draußen sitzen kann und um den *Darling Harbour* und den *Circular Quay* mit Blick auf *Harbour Bridge* und *Opera House* kann man gut herumschlendern (und versuchen, nicht ins Wasser zu fallen), aber eine lebendige Fußgängerzone mit schönen Lädchen, Straßenkünstlern, Obst- oder Blumenständen und vielen Möglichkeiten, sich irgendwo gemütlich auf einen Kaffee oder einen Salat in die Sonne zu setzen, gibt es leider nicht. Würde wahrscheinlich nicht mal schwierig sein, eine einzurichten, denn der Verkehr ist herrlich zivilisiert, da könnten die Autofahrer sicher auf ein paar Straßen verzichten und sich noch öfter den zum Teil schrägen Busfahrern dieser Stadt anvertrauen! Was für Typen! Eine ältere, auf den ersten Blick ganz friedlich wirkende Fahrerin fluchte wie

Australien ruft Südheide

ein Bierkutscher auf alles, was sich auf der Straße bewegte! Ein anderer redete die gesamte 35-minütige Fahrt lautstark mit sich selbst. Viele scheinen Stammfahrer auf einer bestimmten Strecke zu sein, sie kennen einige Fahrgäste beim Namen und erzählen anderen Passagieren bereitwillig, warum zum Beispiel diese Omi ihren Hund mit in den Bus nehmen darf, was normalerweise nicht möglich ist: Sie ist taub und braucht den Hund als Hörgerät. Nur einen Unhöflichen habe ich erlebt, der einen älteren Herrn, der den Bus atemlos und humpelnd gerade noch erreichte, anfuhr, dass solche Leute wie er der Grund dafür seien, dass Busse zu spät kämen. Viele scheinen im Gegenteil ihre Berufung darin zu sehen, die Fahrgäste glücklich zu machen: Auch während der Hauptverkehrszeiten begrüßen sie jeden lächelnd mit einer netten oder witzigen Bemerkung, sind geduldig, hilfsbereit, warten, bis der Vati am Kinderwagen die Bremse festgestellt hat, und sagen einem gerne, wo man aus- oder umsteigen muss. Die Fahrgäste sind entsprechend: Drängeln oder pöbelhaftes Verhalten habe ich nie gesehen. Im Gegenteil: Man ruft dem Fahrer beim Aussteigen ein freundliches *thank you* zu!

Zwischendurch war ich drei Tage in den Blue Mountains, die sechzig Kilometer beziehungsweise zwei Stunden mit dem Milchkannen-Zug gen Westen beginnen und mit etwa tausend Metern Höhe die Sommerfrische der Sydneysider sind, wenn die Stadt im Dezember und Januar zu heiß und feucht wird. Berge und Täler sind tatsächlich in einen leicht bläulichen Dunst getaucht, der von Eukalyptusbäumen abgesondert wird und geruhsame kleine Städtchen wie Katoomba oder Leura einhüllt, ebenso die ausgedehnten Jenolan Caves und sehr viele abwechslungsreiche, zum Teil einsame, zum Teil sehr steile Wanderwege entlang der grabenbruchartigen, schroff abfallenden Felsklippen (900 Stufen runter, 600 wieder hoch!). Die grandiosen Ausblicke verdirbt der Dunst trotzdem nicht: Der Blick schweift über zig

Kilometer bläuliche Berge, Schluchten und endlose Wälder, die zum Teil noch nie ein Mensch betreten hat, weil sie durch die zerklüftete Landschaftsstruktur fast unzugänglich sind. Und das sechzig Kilometer von 4,4 Millionen Sydneysidern entfernt! In diesen Schluchten spürte ich sehr eindrücklich, wie leer, unwegsam und unerforscht weite Teile dieses riesigen Kontinents immer noch sind.

Apropos Bäume, apropos unentdeckt: Man schreibt das Jahr 1994 nach Christi Geburt. Ein Wanderer und Naturkundler seilt sich munter pfeifend in ein entlegenes Tal der Blue Mountains ab - und landet im Jahr 90.000.000 vor Christus! Vor ihm stehen etwa vierzig Bäume, deren weiche, lange Nadeln schon vor Millionen von Jahren von hungrigen Dinos abgeknabbert wurden! Das erfuhr er allerdings erst, als er ein Ästchen eines dieser selbst für mein ungeschultes Auge sehr ungewöhnlich aussehenden Bäume untersuchen ließ und festgestellt wurde, dass man einen sehr lebendigen Zweig einer vermeintlich sehr toten Konifere in Händen hielt, genauer gesagt der Wollemi-Kiefer, die man bis dato für seit 65 Millionen Jahren ausgestorben gehalten hatte. Eine Sensation! Man verglich die Situation damit, dass ein argloser Wanderer sich in einem abgelegenen Tal plötzlich Aug' in Aug' mit einem lebendigen Dinosaurier sieht. Lach nicht, aber ein solches Szenario halte ich für durchaus nicht abwegig, wenn ich mir die endlosen Weiten Australiens vor Augen führe. Einen ähnlichen Fund gab es schon einmal, damals waren es prähistorische Ameisen. Auf einer meiner Wanderungen einen putzigen kleinen Dino vor die Linse zu bekommen, maximal anderthalb Meter hoch, harmlos und pflanzenfressend bitte, Typ ET, das hätte doch was! Schlagzeile: ‚Deutsche Backpackerin entdeckt urzeitliche Kreatur: Putzisaurus Sigridiensae, die australische Antwort auf Nessie!' Man sagt, dass tausende und abertausende von

Australien ruft Südheide

Tierarten weltweit noch darauf warten, entdeckt zu werden. Packen wir's an!

Sonntag, 25. Mai 2008

Kann man sich in eine Stadt verlieben? Inklusive Herzklopfen und Bauchkribbeln, himmelhoch jauchzenden Glücksgefühlen, Hirngespinsten über das Verfassen von Gedichten, Magenkneifen beim Abschied und Strahlen vor Freude beim Wiedersehen nach nur wenigen Tagen Abwesenheit? Kann man!

Kann man jemals genug Fotos vom *Opera House* und der *Harbour Bridge* oder beidem zusammen haben? Kann man nicht!

Trotzdem: Heute Abend geht's weiter mit dem Nachtbus nach Byron Bay, Abschied von Sydney. Ein Trost ist es, dass ich auf meinem Weiterflug Richtung Vancouver noch mal ein paar Tage hier verbringen kann. Will ich immer noch früher nach Deutschland zurück als ursprünglich geplant? In Neuseeland hatte ich oft genug mit dem Gedanken an eine vorgezogene Heimreise gespielt, aber diese Überlegungen sind wie weggeblasen! Australien ist für mich pure Energie, aufregend und in sich ruhend zugleich.

Die vergangene Woche war fantastisch, das *Sydney Writers' Festival* ein Volltreffer. Ich hatte keine klaren Erwartungen, hatte noch nie an einem Schriftsteller-Festival teilgenommen. Allein schon der Ort des Geschehens war perfekt gewählt: die Walsh Bay, wo in restaurierten, alten Hafenanlagen normalerweise unterschiedliche Theater- und Tanzgruppen ihr Zuhause haben. Auf den umliegenden Kais sonnte man sich in den Pausen, unterhielt sich bei Kaffee und Muffins oder stöberte im engen und sehr kommunikationsfreundlichen Buchladen, in dem man in alle auf dem Fest vertretenen Bücher hineinschnuppern konnte. Kannst du meine Qualen ermessen? Ein Buchladen, in dem ich am liebsten ein Viertel aller Bücher sofort kaufen und signieren lassen wollte – und nicht ein einziges mitnehmen durfte, wenn ich den Reißverschluss meines Rucksacks noch zukriegen wollte! Vernunft kann so hundsgemein sein!

Das Festival folgte zwei Schienen: zum einen Veranstaltungen mit teils hochkarätigen Autoren. Diese folgten dem üblichen Schema einer Autorenlesung, also eine Lesung mit anschließender Diskussion. Andere lasen nicht, stattdessen initiierte der Gesprächsleiter zwischen mehreren anwesenden Autoren eine thematische Diskussion. Immer wurde auch das Publikum einbezogen. Unterschiedliche Genres spielten eine Rolle wie Reiseliteratur oder Krimis beziehungsweise Thriller oder es ging um unterschiedliche Themenbereiche wie zum Beispiel Kultur und Soziologie der Aborigines inklusive bewegender Filme, um Jugendliteratur oder den Tod.

Die andere Schiene zielte auf hoffnungsfrohe zukünftige Schriftsteller, die gerade an ihrem Erstling feilen und von Fachleuten wie Verlegern und Lektoren Tipps in Hülle und Fülle sowohl für den eigentlichen Schreibprozess als auch für den langen, steinigen Pfad zur Annahme des Manuskripts und dann weiter in Richtung Ladentisch bekamen. Dazwischen einige interessante oder kuriose thematische Ableger wie Talks über die Eröffnung eines Literaturcafés oder die Rolle von Bäumen im literar-geschichtlichen Erbe Australiens. Insgesamt gab es mit über 420 Autoren an sechs Tagen mehr als 350 Veranstaltungen, wovon ich an etwa zwanzig teilnahm. Viele Termine überschnitten sich, so dass ich nicht alles sehen und hören konnte, was mich interessierte, aber auch so qualmte mir jeden Abend der Kopf – auch wegen der Informationsfülle, aber hauptsächlich vor Aufregung! Aufregung wegen deines verrückten Vorschlages im vergangenen

Australien ruft Südheide

Sommer und meiner ursprünglichen Reaktion: „Du spinnst doch! Ein Buch schreiben! Wir!" Mich mit dieser Idee einfach so zu überfallen, nach dem Frühstück und wenige Minuten, bevor ich meinen Besuch bei dir ursprünglich hatte beenden wollen, das war unfair! Mit vollem Magen kann ich nicht vernünftig denken. Habe ich deshalb nach enthusiastischen Erklärungen deinerseits einige Tassen Kaffee später zumindest vorläufig zugestimmt? Plötzlich machte es irgendwie Sinn, dass ich mir ohne wirklichen Grund ein paar Tagen zuvor ein besonders leichtes Laptop gekauft hatte, das ich mit auf meine elfmonatige Reise nehmen wollte. Warum eigentlich nicht? Im besten Falle werden wir reich, berühmt und begehrt, im schlimmsten Falle sammeln wir Seiten voller Erinnerungen an ein Jahr unseres Lebens und verschicken sie zusammen mit vielen Gedanken an eine liebe Freundin auf die andere Seite des Globus. Könnte mir wahrlich Schlimmeres vorstellen. Und jetzt, nach allem, was ich in der vergangenen Woche an Einschüchterndem und Ermutigendem gelernt habe, denke ich, ja, jaaaaa, JAAAAAA! Lass es uns versuchen!

Montag, 26. Mai 2008

Um mich herum versammeln sich schwer bepackte Leute mit einem großen Rucksack hinten, einem kleineren vorne, einer Geldtasche vorm Bauch, einer Supermarkt-Stofftasche mit Reiseproviant in der einen und einem Greyhound-Ticket in der anderen Hand. Wir sitzen jeweils auf dem größten unserer *backpacks*, gruppieren die anderen Päckchen um uns und schweigen. Es ist 20.40 Uhr und wir warten auf den Nachtbus mit Endziel Byron Bay. Warum machen nächtliche Bus- und andere Bahnhöfe eigentlich so schwermütig? Ein leichter Hauch von Urin liegt in der Luft, zig Kaugummis in unterschiedlichen Verwesungsstadien zieren zusammen mit Kippen den Wartesteig, die Wände sind voller Fuß- und Schleifspuren, allerdings gibt es wie überall in Sydney kaum Graffiti. Dafür trocknet in einer Ecke eine Pfütze Erbrochenes vor sich hin und unter einigen Bögen des eigentlich sehr schönen Sandsteingebäudes zeugt Taubenscheiße davon, dass diese fliegenden Ratten zu den zahlreichen von Europäern erfolgreich eingeschleppten Pesten gehören. Der grundsätzliche Eindruck von Schmuddel und die Abschiedsszenen erzeugen schlechtes Karma. Reicht das an Gründen, warum Busbahnhöfe mich trübsinnig in die Gegend starren lassen?

Im Bahnhof hinter uns quietschen Zugbremsen. Der Hall lässt die Straße vor uns und den Park auf der anderen Seite weit und kalt erscheinen. Auf der ruhigen Seitenstraße, in der die Busse abfahren, herrscht um diese Zeit an einem herbstlichen Sonntagabend kaum noch Verkehr, trotzdem schafft es eines der wenigen Autos, geräuschvoll eine Mauer zu rammen. Alles gafft. Der Fahrer besieht sich kurz die Bescherung, steigt fluchend wieder ein und fährt davon. Die Blicke, mit denen die wenigen Passanten auf uns am Boden sitzendes Häufchen Reisender herabsehen, sind schwer zu deuten. Mitleid? Neugier? Interesse? Schließlich rollt unser Bus heran, das Gepäck ist schnell nach Zielorten sortiert und verstaut, es ist endgültig Zeit, Sydney Lebewohl zu sagen. Als Abschiedsgeschenk fahren wir über die Harbour Bridge, der Blick aufs Opernhaus treibt mir fast die Tränen in die Augen. Die erste Sitzreihe ist für die Taschen und Jacken des Fahrers reserviert, ich setze mich in Reihe zwei. Der Schock meines Busunfalls in China ist offenbar überwunden. Der Fernseher beginnt zu flimmern, ich schaue weg. Draußen hängt ungleich attraktiver ein schüsselförmiger Mond über der inzwischen völlig leeren und unbeleuchteten Straße. Der Pacific Highway.

Pinkelpause. Es ist kurz vor Mitternacht. Wir halten an einer Raststätte, die aussieht, als sei eine gammelig-braune Riesenkartoffel zwischen Tankstelle und Spielplatz auf dem Dach des

Australien ruft Südheide

Schnellrestaurants gelandet. Soll Uluru darstellen, klärt uns der Fahrer auf. Frechheit! Inzwischen ist es halb eins und ich bin wie immer in Flugzeugen und Bussen froh über meine kurzen Beine, kann mich gemütlich auf meinem Doppelsitz zusammenfalten. Die Nacht geht vorbei in einer Art Wachschlaf. Ortschaften, die ich schemenhaft wahrnehme, scheinen Bildern von Hopper entnommen: leere, breite Straßen, einzelne Lampen werfen scharfe Schatten, alles wirkt unbewohnt, wenig einladend, aber irgendwie ästhetisch.

6.08 Uhr. Fahrerwechsel ohne Fahrer zum Wechseln. Es ist schon hell, der erste Verkehr rollt und es ist kalt. Drei Grad, sagt die Ablösung, als sie endlich mit fünfundzwanzig Minuten Verspätung auftaucht. Der Neue ist fett, riecht nach Rauch und billigem Aftershave. Wie schnell man doch Menschen spontan sympathisch oder unsympathisch findet! Es geht weiter. Eine rote Sonne schafft es zögerlich, Löcher in den dichten Nebel zu bohren. Langsam erkenne ich Felder, Baumgruppen, Bäche, einzelne Gehöfte, Kühe, Pferde. Wir fahren durch ein wunderschönes, sommermorgendliches Schleswig-Holstein. Und ich dachte, ich nähere mich den Tropen! Habe Eisbeine. Frühstückspause mit Krabbe. Über uns schwebt eine gigantische Garnele und glubscht mit riesigen Lampenaugen vom Dach des Restaurants herunter auf verschlafene Backpacker. Australien hat eine kuriose Vorliebe für überdimensioniertes Plastikgetier und Pappmachéfrüchte. Die berühmte *Big Banana* ist vergangene Nacht im Dunkeln auf der Strecke geblieben. *Size matters*! Noch dreißig Kilometer bis Byron Bay.

Hübsche Häuschen tauchen auf, bunte Windspiele zeigen, aus welcher Richtung der Wind weht. Dort liegt das Meer. Die Hauptstraße säumen alternative Läden und eine dichte Population von Rastalockenträgern. Ich bin in Byron Bay.

Mittwoch, 28. Mai 2008

Noch nie habe ich auf so engem Raum so viele Patschouliduft verströmende indische Flattergewand-Bazars, Bioläden und biologisch-dynamisch-gute Restaurants, balinesische Schmuckboutiquen, Thai-, Ayurveda- und sonstige Massagepraxen und Meditationszentren gesehen. Man ist entspannt im Hier und Jetzt. Schön hier! Byron Bay ist touristisch, natürlich. Kein Wunder bei den Stränden, der Lage und der friedvollen Atmosphäre! Der Sand ist fast reines Silikon, quietscht unter den Füßen und ist so fein, dass er einen Film bildet, der sich kaum von der Haut wischen lässt und so fest, dass er, wenn man auf dem Bauch liegt, nicht einfach unter dem Busen in die angemessene Form rieselt. Au! Fünfundzwanzig Grad, keine Wolke am Himmel, eine sehr übersichtliche Anzahl Menschen am Strand. Winter in Byron Bay.

Byron war seinerzeit eine verträumte Hippiekolonie. Einige Grauchen sind übriggeblieben, werden allerdings von der nächsten Generation, den Grün-Alternativen, verdrängt, die ihrerseits berechtigte Befürchtungen hegt, von Neureichen aus Brisbane und sogar Sydney rausgekauft zu werden. Wie überall stehe ich auch hier gerne vor den Schaufenstern der Makler, spiele Mäuschen in sämtlichen Zimmern, Bädern und Gärten der abgelichteten Häuser und staune nicht schlecht, dass Byron fast so teuer ist wie Sydney. Ein nicht unattraktives Anwesen vor dem Dorf kostet mal eben AU$ 6.5 Millionen, umgerechnet schlappe vier Millionen Euro. Dafür ist dann der Pool mit integriertem Wasserfall größer als meine gesamte Wohnung. Apropos Wohnung: Es ist schön, mal wieder etwas Platz zu haben, was mit Lucy in meinem 4-Bett-Zimmerchen im YHA in Glebe nicht möglich war. Sie war Langzeit-Bewohnerin, hatte einen Job im *Australian Museum*, wo sie meist damit beschäftigt war, lebende oder tote Tiere oder Pflanzen, die irgendwer irgendwo gefunden hatte, zu bestimmen. Sie war ein echter Schatz, aber unglaublich unordentlich! Außerdem befanden wir uns nachts ständig im Kleinkrieg: Ich machte das Fenster auf, weil ich ungerne ersticken wollte, sie sabotierte meinen Plan und schloss es wieder. Ich konterkarierte ihre Bazillenattacken (sie war eigentlich meist siech) mit dem Zurückschieben der Scheibe, sobald ich nachts schweißgebadet und nach Luft schnappend erwachte. Sie hintertrieb meinen Überlebenswillen und schloss es wieder, sobald ich morgens auf Toilette verschwand. Aber am Tage kamen wir prächtig miteinander aus!

Hier gibt es nun keine Lucy mehr, dafür eine Jacky, ebenfalls Britin, die man geknebelt und gefesselt in die Ecke stellen muss, damit sie aufhört zu quasseln. Dafür darf ich nachts das Fenster öffnen! Warum die junge Schwedin, die gerade eine Chemo-Therapie hinter sich hat und am ganzen Körper haarlos ist, qualmt wie ein Schlot, geht mich zwar nichts an, irritiert mich aber trotzdem. Jaja, die Backpackerszene! Auf dem *Writers' Festival* besuchte ich zweimal eine Veranstaltung eines gewissen Barry Divola, eines Sydneysiders unseres Alters, der ein Buch mit dem etwas reißerischen Titel *The Secret Life of Backpackers* geschrieben hat. Er war einen Monat lang als Backpacker an der Ostküste zwischen Sydney und Cairns, also genau auf meiner Route, unterwegs und beschreibt seine Erfahrungen. Etwas überspitzt zusammengefasst handelt es ausschließlich von Saufen und Sex. Oder Sex und Saufen. Das Alter seiner meist britischen Forschungsobjekte scheint die zwanzig nur in Ausnahmefällen überschritten zu haben und so ist sein Buch zwar sehr kurzweilig zu lesen, aber trifft die Realität nur begrenzt. Was er dort beschreibt – seine ersten Sätze lauten in etwa: ‚Wir waren zu fünft im Zimmer. Vier von uns hatten Sex. Ich war der Fünfte.' – gibt es zwar, ich habe diese Konstellation auch schon erlebt, aber er verallgemeinert furchtbar und stellt das, was maximal ein Drittel der Szene ausmacht, als Norm hin. Das zur Beruhigung aller Eltern von australienreisenden Jugendlichen, die sein Buch lesen, falls es irgendwann mal in Deutschland veröffentlicht wird. Wenn das Reisen *Down Under* wirklich so aussähe, wäre ich garantiert nicht mehr hier. Allerdings wohne ich in Australien wohlweislich fast ausschließlich in YHAs, der australischen Variante von Unterkünften des internationalen Jugendherbergswerkes, die in keiner Weise mit unseren Jugendherbergen mit Familien oder Horden von klassenfahrenden Schülern zu vergleichen sind, sondern ganz normale Backpakker Hostel sind, und laut Reiseführern die ‚reiferen Reisenden' anziehen. Reif muss dabei nicht für Senioren oder mittelalterliche Grauzonenwesen wie mich stehen, man kann auch mit zwanzig schon sehr reif sein und eben nicht um die halbe Welt fliegen, um sich hier jede Nacht gnadenlos zu besaufen und zwischendurch oder hinterher im Rudel zu bumsen, wenn's dann noch geht.

Die weitaus meisten Reisenden jeden Alters, die ich hier treffe, sind interessiert an Land und Leuten, gehen nicht nur in Kneipen, sondern auch in Museen, geben viel Geld für alle möglichen Attraktionen und Aktivitäten aus, trugen 2007 laut Statistik als gut 500.000 Mann und Frau starke Gruppe umgerechnet fast zwei Milliarden Euro ins Land. Meine Entscheidung, reine Frauenzimmer vorzuziehen, soweit das möglich war, hat sich bewährt. Schnarchen und eklig stinkende oder völlig verdreckte Räume gehören damit der Vergangenheit an. Ist leider so, dass besonders junge Männer die absoluten Dreckfinken zu sein scheinen, jedes Reinigungsteam in Hostels kann davon ein Lied singen. Werde bloß nicht auch so eine Mutter, die ihren Sohn (nicht etwa die Tochter!) zu so einem lebensuntüchtigen Ferkel erzieht!

Australien ruft Südheide

Sonntag, 1. Juni 2008

Hast du dir schon mal mit einer Fledermaus das Schlafzimmer geteilt? Nein? Dann hab ich dir was voraus! Keine Ahnung, wie das Tierchen es geschafft hat, in mein neues *home sweet home* hereinzukommen. Jedenfalls hörte ich nachts ein kratzendes Geräusch und als ich mich aufrichtete, um zu schauen, was da los sei, flog mir plötzlich etwas sehr gezielt am Kopf vorbei und auch sonst nirgends gegen, landete aber schließlich wieder auf dem Holzboden und machte das besagte Kratzgeräusch. Aha, eine Fledermaus! Glücklicherweise hatte Manuela, eine Deutsche, die schon seit vier Wochen hier arbeitet, mir von ihren eigenen nächtlichen Fledermaus-Begegnungen erzählt, sonst wäre ich wahrscheinlich zu Tode erschrocken gewesen. So machte ich die Tür auf und hoffte, dass meine Maus schneller herausfindet als ihre Artgenossen herein und ich einfach weiterschlafen könne, bevor es hier drinnen zu voll würde. Das funktionierte dann auch prächtig und ich hatte mein erstes Farm-Abenteuerchen gemeistert.

Seit Donnerstag bin ich in Whian Whian, einem Dorf mit etwa zehn Häusern und ausschließlich in Sackgassen endenden Sträßchen im Hinterland von Byron Bay im äußersten Norden von New South Wales. Wieder ein *help exchange* Job, wieder eine Farm, diesmal Macadamia Nüsse und Avocados! Beide esse ich ausgesprochen gerne und so war das Leben hier an der Quelle bislang sehr sättigend und kalorienhaltig! Das Verhältnis zu Inara und Will, denen die Farm gehört, ist gewohnt freundschaftlich und der Job ... aber halt, nach guter Tradition belasse ich es für heute dabei und schreibe mehr zu Job und Leuten in der nächsten, der wohl letzten Mail. Es ist Sonntag, wir arbeiten nicht, sondern gehen stattdessen wandern!

Australien ruft Südheide

Montag, 2. Juni 2008

Berlin adé. Der schöne Traum von einem aufregenden Neuanfang in einer neuen Stadt mit neuen Menschen und einer neuen Arbeitsstelle ist geplatzt. Heute habe ich Nachricht bekommen, dass mein geplanter Wechsel von Bonn nach Berlin nicht klappt. Aber ich will nicht dort wieder anfangen, wo ich vor sieben Jahren aufgehört habe! Ich habe mich verändert, viele Erfahrungen gemacht, die ich in einem neuen, frischen Umfeld im Privaten wie im Beruflichen ausleben möchte! All diese Erlebnisse sind Teil meiner selbst, aber eines anderen Selbst als dem von vor sieben Jahren. Der Gedanke erstickt mich geradezu, in meine alte Wohnung in meinem alten Umfeld und vor allem in meine alte Schule zurückzukehren! Es fühlt sich an, als würden so die vergangenen Jahre ausgelöscht.

Es gibt einige Möglichkeiten, wie ich weitermache, mit Bonn, mit Berlin, mit meinem Job. Alte Pläne werden verworfen, neue müssen auf den Tisch. Das bisschen, was ich noch tun kann, um mein persönliches *worst case scenario* zu vereiteln, habe ich gerade in die Wege geleitet. Nun muss ich warten, habe keine Einflussmöglichkeit. Wie ich das hasse! Tatenlos zusehen zu müssen, wie etwas geschieht, das ich nicht will. Es ist gut, hier auf der Farm zu sein und besonders in Will einen Gesprächspartner zu haben, der sehr einfühlsam aufnimmt, was er hört und klug antwortet. Solche Situationen habe ich auf Reisen immer mal wieder erlebt: Man bezieht Menschen sehr schnell in wichtige Gedanken und Überlegungen ein, erzählt einem Wildfremden Dinge über sich, die sonst nur die beste Freundin zu hören bekommt. Es ist in gewisser Hinsicht beruhigend konsequenzenlos: Man sieht den anderen nie wieder, ist nicht so verletzlich wie in Gesprächen mit Freunden und trotzdem gehören solche Unterhaltungen genau durch diese Unvoreingenommenheit, diese Offenheit, unbelastet von jeglicher Kenntnis der Person, die über

Australien ruft Südheide

die letzten zwei Stunden hinausgeht, manchmal zu den interessantesten und hilfreichsten. Man ist vollkommen ehrlich miteinander, hat keine gemeinsame Geschichte, die einem den Blick verstellt. Oft hat mir eine beiläufige Bemerkung oder ein klares: „Weißt du, was ich da machen würde?" schon viel frischen Wind in meine Ideen und Überlegungen gepustet.

Vielleicht geschieht das ja wieder ... mein Optimismus kann dringend einen Push gebrauchen!

Hast du eine kluge Idee? Ernstgemeinte Zuschriften bitte an

deine dich knuddelnde Sigi

Südheide ruft Australien

SÜDHEIDE

6. Juli 2008

Liebes Beuteltier,

o.k., Sydney konnte dank Deiner Reiseberichterstattung diverse Plätze auf meiner Traumzielliste gutmachen und rangiert nun auf Platz Zwei in der Kategorie „Fernreisen" (nach Neuseeland versteht sich). Vielleicht kannst Du mal australischen Halbwüchsigen Deutsch beibringen und dort Deine Zelte für ein paar Jahre aufschlagen? Ich würde Dich glatt besuchen. Solltest Du doch lieber nach Berlin gehen, musst Du mit Sicherheit mit Besuch aus Wahrenholz rechnen.

Bis dahin reize ich die Vorzüge der Südheide und ihrer Umgebung weiter aus. In diesem Brief reicht die „Umgebung" bis Hamburg. Es sind nur 160 Kilometer bis dahin, für Backpacker wie Dich wahrscheinlich ein Trip zwischen zwei Mahlzeiten. Ich machte allerdings einen zweitägigen Ausflug daraus.

Anlass war das musikalische Großereignis der Open-Air-Saison: Bruce Springsteen rief seine Fans ins HSV-Stadion. Einer aus der Familie muss zum Boss, er begleitet uns mit seiner Musik seit der Schulzeit, und diesmal war ich dran! Apropos Schulzeit: Ich erinnerte mich an unsere alte Schulfreundin Katja, die 1. bekennender Bruce-Fan ist und 2. seit einigen Jahren in Norderstedt im Speckgürtel Hamburgs lebt. Ein Anruf und schon hatte ich Aussicht auf Gespräche unter Freunden, ein kuscheliges Gästebett und ein entspanntes Wochenende inklusive gemeinsamen Konzertbesuch.

Samstagmittag klingelte ich an Katjas Tür und wurde mit Kaffee und Kuchen empfangen. Große Wiedersehensfreude bei uns beiden,

Südheide ruft Australien

großes Staunen bei mir. Katja ist mir ein Rätsel: der Zahn der Zeit weigert sich offenbar, an dieser Frau zu nagen! Sie hat äußerlich keine einschneidenden Veränderungen hinnehmen müssen. Allein mit gesunder Lebensweise, die sie ohne Zweifel pflegt, lässt sich dieses Phänomen nicht erklären. Ich wette, dass sie immer ihren Personalausweis dabei hat, um nicht z.B. von der Polizei aus dem Auto gezerrt zu werden oder im Kino draußen warten zu müssen, im Dämmerlicht geht sie als 16-jährige durch.

Es war ein ununterbrochenes Gesabbel, das nicht vom Erscheinen ihres Mannes und dessen Freunden und auch nicht durch zwei weitere Konzertbesucherinnen, die sich bei Katja zur gemeinsamen Weiterfahrt einfanden, wesentlich beeinträchtigt wurde. Wir vergaßen sogar, etwas Nahrhaftes zu uns zu nehmen. Ein fataler Fehler, wie ich später im Stadion in der dreißig Meter langen Schlange für eine kalte Laugenbrezel einsehen musste. Die Themen „Mann, Kind, Haus, Schule, Arbeit, Eltern, Segeberg, alte Freunde" wurden sämtlichst bedient.

Und dann auf zum Boss! Die hochsommerlichen Temperaturen verleiteten meine Begleiter, in T-Shirt und ohne Strümpfe aufzubrechen, ich dagegen hatte diverses Rüstzeug gegen eventuell aufkommende Regenschauer oder einen plötzlichen Kälteeinbruch in meinem Rucksack, da ich auf diversen Open-Air-Veranstaltungen schon sehr nasse Erfahrungen gesammelt habe. In der prallen Sonne vor dem Stadion gönnten sich die anderen ein Bier, ich mir ein Wasser, während wir die Ströme von Fans an uns vorbeiflanieren ließen. Ein dringendes Bedürfnis verkniff ich mir angesichts der mindestens fünfzig auf der Stelle trippelnden Wartenden pro Klo. Nur blöd, dass ich bei Katja einen Kaffee nach dem anderen getrunken hatte, die Sache beschäftigte mich von Minute zu Minute zunehmend. Kurz vor Beginn des Konzerts konnte ich an fast nichts anderes mehr denken als an meine Blase. Aber die Rechnung ging auf: Endlich waren die Warteschlangen abgearbeitet und ich konnte mich geistig wieder mit meinem Hunger beschäftigen. Oh Mann, da steh ich im laut Katja schönsten Stadion der Republik unmittelbar vor dem Auftritt des Unvergleichlichen und denke ausschließlich an meinen Stoffwechsel! Ein eilig beschaffter Marsriegel musste für die Problembewältigung reichen.

Dann ging es los. Der Boss fängt immer pünktlich an, keine künstlicher Spannungsaufbau, kein Superstar-Gezicke, kein Show-Schnickschnack, keine Vorband, die niemand hören will. Alles nicht nötig, denn Bruce Springsteen schafft es allein mit seiner Musik, seiner zumindest mich überzeugenden Freude daran und seiner Energie, das Stadion zum oft zitierten Kochen zu bringen. Nach zweieinhalb Stunden und nur einer Zugabe lässt man ihn fast widerspruchslos gehen, weil man weiß, dass er alles gegeben hat.
Ich war wie benebelt, als die Beschallung durch die extrem leistungsfähigen Lautsprecher abbrach. Während vor dem Konzert die tieffliegenden Flugzeuge jedes Gespräch unterbrochen hatten, habe ich danach die ersten beiden Maschinen nur gesehen, aber nicht gehört! Erst bei dem dritten nahm ich wieder Motorenlärm wahr. Es dauerte aber eine ganze Weile, bis ich durch die Watte des Hör- und Erlebnisrausches wieder die Realität zu fassen bekam.

Bei Menschenmengen von mehr als 30.000 Personen in der Nähe der Heimat ist es relativ wahrscheinlich, dass ein Bekannter darunter ist. Relativ unwahrscheinlich ist es dagegen, einen solchen im Gewühl zu erkennen. Dieses Kunststück gelang Katja, die vier alte Partygenossen aus ihrem Dorf entdeckte. Katjas Mann führte die nun auf neun Figuren angewachsene Truppe zum Auto, in dessen Kofferraum Bierpaletten gestapelt waren. Ein Bier gab das andere und die Gang aus alten Zeiten riet Autokennzeichen, was mit ansteigendem Alkoholpegel erstaunlicherweise immer lustiger wurde. Dazu Bruce-Untermalung aus dem Autoradio und gute Stimmung. Bei der langsam heraufkriechenden Kälte machte sich meine Polarausrüstung doch noch nützlich, ich konnte eine Schutzschicht nach der anderen aus meinem Rucksack zaubern!

Stunden später blies man endlich zum Aufbruch. Inzwischen waren sämtliche Parkplätze geräumt und wir standen allein in der Finsternis. Die Kumpels aus der alten Heimat wurden eingeladen, noch in der Norderstedter Basis Station zu machen. Ich muss gestehen, dass das nicht so unbedingt nach meiner Mütze war, ich war müde und voll mit Eindrücken, so dass ich lieber den Abend in Ruhe hätte ausklingen lassen. Aber schließlich war ich selbst nur Gast, und die Gastfreundschaft, die ich genießen durfte, galt natürlich auch für die anderen.

Es folgte ein Sit-in im Garten am Terassen-Kamin mit allerlei Getränken und Bruce-Rock in einer Lautstärke, die die Nachbarschaft wissen ließ, wo wir gerade herkamen. Mit wachsendem Staunen registrierte ich, wie die Leute mit jedem Bier wacher zu werden schienen, während mir trotz Cola und Kaffee die Lider immer schwerer wurden. Um vier Uhr gab ich auf und wankte mit einem von Musik, aufgefrischten Erinnerungen an alte Zeiten, Erkenntnissen über die Schwierigkeiten beim Anbau der Bio-Linda-Kartoffel, Einzelheiten früherer Boss-Konzerte, kleinen Angebereien und witzigen Gealber vollgestopften Kopf in mein Gemach. Am nächsten Morgen trafen mich zwei Hammer: der erste rein physisch in Form von grauenhaften Kopfschmerzen, der zweite psychisch, als mir vier quietschfidele Typen (Katja, ihr Mann und dessen zwei Freunde) beim Frühstück begegneten. Welche Ungerechtigkeit! Hätte ich doch bloß auch zur Flasche gegriffen! Dann hätte ich den Schmerz wenigstens als wohlverdienten Kater auffassen können.

So wurde aus dem familienfreien Sonntag, den ich in Ruhe hatte auskosten wollen, an dem ich auf dem Rückweg den Besuch einer Gartenausstellung und ein ungestörtes Kaffeetrinken vorgesehen hatte, eine depressive Schleichfahrt direkt ins traute Heim. Ende der Vorstellung!

Und noch ein lohnendes Ziel in der weiteren Umgebung habe ich zu vermelden: Magdeburg! Nur 115 Kilometer entfernt und trotz Grenzöffnung vor 20 Jahren noch immer nicht als Nachbarschaft wahrgenommen. Zum ersten Mal war ich kurz nach dem Mauerfall dort und gelangte dabei nicht zu der Überzeugung, dass aus dieser grauen und verwahrlosten Plattenbauwüste eine attraktive Stadt zu basteln wäre. Aber ich habe mich geirrt! Bei mehreren Besuchen des Magdeburger Zoos, bei der Bundesgartenschau und im Jahrtausendturm, in dem 6000 Jahre Technik- und Wissenschaftsgeschichte zum Erlebnis werden, staunte ich schon. Aber bei diesem Ausflug war ich baff. Wo ist die Steinwüste geblieben? Seit wann gibt es denn hier so tolle offene Plätze mit Straßencafés? Warum sah der Dom jetzt wirklich altehrwürdig und nicht nur alt aus? Wann haben sie dieses herrliche Hundertwasserhaus direkt neben den Domplatz gestellt? Und wieso fand ich früher diese breiten Straßen einfach nur furchtbar, wenn sie sich doch allmählich durch Bäume, Eiscafés und Straßenrestaurants als Prachtmeilen entpuppen?

So war der Auftakt des Musical-Abends, den ich (nicht ganz uneigennützig) Gaby zum Geburtstag geschenkt hatte und an den sich auch Susi und ihre Tochter angeschlossen hatten, eine angenehme Überraschung. Ein warmer Sommerabend, ein gutes Essen vor dem Domplatz, eine kurze Würdigung des Hundertwasserhauses und eine nachhaltig beeindruckende Vorstellung des Musicals *Titanic open air* direkt am Dom. Ich sage Dir, ich hatte schon schlechtere Tage!

Zurück zu Familie, Haus und Hof:

Christians Abschied vom Kindergarten war schmerzfrei. Er freut sich so sehr auf die Schule, dass für Wehmut kein Platz ist. Mir

Südheide ruft Australien

geht es ähnlich. Es gab nicht ein einziges Mal in den drei Jahren Tränen, wenn ich Christian in den Kindergarten brachte, er hatte jede Menge Spaß, hat viel von den anderen Kindern und natürlich auch von der Arbeit der Erzieherinnen profitiert und tatsächlich empfand ich die Nachmittagsgruppe als Erweiterung der Familie. Aber nun bin ich genauso neugierig auf die Schule wie Christian.

Auf dem Begrüßungsabend für die Eltern vor der Einschulung kam nach einer kleinen Rede des Rektors der spannende Moment, in dem die Lehrerinnen die Klasseneinteilung bekannt gaben. Zwei gute Nachrichten: Zum einen bekommt Christian eine nette und engagierte Lehrerin und zum anderen wird er sich deren Aufmerksamkeit mit nur 16 Mitschülern teilen! Ein Traum für Lehrer, Schüler und Eltern! Da wird es wohl möglich sein, jedem Kind gerecht zu werden und es entsprechend seinen Fähigkeiten zu fördern und zu fordern.

Der Elternabend war kurz genug, sodass ein paar von uns Müttern beschlossen, noch ein Weilchen im Garten eines unserer Gasthäuser die schulischen oder auch andere Neuigkeiten auszutauschen. Man gönnt sich ja sonst alles...

Nun brauchen wir nur noch zu warten. In fünf Wochen geht es endlich los.

Liebe Sigimaus, ich erwarte energisch Deinen nächsten Brief!

Deine Mimi

AUSTRALIEN

Neulich im australischen Busch:

„Sag mal, Will, gibt es hier im Regenwald eigentlich auch Schlangen?"
„Schlangen? Nee! Also, ich hab in den zwanzig Jahren, die ich hier wandere, jedenfalls noch nie eine gesehen!"

Etwa zehn Minuten später vollführte Will einen kuriosen Sprung nach hinten, griff sich ans Herz, riss die Augen unnatürlich weit auf, gab röchelnd etwas von sich, was ungefähr wie „Oarrrmpf!" klang und wies stammelnd mit ausgestrecktem Arm auf den Weg, der sich vor uns durch's Dickicht wand. Da lag definitiv und jetzt für alle sichtbar ein gut 180 Zentimeter langer und fast zehn Zentimeter dicker *Carpet Python* völlig unbeeindruckt von unserer Gegenwart und züngelte mit dekorativ-blauer Zunge vor sich hin! Von wegen keine Schlangen im Regenwald! Wir näherten uns vorsichtig und respektvoll, aber das Vieh hatte entweder einen verdorbenen Magen, keinen Hunger auf Menschenfleisch oder wollte sämtliche jahrhundertealten Kommunikationsregeln der Schlange-Mensch-Beziehung außer Kraft setzen, jedenfalls schlängelte er nicht wie erwartet zügig von dannen, sondern ließ sich freundlich züngelnd fotografieren, räkelte sich brav ums Stöckchen, besser gesagt um einen ausgewachsenen Ast, ließ sich an demselben vom Boden lupfen und in neue Wellenformen legen und fand's offensichtlich prima, dass wir ihn nach zwanzig Minuten Bespielen liebevoll in einen Baum am Wegesrand drapierten, von wo aus er unseren Abschied beobachtete. Hätte er Arme gehabt, hätte er sicher gewunken. *Carpet Pythons*, die auf Deutsch ähnlich albern Teppichpython heißen, sind wie alle Pythons potentiell sehr gefährliche Würgeschlangen und obwohl es diesem nicht zum Würgen zumute oder zu kühl

Australien ruft Südheide

war, bewirkte der Schreck des ersten Anblicks trotz aller Zutraulichkeit dieses Exemplars den festen Vorsatz, dass ich für den Rest meiner Reise vorsichtiger durch Australien spazieren werde.

Mittwoch, 11. Juni 2008

Liebe Marion,

na, hab ich dir damit endgültig jegliche Besuchsabsicht Down Under vergrault? Nun gut, sechsstündige Wanderungen in alles durchnässendem Nieselregen mit wenig Fernsicht, dafür mit Schlangeneinlage gehören wohl ohnehin nicht zu deinen Lieblingsbeschäftigungen, aber ich genoss meinen arbeitsfreien Sonntag auf der Avocado- und Macadamia-Farm von Will und Inara in Whian Whian sehr. Dort schwelgte ich insgesamt zehn Tage lang in Avocados satt und den angenehmsten Arbeiten der gesamten Reise in fantastisch verschwenderischer, endlich tropischer Natur. Mal musste ich mit der Machete haushohes Unkraut um den Schuppen herum niedermetzeln, mal Avocados pflücken, sortieren und packen, mal Inaras Biogarten jäten oder Terrassenstühle leuchtendrot anmalen, mal die Wohnung in Lismore für die nächste Vermietung herrichten. Immer war Will zum Klönen in der Nähe und wenn wir bei Arbeitsschluss immer noch Gesprächsstoff hatten, saßen wir Rotwein trinkend auf der Terrasse am Pool und sahen dem Sonnenuntergang zu. Was für ein herrliches Leben! Aber bevor ich wie meine Mitpflückerin hier monatelang hängenblieb oder begann, genauer darüber zu sinnieren, wie nett ich Will denn nun eigentlich finde, verschwand ich lieber schweren Herzens in Richtung Brisbane.

Dort erwartete mich immerhin Jamee! Du erinnerst dich, die sympathische, lustige Amerikanerin, die ich auf der Adelaide-nach-Alice-Tour kennengelernt hatte, und die hatte gerade noch zwei Tage Zeit für mich, bevor sie in Urlaub verschwand. Lachtränenreiche Erinnerungen an unsere Tour, intensives Testen lokaler Biersorten in diversen Kneipen und mitternächtliche Kuchenorgie bei indischer Live-Musik im *Three Monkeys Coffee House* ... Wir bleiben garantiert in Kontakt! Als Jamee dann weg war, vertrödelte ich noch einige wenig aufregende Tage in Brisbane, das außer einer sehr guten Museumsmeile wenig zu bieten hat. Eine weltweite Studie zur Lebensqualität von Städten hat Brisbane gerade nur auf Rang 34 und damit hinter allen übrigen australischen Großstädten platziert. Die Einwohner Brisbanes sind darüber bass erstaunt. Ich nicht.

Schnell weiter in mein momentanes *home sweet home*, einen Ort, auf den ich mich seit Jahren freue, weil eine Freundin hier aufwuchs und mich sehr neugierig gemacht hat: Noosa. Vor Jahrzehnten wohl noch ein verschlafenes, aber traumhaft schön gelegenes Nest im äußersten Süden Queenslands, heute Australiens Schickeria-Städtchen mit einer Flanier- und Einkaufsstraße, die eher an südfranzösisches Flair als australische Hemdsärmeligkeit erinnert. Trotzdem oder gerade deshalb gefällt es mir ausgesprochen gut hier. Ich bin nun mal durch und durch Europäerin und genieße es, von gemütlichen Straßencaféstühlen aus gut gekleidete Menschen vorbeischlendern zu sehen, für die es noch andere Kleidungsstücke als Schlabbershorts, T-Shirts mit Bierwerbung und Plastik-Flipflops gibt – so laufen nämlich sehr zu meinem Leidwesen die meisten australischen Männer herum. Außerdem gibt es 100 Meter von meinem Hostel, das in einem wunderschönen alten Queenslander untergebracht ist, eine französische Bäckerei mit köstlichen *Pain au Chocolat* und Kuchen, die mich sicher einige Tage hier festhalten können. Mit Queenslander ist übrigens neben dem Bewohner dieses Bundesstaates ein meist bunt angestrichenes Holzhaus mit Veranden und Balkonen gemeint, wie man sie aus den Südstaaten der

Australien ruft Südheide

USA kennt. Die Menschen hier in Queensland würden allerdings garantiert behaupten, dass die Amis die Häuser nur abgeguckt haben. Der menschliche Queenslander an sich ist nämlich ein unverwüstlich patriotischer Geselle, uneingeschränkt überzeugt von sich und seinem Bundesstaat (unübersetzbares Wortspiel eines Busfahrers: „*There are only two states to be in: Queensland and drunk*"). Allerdings wird er im Rest von Oz als ... sagen wir mal vorsichtig: rustikal und ein wenig rückständig angesehen – und das will in diesem insgesamt sehr entspannten Land schon etwas heißen! Egal, man kommt schließlich nicht um der Kultur willen in den hohen Norden Australiens, sondern wegen der Natur und allem, was man in und mit ihr anstellen kann – und da habe ich mich für morgen zu etwas angemeldet, was zu einem Australienurlaub ohne Gnade dazu gehört: zum Surfen! Jawohl, du hast recht gelesen: Im fortgeschrittenen Alter von 49 Jahren werde ich mich auf einem umfunktionierten Bügelbrett den Fluten des südlichen Pazifiks und all seinen Bewohnern, egal ob mit Tentakeln oder Zähnen bewehrt, preisgeben!

Freitag, 13. Juni 2008

Beidseitig feste zugreifen, Waschbrettbauch aufs Brett schwingen, Hände in Brusthöhe, ein Bein aufsetzen, das andere SCHNELL unter den Körper ziehen, aufrichten und mühelos balancierend meilenweit auf der Welle tanzen. In Strandnähe dann geschmeidig vom Brett gleiten, kurz unter den bewundernden Blicken aller Anwesenden ein Sonnenbad nehmen oder unverzüglich den braunen Astralleib pfeilschnell mitsamt Brett wieder durch die Fluten hinauslenken, um mit der nächsten Welle das Spielchen zu wiederholen. So einfach geht das. In der Theorie. Und bei fast allen Australiern, bei denen die Hebamme wahrscheinlich erstmal das Surfbrett zur Seite schieben muss, um nach der Geburt die Nabelschnur zu durchtrennen.

Bei mir nicht.

Eigentlich bin ich kein Bewegungslegastheniker, weiß, wo meine Arme und Beine sich befinden und bin meist zu Wasser und zu Land in der Lage, sie sinnvoll zu koordinieren. Nicht so beim Surfen! Ab wie viel Liter Salzwasser dreht sich einem eigentlich der Magen um? Ich muss nah an der Grenze gewesen sein, aber dem riesigen Spaß konnten weder das Gefühl der kompletten Ohnmacht gegenüber Wellen in Verbindung mit einem überdimensionierten Plettbrett noch mein unfreiwilliger Konsum von nicht unerheblichen Teilen des Südpazifiks einen Abbruch tun. Ist das GEIL!! Entschuldige mein Abgleiten in sprachliche Urwüchsigkeit, aber Surfen macht wirklich unglaublich Spaß! Surf*versuche* muss ich sagen, denn mit dem, was jeder Otto-Normalaustralier auf seinem Brettl vollführt, hatten meine anderthalb Sekunden in Primatenstellung und folgendem sofortigen Untergang rein gar nichts zu tun, aber der Gaudi tat das nicht den geringsten Abbruch. Nach den drei Stunden, die der Kurs dauerte und die viel zu schnell vergingen, lag ich wie ein ausgewrungener Lappen am Strand, meine Beine versagten bis auf Weiteres den Dienst, meinen Körper zierten blaue Flecken an den unmöglichsten Stellen und mir drehte sich alles, aber meine Lippen umspielte ein glückliches, wenn auch angesichts meines Zustandes leicht debiles Lächeln: Ich hatte immerhin für wenige Sekunden so etwas Ähnliches getan wie gesurft!

Damit nicht genug, denn heute ging's gleich noch mal raus aufs Wasser, allerdings mit einem mir ungleich vertrauteren Fortbewegungsmittel, einem Kajak. Die ersten zwei Stunden ging es wunderbar friedlich zu: Ich hatte als Alleinreisende wie üblich das Privileg, mit dem Guide in einem Boot zu sitzen, wir paddelten

Australien ruft Südheide

zügig durch die Wellen hinaus, während er launige Geschichten erzählte über *shark nets*, also Hai Netze, die hier in der fortschrittlicheren Version mit Summern versehen sind, damit die Wachen an Land gleich wissen, wo sich ein hungriger Hai an den Strand anschleicht und wie groß er ist. Und wo die Netzflicker anrücken dürfen, wenn das Tierchen das Netz hämisch grinsend zerfetzt und sich in Richtung Strand auf Nahrungssuche begeben hat. Interessanterweise werden bei den routinemäßigen Netz-Kontrollen fast genauso viele verhedderte und ertrunkene Haie in Richtung offenes Meer wie in Richtung Strand gefunden. Scheinen ja wirklich sehr nützlich zu sein, diese Dinger! Unmittelbar nachdem wir uns außerhalb des vermeintliche Sicherheit bietenden Netzes befanden, lernte ich zudem, dass Haie angeblich besonders gerne Surfer oder Kanuten angreifen, weil wir von unten aussehen wie eine dicke fette Robbe. Nein, ich sehe nicht aus wie eine Robbe, verdammt!

In letzter Zeit bemerke ich angesichts all dieser tierischen Unbill, wie sich in mir eine Art schnodderiger Kaltschnäuzigkeit all dem gegenüber breitmacht, was mir in Australien nach dem Leben trachtet. Ich beginne, die kursierenden Horrorstorys mit einem schaurig-schönen Gruseln aufzusaugen, es aber ansonsten mit den Einheimischen zu halten und einfach davon auszugehen, dass all die Viecher Besseres zu tun haben, als ausgerechnet mich zu pieksen, zu beißen oder zu vergiften. Basta. Außerdem beruhigte mich unser Guide Luke mit der lapidaren Aussage, dass man sich vor Haien nun wirklich nicht fürchten muss. Dann schon eher vor den krokodilfressenden Riesen-Kraken. Sehr komisch!

Als wir uns nach einigen Stunden wieder auf den Weg zurück zum Ausgangspunkt machten, fragte Luke plötzlich, ob ich nicht Lust auf Kajak-Surfing hätte, sei auch nicht sehr gefährlich. Klar hatte ich Lust! Surfen plus Kajak, das konnte nur genial sein! Sodann wechselte er als Steuermann hinten im Boot die Richtung – und hielt stur auf den steilsten Teil der Küste mit vorgelagerten Felsen zu, an dem ich gestern gerade die härtesten Surfer vom Wanderweg oben an den Klippen mit stockendem Atem beobachtet hatte. Die kämpften dort auch heute in schäumender Gischt mit ihrem Board – und wir steuerten mitten hinein!

Nun machte Luke keinen akut suizidgefährdeten Eindruck auf mich, also spielte ich einfach mit. Von hinten kamen die Anweisungen: „Aufhören zu Paddeln! Ganz flach soweit es geht zurücklehnen!" und schon ging es ab! Wie beim Surfen flogen wir die Welle entlang, immer vor dem Kamm, tanzten hoch oben auf der Walze, glitten immer wieder geschickt die beste Position austarierend jauchzend und kreischend mit dem Rauschen im Nacken rasend schnell schräg auf den Strand zu … und dann schlug's uns um! Boot, Paddel, Luke, Sigrid … alle in einem Strudel, kopfüber, landunter, quirlendes Salzwasser über mir unter mir in mir, kurzes Auftauchen, entsetzter Blick auf heranschießenden Surfer, möglichst schnell möglichst tief runter, prustendes Auftauchen, kein Grund unter den Füßen, bis wir schnaubend und lachend von ein paar hilfreichen Wellen an den Strand gespült wurden. Meine gestern neu erstandene Sonnenbrille war trotz fester Verbandelung weg, aber das war das Vergnügen wert! War das irre! Macht das Spaß! Ehrfurchtsvoll staunend erfuhr ich später, dass die Wellen hier etwa 2-3 Meter hoch und sehr sicher, sehr gerade, sehr lang, sehr berechenbar seien und Noosa damit zu den besten Anfängerrevieren Australiens gehöre, Fortgeschrittene aber auch auf ihre Kosten kämen. An den härtesten Stränden unten in Tassie sind die Wellen oft 10-12 Meter hoch!

Der einzige Nachteil unserer Tour war, dass ich John verpasst hatte, den sympathischen Besitzer einer Segelschule, der mich gestern eingeladen hatte, mit ihm ein bisschen vor der Küste zu kreuzen, um Kundschaft auf seine Boote aufmerksam zu machen, aber selbst er schaffte es nicht, mich noch einen weiteren Tag in

Australien ruft Südheide

Noosa festzuhalten. Den Abend beendete ich dann mit einem langen Telefonat mit Claudie, der Freundin, die ich in ein paar Wochen oben in Cairns besuchen will, und einer herrlichen Fährschiffchen-Fahrt in völliger Finsternis mit zum Greifen nahen Sternen entlang des Noosa River zur Marina, wo ich köstlichen Barramundi mit einem Gläschen Chardonnay herunterspülte, in lauer Sommernacht begeistert einem Sänger und seiner Gitarre lauschte und an das britische Paar dachte, das ich heute beim Kajaken kennengelernt hatte. Die beiden hatten vor vier Jahren hier ihren Urlaub verbracht, waren im folgenden Sommer für immer dem britischen Schmuddelwetter und griesgrämigen Mitmenschen entflohen, hatten hier keinerlei Probleme mit dem Neuanfang und fühlen sich pudelwohl. Könnte ich das auch? Will ich das auch? Die Antwort versank in Weinseligkeit auf der Rückfahrt bei Jack-Johnson-Klängen irgendwo in den Tiefen des Noosa River. Warum sich über Dinge den Kopf zerbrechen, die in keiner Weise akut sind! Erstmal freue ich mich auf Deutschland.

Freitag der 13. ist traditionell fast immer ein Glückstag für mich gewesen und dieser steht weit oben in der Liste der allerschönsten!

Dienstag, 17. Juni 2008

Sitze in der Bar des *Collonial Village YHA* in Hervey Bay, starre in den Bullerkamin in der Raummitte und warte auf den Shuttle-Bus, der mich zum Busbahnhof bringt. Von wegen Tropen, die Nächte sind saukalt, aber hier ist schließlich Winter. Vorgestern Nacht im Zelt hatte ich vier Decken über mir, dann ging's. Das Zelt war ein behagliches, wenn auch kaltes, fest installiertes Safarizelt und stand auf Frazer Island, einem weiteren Muss für alle Reisenden an der Ostküste. Man darf diese Insel nicht allein bereisen, sondern nur in Touren mit Guide oder indem man

Australien ruft Südheide

sich zusammen mit anderen Reisenden einen Jeep teilt und ihn selbst chauffiert. Mir war angesichts der Tücken des Terrains und des Durchschnittsalters der Reisenden eher nach einer Tour mit Guide zumute und so ging es dann zwei Tage lang über Stock und Stein, durch Bäche und Urwälder dieser größten Sandinsel der Welt, deren dem Meer zugewandte Ostküste allein schon etwa 120 Kilometer lang ist. Captain Kirk, unser Guide, zeigte uns alles Sehenswerte auf der Insel – bis auf Lake McKenzie!

Das ist der berühmteste, schönste, leuchtendste der vielen Seen dieser Insel, den aus umweltschutzbedingten Lizenzgründen nur ein Tourenveranstalter besuchen darf – und das war leider nicht unserer. Schade! Nach all den Fotos, die andere Reisende mir zeigten, habe ich wohl wirklich etwas verpasst! Aber egal, unsere Tour zu viert mit einer Österreicherin und einem älteren neuseeländisches Paar war auch schön. Er war sehr mitteilsam, aber derartig schwerhörig, dass die Unterhaltungen schon was von Loriot hatten. „Jack, wir müssen jetzt los! Jack? Jack!!" „Jaja, Lucy, ich hab auch Durst. Aber sag mal, müssen wir nicht so langsam los?" Captain Kirk hatte mit Jack eine Engelsgeduld, während ich mich manchmal bei unseren kleineren Wanderungen absetzen musste, da mir sonst die Hutschnur gerissen wäre.

Kirk war eine wandelnde Enzyklopädie für Geschichte und Geschichten, Geologie, Aboriginal Mythen, Pflanzen und Tiere und vor allem kannte er sich mit dem nicht ungefährlichen Navigieren unseres Jeeps entlang des Strandes bestens aus. Der Sand hat nämlich ganz unterschiedliche Konsistenzen, was man auf den ersten, ungeübten Blick nicht sieht – und schon steckt man fest und die Flut kommt. Passiert den ungeübten *self-drive* Jeeps immer wieder und offenbar sind auch schon einige von ihnen in große Schwierigkeiten geraten. Leider konnten wir trotz der Traumstrände mit herrlicher Brandung nicht schwimmen gehen, da der gesamte Strand voller extrem gefährlicher

Australien ruft Südheide

Strömungen ist. Man sah es den Wellen schon an: ein heilloses kreuz und quer und bunt durcheinander Geschwappe, nicht klar definierte, gerade Wellen wie in Noosa. Kirks passender flotter Spruch: Man bräuchte sich keine Sorgen zu machen, an dieser Küste sei noch kein Mensch ertrunken – das Wasser sei nämlich voller hungriger Haie! Apropos Viecher: Ich hab auch endlich meinen ersten Dingo gesehen, der in meiner Sammlung australischen Getiers noch fehlte. Hübsch sind sie, diese Wildhunde, sehen gar nicht gefährlich aus, hellbraun mit weißem Schnäuzchen. Aber es gibt reichlich Geschichten, die davon berichten, dass Begegnungen für den menschlichen Teil nicht so gut ausgegangen sind. Also: aufrecht stehen bleiben, Arme eng am Körper behalten und dem Dingo furchtlos in die Augen starren. Dann sieht man nämlich aus wie ein Baum. Ja, was denn noch alles? Erst sehe ich aus wie eine fette Robbe und werde Haifutter oder dann als Baum von wedelnden Dingos angepinkelt! Wo bin ich hier eigentlich hingeraten?

Die zwei Tage waren auch deshalb sehr schön, weil ich mich grundsätzlich gerne durch die Gegend kutschieren lasse und Leuten zuhöre, die Wissenswertes und Lustiges erzählen. Zum Beispiel die Anekdote über einen Aborigine, der sich über die ungeheuer dämlichen Weißen lustig machte, die gerade auf ihrem Schiff an der Küste vorbeifuhren und ganz offensichtlich selbst zum Digeridoo-Spielen zu blöd waren: Er beobachtete gerade, wie der Kapitän sich ein Fernrohr ans Auge hielt.

Heute radelte ich stundenlang durch Hervey Bay, ein Kaff mit angeblich über 50.000 Einwohnern, in dem es außer dem Klima nichts, aber auch gar nichts gibt, was es für mich reizvoll macht. Kilometer um Kilometer langweiliger Häuser ohne jegliche soziale Infrastruktur, eine Einkaufsstraße mit den in jeder Stadt zu finden-den völlig identischen Shops der gängigen Ladenketten, ein Kino-Komplex, ein paar Kneipen, Cafés und Fast-Food-Restaurants, selbst die lange Küstenfront ist bei Ebbe hunderte von Metern breiter Matsch und bei Flut nicht zum Baden geeignet, weil viel zu flach. Nichts. Was um Himmels Willen macht man 24 Stunden am Tag, wenn man hier wohnt?

Der einzige Lichtblick des Tages war ein zufälliges Treffen in einem Strandrestaurant mit Captain Kirk und seiner Familie samt einer Woche altem Baby, von dem er viel erzählt hatte. Dieses Restaurant seines Freundes Enzo hatte er empfohlen wegen des guten Essens und eines Fotos, das neben der Kasse hängt. Dazu folgende Geschichte: Eines Tages standen einige seiner Freunde auf dem Indian Head, einem Aussichtspunkt an der Nordspitze von Fraser Island, und beobachteten feixend in der Bucht nebenan ein Pärchen, das im flachen Wasser offenbar gerade ausprobierte, ob diverse Liebesspielchen im Wasser genauso gut funktionieren wie an Land – da stockte den Beobachtern plötzlich der Atem, denn ein etwa drei Meter langer Hai fand das zappelnde junge Fleisch wohl überaus appetitlich und steuerte direkt darauf zu. Kirks Freunde oben auf der Klippe schrien, fuchtelten mit den Armen und versuchten alles, das Pärchen auf die nahende Gefahr aufmerksam zu machen, aber die beiden waren wohl zu sehr mit sich selbst beschäftigt. In dieser Situation entstand das Foto, das mich wirklich erschauern ließ. Das Ende der Geschichte? Der Hai verschmähte die kuschelnde und sich keiner Gefahr bewusste Beute, drehte ab und verschwand. Vielleicht wollte er auch nur seine Kumpels zum Zuschauen holen, jedenfalls ging das Pärchen kurz darauf aus dem Wasser und übrig blieb Gott sei Dank keine weitere Schlagzeile über eine tödliche Hai-Attacke, sondern nur ein gruseliges Foto. Merke: Sex kann in Australien sehr gefährlich sein!

Australien ruft Südheide

20. Juni 2008

Fistelstimmchen mit leichtem Lispeln. Viel zu große Nase. Winzige, zu eng stehende Augen, beängstigend dünne, instabile Beine. Dialoge über Themen, die belangloser kaum sein könnten. Klamotten, in denen man im realen Leben selbst in New York Heiterkeitsattacken hervorrufen dürfte. Eine dicke Warze am Kinn. Trotzdem ist Sarah Jessica Parker ein wahres Gesamtkunstwerk, *Sex and the City* Kult und uneingeschränkt die beste Art und Weise, sich spätabends im Kino von Hervey Bay die Zeit bis zur Abfahrt des Greyhound Busses zu vertreiben. Oh diese Nachtfahrten! Um die nötige ‚Bett'schwere zu erreichen, genehmigte ich mir im Pub am Kinoeingang ein Bierchen und stieß dort auf den ersten runden Billardtisch meines Lebens! Nach dem wievielten Bier der dem verwirrten Betrachter wohl rechteckig erscheint?

Am nächsten Tag hatte ich ausgiebig Zeit, meine Gliedmaßen nach der unbequemen Fahrt zu entknoten und mich auszustrecken, wahlweise am Pool, in meinem Vierbettzimmer, das ich alleine bewohnte, auf dem Rasen liegend mit einem zahmen Känguru im Arm oder sonst irgendwo auf dem weitläufigen Gelände dieses ‚Bauernhofes', der ungefähr zwei Drittel so groß ist wie Schleswig-Holstein. Ich bin auf der *Myella Farm*, einem ungewöhnlichen YHA Hostel einhundertfünfzig Kilometer im Landesinnern, einem so genannten *farm stay*. Rinderfarmen werden in Oz Cattle Stations genannt und müssen aufgrund der spärlichen Vegetation riesig sein: Die bekannteste, größte, *Anna Creek*, ist größer als Belgien, hat allerdings momentan wegen der seit Jahren andauernden Dürre nur ganze 3000 Stück Vieh. *Myella* ist dagegen mit etwa 300 Rindern recht überschaubar. Seit gut 15 Jahren richtet die bewirtschaftende Familie, Peter, Olive und Lyn, ihr Hauptaugenmerk auf Tourismus. Man lernt Kühe zu melken, Kälber mit der Flasche zu füttern, den Hühnern die Eier unterm Hintern wegzuklauen oder sich anderweitig im Farmbetrieb nützlich zu machen. Gestern waren wir mit einem Viehhändler draußen bei den Herden. Kuriose Viecher! Offensichtlich haben indische Brahman-Rinder – du kennst sie: riesig, beige, mit langem faltigen Schlabber-Doppelkinn und Propeller-Ohren – Gefallen an englischen Hereford-Kuhdamen gefunden und das daraus entstandene Braford-Rind ist den trockenen, heißen Lebensbedingungen in Australien optimal angepasst. Nun sind die Biester um einiges größer und vor allem wilder als jede freundlich dreinblickende und geruhsam widerkäuende deutsche Kuh und es war schon sehr spannend auf einer Weide von zig unruhigen Großtieren umzingelt zu sein, die uns schnaubend und scharrend beäugten. Lyn sagte, sie seien keine Fußgänger gewohnt, sondern nur Reiter. Selbst ich notorischer Pferde-Schisshase hätte mich in diesem Augenblick hoch zu Ross wesentlich wohler gefühlt! Da ist man hier mit allen möglichen gefährlichen Lebewesen konfrontiert und wird am Ende womöglich ganz unzeremoniell von einer banalen Kuh plattgetrampelt!

Ich muss dich noch mit einer weiteren Tiergeschichte behelligen, aber so ist das hier nun mal. Gestern fuhr ich nämlich mit einem der Arbeiter in den Bush, um einen abgestorbenen, hohlen Baum zu fällen und per Traktor – auch der um einiges größer als sein deutsches Pendant – nach Hause zu ziehen. Olive wollte ein neues Salatbeet anlegen und halbierte hohle Baumstümpfe eignen sich dazu bestens. Heute Mittag lag ich nun gerade mit einem der zahmen Kängurus schmusend auf dem Rasen, als nebenan am Haupthaus plötzlich ein Riesengeschrei losging. Offenbar wohnte in dem hohlen Baum eine Schlange, die beim Zersägen des Stammes zu Tage kam und eh sie sich's versah um einen Ast gewickelt von diversen Familienmitgliedern aufgeregt begutachtet wurde. Niemand war sich sicher, um welchen Typ Schlange es sich handelte, um eine *Eastern Brown* und damit

Australien ruft Südheide

um eine der giftigsten Schlangen Australiens, oder um eine ungefährliche braune Baumschlange. Unterscheiden kann man die beiden am besten anhand der Pupillen, die bei ungiftigen Schlangen wie deine und meine rund, bei Giftschlangen schlitzförmig sind. Nun wollte natürlich niemand dem Tier so nah Aug' in Aug' gegenübertreten und während wir versuchten, sie per Stöckchenkreuz am Boden fest zu pinnen, um sie zu untersuchen, wollte sie sich irritiert von so viel Getöse im wahrsten Sinne des Wortes vom Acker zu machen. Leider in Richtung auf das Wohnhaus – und da schlug Peter ganz schnell mehrfach mit der Spitzhacke zu. Ein trauriger Anblick, aber leider unvermeidbar, denn wenn sie unter das Haus geschlüpft wäre, hätte man sie nie wieder gefunden und sie wäre sehr gefährlich für alle gewesen.

Ich könnte auch eine kleine schwarze Spinne mit einem deutlichen roten Punkt auf dem Hinterleib erwähnen, die ich am ersten Tag im Waschbecken in der Campingküche sah und Olive fragte, ob das nicht eine *Redback Spider* sei. Bevor die Spinne oder ich piep sagen konnten, war sie zermust und Olive versicherte mir etwas zu zügig, dass es sich bei dem Matschfleck keineswegs um eine der giftigsten, aber im australischen Haus und Garten am meisten verbreiteten Spinnenarten handelte. Ich glaubte ihr natürlich und erwähne die Episode nur der Vollständigkeit halber.

Ab morgen haben neben all den Schlangen und Spinnen wieder Haie und schleimbeutelige Quallen ihre Chance, mich direkt mit Gift und Zähnen oder indirekt über einen Herzanfall zur Strecke zu bringen: Ich mache von Airlie Beach aus einen dreitägigen Segeltörn ins Great Barrier Reef!

Australien ruft Südheide

Dienstag 24. Juni 2008

Dreiunddreißig Meter lang und sieben Meter breit.

Keine Angst, es folgt nicht die Beschreibung eines weiteren Horrors aus dem australischen Tierreich. Diese Maße umreißen die *Solway Lass*, das für mich schönste Schiff, das in den Whitsunday Islands kreuzt. Die über hundert Jahre alte Dame ist ein altehrwürdiger Zweimastschoner mit sehr bewegter Vergangenheit. Meist segelte sie als Frachter, auch mal als Eisbrecher, wurde während des Ersten Weltkrieges allerdings als Q-boat, also als getarntes und schwer bewaffnetes ‚Handels'-Schiff, mit dem feindliche U-Boote geködert wurden, eingesetzt. Irgendwie geriet sie dann von Nordeuropa in den Pazifik und dient seit Anfang der 80er Jahre als Touristenschiff, hat inzwischen gemütliche Mehrbett-Kabinen und schippert für jeweils drei Tage um die Whitsundays. Von so einem Schiff hatte ich schon immer geträumt! Groß, alt, riesige Segelfächen an mächtigen Masten, schöne Hölzer, ein Schiff, das richtig segeln kann! Das stellte sie in der steifen Brise während unseres Törns bei 25 Knoten, also etwa 46 Stundenkilometern, mehrfach unter Beweis! Die Crew war sympathisch und kompetent und der Smutje bereitete in einer winzigen Kombüse wahrhaft Köstliches zu! Essen gab es an Deck an zwei langen Tischen und an der Bar bediente man sich selbst nach dem Down Under üblichen *honesty-system*. Das heißt, jeder macht auf einer Liste Striche für das, was er sich nimmt und am Ende wird abgerechnet. Klappt immer. Zur Crew gehörte übrigens auch ein junger Holländer, der sich seinen Aufenthalt an Bord erarbeitete! Wenn ich das gewusst hätte! Der ideale Job: schnibbeln in der Kombüse, anpacken, wo's nötig ist, mit der Crew Seemannsgarn spinnen und ansonsten all das machen, was wir zahlenden Gäste auch tun.

Australien ruft Südheide

So, und jetzt besteht für dich wieder die Gefahr, vor Neid grün anzulaufen. Stell dir bitte Werbefotos vor: leuchtend weiße Sandstrände, kobaltblauer Himmel mit Schäfchenwolken, strahlend türkises Wasser, auf dem in einiger Entfernung ein ankernder Zweimaster in der Dünung schaukelt, zu dem du gleich zurückkehren wirst, um frische exotische Früchte, Salate und ein köstliches Curry zu genießen. Das verdiente Verdauungsschläfchen findet ausgestreckt auf den Planken des oberen Decks in der Sonne statt. Ich hatte schon härtere Tage in meinem Leben zu meistern!

Einen winzigen Schönheitsfehler hatte das Ganze: Warum schaffe ich es eigentlich nicht, meine Ohren vor den Verbal-Blähungen einiger Mitmenschen zu verschließen, einfach ein überlegenes Lächeln auf meine Lippen zu zaubern und solchen Labertaschen die angemessene Bedeutung beizumessen, nämlich gar keine? Stattdessen fokussieren all meine Sinne genau diese fleischgewordene Platzverschwendung, ich höre ihre Weisheiten noch am anderen Ende eines über dreißig Meter langen Schiffes – und ärgere mich nicht nur über betreffenden Schaumschläger, sondern eben auch über meine eigene Reaktion! Objekt meiner Mordgelüste war diesmal ein sydneysider Besserwisser, der zu allem und jedem seinen unmaßgeblichen Senf dazugeben musste und dabei eine so verblüffende Naivität und Einfalt an den Tag legte, dass sich die Balken an Deck bogen. Auch etwas nervig war, dass ich bei meinen Fluchtversuchen zunehmend häufig dem Captain begegnete, der, wie einige Mitsegler maliziös grinsend bemerkten, wohl das eine oder andere Auge auf mich geworfen hatte. Nun war er zwar ein guter Skipper, sah auch auf den ersten Blick ganz passabel aus, brillierte aber ansonsten mit pädagogisch wertvollen Erkenntnissen wie: „Lehrer sollten wieder den Rohrstock benutzen dürfen. So ganz ohne kann Schule gar nicht funktionieren!", sodass ich doch lieber davon abließ, eine detaillierte Inaugenscheinnahme der Kapitänskajüte zu akzeptieren. Was möglicherweise ein Fehler war, denn es stellte sich letzte Nacht heraus, dass wir wohl einige unangemeldete Mitreisende an Bord hatten. Klein, schwarz, sechsbeinig. Bettwanzen. Mich hat mein Buch gerettet, denn als plötzlich irgendetwas schnell über die Seite huschen wollte, klappte ich das Buch reflexartig zu und fand beim Öffnen eine Leiche in frischer Blutlache vor. Merke: Gute Literatur hat viele positive Effekte! Die Wanze stammte wohl aus der Nachbarkajüte, denn dort war eine Frau gebissen worden, wie sich am nächsten Morgen zeigte. Insgesamt hatten drei Leute diese eklig juckenden Bisse, was ich hier an Bord besonders kurios fand, denn diese Nächte waren mit Abstand die teuersten auf meiner gesamten Tour und ausgerechnet hier gab es diese Quälgeister, vor denen in jeder billigen Jugendherberge per Poster gewarnt wird und die ich dort nie antraf.

Die Whitsunday Inseln im Süden des Great Barrier Reef, Yachten, türkises Wasser ... fehlt da nicht etwas? Richtig: Tauchen oder Schnorcheln, beides dick eingemummelt in einen Taucheranzug. Erstens wegen der Wassertemperatur, die im hiesigen Winter so um die zwanzig Grad beträgt, was einen bei längerem Schnorcheln schon ziemlich auskühlt, und zweitens – du ahnst es – wegen der Fauna. In diesem Falle Quallen. Das klingt zunächst nicht so dramatisch und ich erinnere mich gerne an die Quallenschlachten meiner Jugendzeit an der Ostsee, bei denen diejenigen, die sich trauten, diese Schwabbeldinger in die Hand zu nehmen, strategisch eindeutig im Vorteil waren gegenüber den armen Opfern, die kreischend versuchten, sich vor dem flugtauglichen Schleim in Sicherheit zu bringen. Du kannst dir denken, dass eine australische Qualle sich jedoch nicht damit zufrieden gibt, einfach nur Qualle zu sein, nein, sie muss sich gleich qualifizieren als das weltweit gefährlichste, giftigste, an den Küsten Australi-

Australien ruft Südheide

ens mit Abstand die meisten Todesopfer fordernde Lebewesen mit abscheulichen, bis zu drei Meter langen Tentakeln. *Box Jellyfish* werden sie hier genannt, auf Deutsch sehr euphemistisch Seewespe. Von wegen Wespe! Eine kurze Berührung muss laut Aussagen von Schwimmern, die eine solche Begegnung überlebt haben, so entsetzliche Schmerzen hervorrufen, dass man sich minutenlang brüllend in Höllenqualen am Strand wälzt, bis man dankenswerterweise ohnmächtig wird. Das Gift reicht selbst im besten Falle aus, lebenslang sichtbare grauenvolle Verbrennungen davon zu tragen – das Opfer zeigt an den betroffenen Stellen dicke, dunkelrote Striemen, als sei es ausgepeitscht worden – oft erliegt der Betroffene allerdings den Lähmungen, die das Gift der bis zu fünftausend Nesselzellen hervorruft. Jedes Jahr sterben so an Australiens Stränden mehrere Menschen, viele werden verletzt. Man kann sich schützen, indem man so genannte *stinger suits* trägt, dünne Ganzkörperanzüge, durch die das Gift nicht dringen kann.

Nun ist es wenig attraktiv, in den Sommermonaten bei bis zu neunundzwanzig Grad warmem Wasser jedes Mal in solch einen Strampelanzug zu steigen, wenn man mal kurz ins Wasser will, aber spätestens nach dem ersten Todesopfer setzt jedes Jahr ein Run auf die Sportgeschäfte ein und fast jeder trägt dann ein solches Ganzkörperkondom. Sollte doch etwas passieren, hängen an gut sichtbaren Pfosten an den Stränden im Norden Australiens Kanister mit Essig, der als akutes Gegenmittel den Giftfluss stoppt. Interessant finde ich als großer Thailand Fan, dass offenbar in Thailand und anderen Gegenden Südostasiens genauso viele Menschen von Seewespen verletzt oder getötet werden, aber dort macht man überraschenderweise nicht so viel Aufhebens darum wie hier in Australien, wo zugegebenermaßen Informationskampagnen manchmal einen sehr reißerischen

Charakter haben und alles giftige Getier sehr werbewirksam in Szene gesetzt wird.

Angesichts all dieser Horrorstorys war ich ganz froh, dass mir die Quallen beim Schnorcheln entgangen sind! Die anderen haben nämlich tatsächlich einige kleine Exemplare gesehen. Eigentlich sollte es um diese Jahreszeit gar keine geben, aber durch die Erderwärmung hat sich das Migrationsverhalten verschoben, eine quallenfreie Saison gibt es offenbar nicht mehr.

Beim Hauptgrund, warum hier im Great Barrier Reef praktisch jeder Tourist mit Schnorchel oder Sauerstoffflasche ins Wasser springt – Fische und Korallen – muss ich leider meine permanenten Superlative aufgeben und verkünden, dass ich regelrecht enttäuscht war. Nichts war so farbenfroh und artenreich, wie die Prospekte es mich hatten glauben lassen, aber diejenigen, die schon weiter im Norden getaucht hatten, versicherten, dass die Unterwasserwelt dort wesentlich schöner und bunter sei. Nun denn, warten wir's ab!

Freitag, 27. Juni 2008

Von der Bar weht durch die laue Sommernacht ganz, ganz leise Musik herüber, eine Frau lacht in der Hütte nebenan, irgendwo rascheln Opossums im Gebüsch, es ist auch jetzt kurz nach Mitternacht noch wunderbar warm. Ich kann nicht schlafen und sitze auf den Stufen meines kleinen *home sweet home*. Habe ich Dummkopf vor wenigen Monaten in Neuseeland tatsächlich mit dem Gedanken gespielt, diese Reise abzubrechen? Solche Tage wie heute hätten dann nie stattgefunden. Nicht auszudenken! Selbst vergangene Woche hatte ich noch überlegt, Magnetic Island ganz von meinem Plan zu streichen, weil die Insel in den Erzählungen anderer Reisender im Vergleich zu all den übrigen

Australien ruft Südheide

Highlights der Ostküste merkwürdig gesichtslos geblieben war. Aber dann war da der sympathische Typ auf der *Myella Farm*, der so von der Insel schwärmte, dass ich neugierig wurde. Zwei Tage könnte ich mir Maggie, wie die Insel typisch australisch abgekürzt wird, ja mal ansehen. Heute ist mein dritter Tag hier und an ein Ende mag ich gar nicht denken. Alles ist perfekt.

Mein Zuhause ist das YHA in Horseshoe Bay im Osten der Insel, wo ich mir mit zwei anderen Frauen ein *A-frame house* teile, also eine winzige A-förmige Holzhütte, deren Wände zum Teil nur aus Fliegengitter bestehen, so dass man fast den Eindruck hat, im Freien zu schlafen, in meinem Lieblingsschlafraum. Das Wetter ist optimal, warm, aber nicht zu heiß für lange Wanderungen durch einen sehr lebendigen Wald mit Unmengen von Schmetterlingen, Koalas, Echidnas – den urigen australischen Beutel-Igeln mit einer langen Schnauze – immer entlang der Küste über Felsvorsprünge zu entlegenen Buchten oder einfach an das entfernte Ende der fast menschenleeren Horseshoe Bay, wo ich oft zwischen hingewürfelten riesigen Felsen liege, stundenlang Segelbooten zusehe, lese oder vor mich hin träume. Magnetic Island ist eines dieser auf den ersten Blick wenig spektakulären Fleckchen Erde, von dem man aber gar nicht wieder weg will, wo man einfach Energien auftanken kann und fast nur nette Leute trifft, mit jedem sofort ins Gespräch kommt und die Tage wie im Flug vergehen. Nomen est omen, es ist wirklich eine magnetische Insel. Vor der Gemeinschaftsküche sitzen immer Leute auf der Terrasse an zwei langen Tischen, man setzt sich dazu, irgendjemand kocht Kaffee, man plauderte, erfährt interessante Reisetipps, jeder hat etwas zu erzählen – *backpacking at its best!* Hier urlauben ausnahmsweise mal nicht nur die üblichen Rucksackreisenden, sprich meist junge Ausländer, sondern auch viele Australier von Familien mit Kindern bis hin zu Omis.

Am ersten Tag saß ich dort, klönte mit meiner Nachbarin und bemerkte beiläufig und mit leichter Missbilligung auf dem Rasen neben der Terrasse eine dieser gut fünfzig Zentimeter großen Holzattrappen von Vögeln, die sich manche Leute aus mir unerfindlichen Gründen in ihre Beete stellen. Du weißt, was ich meine: Möwe an Leuchtturm und ähnlich Scheußliches. Nachdem sich dieser Vogel wie es sich für einen Holzklotz gehörte etwa eine halbe Stunde lang nicht bewegt hatte, war er beim nächsten Seitenblick plötzlich weg. Nein halt, da stand er ja, nur fünf Meter weiter. Wie jetzt? Meine australische Nachbarin klärte mich auf: Die Attrappe war keine Attrappe und schon gar nicht aus Holz, sondern ein sehr lebendiger *Curlew*, eine australische Brachvogelart, die mit ihrem braun-beige gefleckten Gefieder auf den ersten Blick eher gewöhnlich wirkt, die aber trotzdem auf meiner Liste faszinierender Tiere ziemlich weit oben rangiert. Das liegt an ihren unglaublich riesigen Augen, mit denen diese auch nachts aktiven Vögel einen stundenlang fixieren. Ich hatte dabei den Eindruck, als ginge dieser Blick aus schwarzen Kulleraugen direkt in meine tiefste Seele, als bohre er sich durch meine Gedanken und durchdringe mich vollständig. Gruselig! Und sehr faszinierend! Es ist, als zwinge einen dieser starre, fast kalte Blick dazu, ihm zu folgen in die eigene Innenwelt, Gedanken zu Ende zu denken. Inzwischen weiß ich, dass es auf Magnetic Island Unmengen dieser freudschen Vögel gibt und ich habe mich an ihren Röntgenblick gewöhnt, versinke aber immer noch sehr gerne in ihren schwarzen Augen.

Auch von anderen komischen Vögeln gibt es hier wahrlich genug. Mel, ein älterer Nordengländer mit herrlich breitem Geordie Akzent, nahm mich zum Beispiel mit zu Bob auf dessen *Loveboat*, das am Ende der Bucht von Horseshoe Bay vertäut liegt. Nein nein, ich stattete nicht mal wieder dem lokalen Puff einen Besuch ab, obwohl Bob zumindest mengenmäßig so

Australien ruft Südheide

etwas wie der ortsansässige George Clooney zu sein scheint, wenn man seinen Erzählungen und seinem prallvollen Fotoalbum glauben kann. Oder schien, denn inzwischen ist das hagere Männchen mit Lederhaut und grau-blondem Wackeldutt oben auf dem Kopf vierundsiebzig Jahre alt und zieht es vor, mit seinen Besucherinnen zu hawaiianischen Klängen aus dem schnarrenden Kassettenrekorder auf der Veranda zu sitzen und bei ein paar Dosen Bier zu schwätzeln. Er redet eindeutig wirr, will an seinem letzten Tag auf Erden seinen russischen Nachbarn, der ihm von seiner Villa aus das Leben schwer macht, erschießen, hält den Dalai Lama für einen hochgefährlichen Menschen und wittert weltweit Unmengen von Verschwörungen, aber wenn man den ganzen Wust ein bisschen filtert, bleibt ein liebenswert verschrobener und letztlich völlig harmloser alternder Kauz übrig, denn wer so mit Tieren umgeht, kann kein schlechter Mensch sein.

Das ist nämlich das wirklich Bemerkenswerte an Bob: Er hat einen ganzen Schwarm von unterschiedlichen Vögeln, deren biblische Arche Bobs Boot zu sein scheint, um sich versammelt. Er spricht mit ihnen und sie mit ihm, er füttert sie und es ist verblüffend zu beobachten, wie ein stolzes Curlew-Paar seelenruhig zusieht, wie riesige Raubvögel herabstoßen, um ein paar Brocken Fleisch in kunstvollem Schwung zu fangen oder sich ganz gemütlich und friedvoll neben einigen ihrer potentiellen Opfer auf einer riesigen Baumwurzel vor dem Boot niederzulassen. So zogen Mel und ich jeden Abend mit ein paar *six-packs* und einem Päckchen frischem Steakfleisch als Gastgeschenke für Bob und seinen Zoo kurz vor Sonnenuntergang in Richtung *Loveboat*. Stunden später saßen wir wieder mit Gary, Lisa und Kim vor der Küche des Hostels zusammen. Was ist es eigentlich, das einen zu einem Menschen hinzieht? Das Aussehen und die Art, wie er sich bewegt? Zuerst sicherlich. Was er wie sagt? Seine Stimme?

Sein Geruch? Seine Blicke? Sein Lachen? Die Dinge, über die er spricht? Wie er über sie spricht? Offen, lebendig und klug? Gary heißt er, ist Neuseeländer, lebt aber schon seit vielen Jahren nicht mehr dort, sondern arbeitet für eine christliche Hilfsorganisation in Mittelamerika und haut mich mit seiner Ausstrahlung echt um. Aber so offen und gesellig er einerseits ist, so scheu und ausweichend ist er andererseits mit seinem manchmal unruhigen Blick und dem fahrigen Zwirbeln in seinen Haaren. Bin mir noch nicht sicher, ob das eher die Jägerin in mir weckt oder ich mir lieber nicht die Finger verbrennen will. Jedenfalls ist es einfach nur schön, dieses kribbelige Gefühl, die Schmetterlinge im Bauch, wenn er morgens frisch verstrubbelt aus der Dusche zum Frühstück auftaucht oder wenn ich seinen gestenreichen Erzählungen zuhöre und mir vorstelle, was er mit diesen schönen, starken Händen wohl so alles anpacken kann ...

Gute Nacht, ich geh jetzt schlafen und träume weiter!

Montag, 30. Juni 2008

Es gibt keine Evolution, Darwin war ein Scharlatan, Gott erschuf die Welt in sechs Tagen vor ziemlich exakt zehntausend Jahren und seitdem hat sie sich nicht wesentlich verändert, Adam und Eva, Noah und die alles zerstörende Flut waren real, die Bibel mit allem, was darin steht, hat Wort für Wort Recht, und die größte Frechheit überhaupt ist es zu behaupten, dass der Mensch vom Affen abstamme.

Alles klar?

Wenn ich mich vor zwei Tagen noch fragte, was mich zu einem Menschen hinzieht, kann ich dir jetzt ganz genau sagen, was mich wieder von ihm abstößt, nämlich ein so krauses Weltbild wie das oben beschriebene. Gary ist ein so genannter *Creationist*, zu Deutsch Kreationist, also einer, der die Schöpfungsgeschichte wörtlich nimmt! Diesen abstrusen Glauben kannte ich schon aus den USA, wo angeblich fast vierzig Prozent der Bevölkerung ihm etwas abgewinnen können und die Mehrheit der Amerikaner es befürwortet, wenn diese vermeintliche Wissenschaft neben der Evolutionslehre in Schulen unterrichtet würde! Tja, und heute stellte sich auch Gary als streng gläubiger Anhänger dieser befremdlichen Theorien heraus, als wir ihn nach seinem Job bei der christlichen Entwicklungshilfe-Organisation und seinem Glauben fragten. Nachdem wir den Mund wieder zugeklappt und unsere Sprache wieder gefunden hatten, versuchten wir es mit höflichen Anfragen, wie denn solche Kleinigkeiten wie Dinosaurier, Knochenfunde unterschiedlicher Menschheitsstufen oder das Universum in sein Weltbild passten. Mit Hilfe von Gott als allmächtigem Schöpfer, der es eben exakt eingerichtet habe, dass alles so alt aussähe, waren unsere Einwürfe schnell vom Tisch gewischt.

Der gemütliche Abend auf der Küchenterrasse fand ein jähes Ende, aber mit Kim und Lisa als von der Kreationisten-Diskussion leidgeprüfte Amerikanerinnen stand ich hinterher noch lange im Waschraum und sprach über Gary, wie sehr wir ihn gemocht hatten und wie heftig der Absturz nach diesen Eröffnungen nun war. Wie kann ein intelligenter Mann solch einen hirnverbrannten Blödsinn glauben? Wir waren geradezu empört und fühlten uns von ihm hinters Licht geführt. Andererseits hatte er nie missionarischen Eifer an den Tag gelegt und spricht es nicht für ihn, dass wir bis Tag vier nichts gemerkt hatten? Wir bemühten uns, die Schwarz-Weiß-Zeichnung, die wir im Kopf hatten, abzulegen. Kann nicht jeder glauben, was er will und trotzdem ein netter Kerl sein? Schließlich liegen zwischen bizarren, aber letztlich akzeptablen, weil harmlosen Weltanschauungen und gefährlicher Verblendung, siehe Terroristen jeglicher Glaubensrichtung, Welten!

Heute Vormittag war alles wieder beim alten, ein zerzauster Gary kam fröhlich pfeifend aus der Dusche, wir tranken Kaffee, planten den Tag und irgendwie hatte ich sogar den Eindruck, als sei er gelöster als sonst, die Unruhe im Blick war einem direkteren Augenkontakt gewichen. Vielleicht war es sein Glaube gewesen, der – weil unausgesprochen – zwischen uns stand und jetzt war die Katze zumindest aus dem Sack und wir konnten offen sehen, wie es weitergeht. Er blieb trotzdem ein netter Kerl und ich muss gestehen, dass mein Herz auch weiterhin in Richtung Gary klopft, aber ein Rest an Unbehagen bleibt und so fällt mir der Abschied heute Abend leichter. Ja, es geht weiter. Gerne wäre ich noch ein paar Tage hier geblieben auf der Insel, aber Claudie in Cairns nahm mir die Entscheidung ab, denn sie hat Ende der Woche ein paar Tage frei, so dass wir gemeinsam etwas unternehmen können. Also gibt es heute ein ausgedehntes Champagner-Brunch mit Koalas, Krokodilen und Pythons im Café des Naturschutzreservates nebenan, dann eine Abschiedsrunde an den Strand und zu Bob, spätabends geht's auf die letzte Fähre zum Festland und dann steht die vielleicht letzte Nachtbusfahrt dieses Sabbatjahres an, sechs Stunden von Townsville nach Cairns.

Mehr von dort!

Herzlichst
deine Sigrid

SCHWEDEN

20. Juli 2008

Liebste Sigi,

diesmal live aus Schweden!

Ich sitze völlig entspannt in Småland. Da hat der Prospekt nicht zu viel versprochen: ein schmuckes rotes Holzhaus mit einer einladenden Veranda, auf der einen Seite ein hügeliger Wald, in dem Christian mit wachsender Begeisterung auf Felsen herumkraxelt, auf der anderen Seite ein blanker, von noch mehr Wald umgebener See, im Osten eine Weide mit grasenden Pferden und im Westen eine schmale Schotterstraße, die bis vor ein paar Tagen zu einer altersschwachen Holzbrücke über die schmalste Stelle des Sees führte. Draußen Natur, innen Komfort und Behaglichkeit: ein Kachelofen, der sogar ohne Feuer Atmosphäre stiftet, Holzfußböden, helle freundliche Einrichtung und bunte Flickenteppiche. An dem rustikalen Küchentisch mit seiner Holzbank speisen wir, wenn es auf der Veranda zu heiß ist. Schreiben kann man an ihm auch, vor allem, wenn der Blick, falls er denn mal vom Papier abschweift, auf dem urigen gusseisernen Herd von anno knusper oder durch die Terrassentür auf den spiegelglatten See fallen darf, wo man außer der eigenen Familie keine Anzeichen menschlichen Lebens wahrnehmen kann. Am Tag nach unserer Ankunft wurde die Brücke, die unser Haus mit dem „Dorf" (6 Häuser) verband, abgerissen, so dass wir von nun an zwölf Kilometer über enge, gewundene Waldwege fahren müssen, um die nächste menschliche Behausung zu erreichen.

Heute genießen wir den ersten absolut unverplanten Tag seit fast zwei Wochen. Der Aufenthalt in diesem Bullerbü-Haus ist schon der zweite Abschnitt unseres Schweden-Urlaubs. Die erste Woche eroberten wir Schweden mit unserem VW-Camper.

Die größte Herausforderung vor dem Urlaub war, den Camper zu packen. Der halbe Hausstand muss mit und der muss so verstaut werden, dass 1. nichts klappert und man 2. an alles zügig herankommen kann. Für Dich ist es vermutlich eine Spur lächerlich, wenn man sich über die Pack-Logistik für ein Campmobil auslässt, während Du selbst Dein Hab und Gut am Mann schleppst. Dazu muss ich allerdings anmerken, dass ein Campingurlaub nach meinem Geschmack nur noch entfernt mit dem Zelten in Dänemark vor dreißig Jahren zu tun hat. Ich finde es toll, jeden Tag woanders sein zu können, ohne großen Aufwand betreiben zu müssen, jederzeit anhalten zu können, um an einem schönen Plätzchen einen Kaffee zu trinken, mag aber nicht so ganz auf Komfort verzichten. Improvisieren ist gut – Vorbereitet sein ist besser!

Zunächst einmal sind wir rein theoretisch bestens ausgestattet: drei Reiseführer für Schweden, die Campingkarte für Skandinavien und den ADAC-Campingführer, in dem man schon in Deutschland die besten Plätze (nicht unter drei Sterne) herausgesucht hatte. Zum praktischen Teil: Neben dem üblichen Gepäck müssen auch die Sonntagszeitungen der letzten sechs Wochen, lebenswichtige Stofftiere, ein Haufen Spielzeug, Mückenspray, Klopapier, allerdings ohne Wackeldackel, sowie mein bewährter Überlebensrucksack mit. Die paar Quadratmeter eines VW-Busses können tatsächlich Fortbewegungsmittel, Küche, Wohn- und Schlafzimmer sein. Für den Komfort sorgen Kühlschrank, Spüle, Gasherd, allerlei niedliche Schränkchen, Navigationssystem, Standheizung, Klimaanlage, CD-Spieler, Markise und zusätzliche Campingmöbel für draußen. O.K., das hört sich an wie: „Mein Haus, mein Pferd, mein Boot, mein Auto", ich will aber nicht angeben, sondern nur meiner Begeisterung Ausdruck verleihen. Ich finde schon Schweizer Taschenmesser toll, Mini-Nähsets, Multifunktionsgeräte wie Drucker-

Südheide ruft Australien

Scanner-Kopierer-Faxgeräte, two-in-one-Jacken und Spielekoffer mit 180 Spielen. Aber dieses Auto ist für mich das Non-plus-ultra der Multifunktionsentwicklung. Der Begriff „Camping" ist hierfür fast absurd. An das Ding braucht nur noch ein Briefkasten und man könnte einziehen! Mit dem Camper rauf auf den Platz, Stecker in die Dose, und das Hotelzimmer ist bezugsfertig. Für die Nacht werden die zwei Betten (eins unter dem erhöhten Dach, eins unten) ausgefahren, und man kann bequem schlummern, bis der Nachbar mit dem Geschirr klappert oder einem (wie in diesem Jahr) der Schweiß von der Stirn perlt, weil die Morgensonne auf das Dach brennt. Nur Sanitäranlagen brauchen wir zusätzlich, aber erstaunlicherweise ziehe ich ein Duschbad in einer engen, klatschnassen Kabine, in deren Abfluss sich anderer Leute Haare sammeln, der Möglichkeit vor, eine eigene Dusche und Toilette mitsamt der anfallenden Gülle durch die Gegend zu kutschieren. Bei einem besonders ekligen Campingplatz kam ich in der vergangenen Woche fast in Versuchung, mir doch eine eigene Dusche zu wünschen, bis ich angewidert einen stolzen Wohnmobilbesitzer bei der Entleerung seines stinkenden Abwassertanks beobachtete. Als zweitbeste Lösung erschien mir dann, das Duschen ganz ausfallen zu lassen.

Nun zur Reise selbst: Von Wahrenholz ging es über Kopenhagen nach Malmö auf der imposanten Oeresundbrücke. Schnell noch auf die Ostseite der schwedischen Südspitze und dann auf den ersten Campingplatz. Und? Voll! Nicht verzagen, auf zum nächsten. Und? Voll! Prima, das ist ja was für uns Improvisationsliebhaber! Der nächste Platz hatte dann ein Fleckchen Sand für uns. Das behauptete der einarmige (tatsächlich) Bandit (vermutlich) an der baufälligen Rezeption jedenfalls. Tatsächlich glaube ich kaum, dass dieser Mensch auch nur einen ungefähren Überblick über die Lage auf seiner umzäunten Uferzone hatte. Die Wohnwagen, Zelte und Wohnmobile standen dicht an dicht, die wenigsten Gefährte mit allen vier Rädern auf einer Höhe. Aus den Stromverteilern ragten diverse Mehrfachsteckdosen, die mit Plastiktüten vor Regen und Tau geschützt werden sollten. Ein echter Naturplatz – ein schönes Wort, das allerdings ein bisschen an Charme verliert, wenn tonnenschwere Wohnmobile im Sand versinken. Hier war es auch, wo ich duschen nicht so wichtig fand, wo ich den Kaffeekonsum drastisch einschränkte, um nicht so oft zur Toilette zu müssen, und wo wir unsere mühsam erspähte Stellfläche während unseres Ausflugs nach Ystad auf den Spuren Wallanders am nächsten Tag mit unseren Campingmöbeln vor feindlicher Übernahme sicherten.

Nach einer weiteren Nacht auf dem Abenteuer-Campingplatz ging es weiter nach Öland, unserem zweiten Lager. Fast vierhundert Kilometer durch hügelige, üppig grüne Landschaft mit jeder Menge Felsen, die aus dem Boden ragen oder zu Haufen zusammengeschleppt sind. Landwirtschaft muss hier eine üble Plackerei sein. Und immer wieder Seen, von denen viele völlig unberührt scheinen, weil nicht ein einziges Haus am Ufer zu sehen ist, sondern der Wald bis einen halben Meter an das Wasser reicht.

Die Insel Öland ist sogar für die Schweden schön genug, um als Urlaubsziel zu gelten, selbst Familie König besitzt hier ein Sommerschlösschen. Landschaft, Strand, Geschichte, Schlösser und – die Krönung – ein perfekter Campingplatz! Zwei Nächte Fünf-Sterne-Camping mit Pool, Minigolf, Spielplatz, ansprechenden und sofort aufgesuchten Sanitäreinrichtungen, Supermarkt, Restaurant und ebenen, gepflegten Stellflächen. Das Ganze mit Sonnenschein und achtundzwanzig Grad!

In bester Laune richteten wir es uns ein. Christian machte sich auf die Suche nach neuen Bekanntschaften und fand schnell ein kleines dänisches Mädchen, mit dem er zwischen den Wohnwagen umherrannte. Die beiden versuchten, sich etwas zu erzählen, aber da das nicht funktionierte, lachten sie sich die meiste Zeit nur an. Wie wenig Sprache nötig ist, um sich blendend zu unterhalten.

Südheide ruft Australien

Zu meiner Überraschung hatte Schweden nur zwei Hansestädte: Visby und Kalmar. Ich weiß nicht, ob mir ein klein wenig hanseatischer Stolz (worauf eigentlich?) von meiner Lübecker Mutter eingeimpft wurde oder warum diese tiefe Sympathie für alte Hafenstädte in mir schlummert. So fühlte ich mich zum Beispiel bei einem früheren Urlaub in dem zwar hübschen, aber doch nicht gerade zum Weltkulturerbe zählenden Wismar wie zu Hause angekommen. Mir war, als würde ich dorthin gehören. In diesem Urlaub ging nun Kalmar in meine persönliche Hansesammlung ein. Die merkwürdigen Heimkehrer-Anwandlungen blieben aus, aber auch Kalmar hat diesen besonderen Reiz von Hafen, alten Befestigungen und reicher Vergangenheit. Ein freier Blick auf die Ostsee macht den kleinen Möchtegern-Hanseaten endgültig glücklich.

Stadtbesichtigung bedeutet bei uns auch meistens, dass wir ins Restaurant gehen statt selbst zu kochen. Leider gestaltet sich dieses Vorhaben bei Familie Schuckart oft schwierig. Erstens scheinen wir immer zu unpassenden Zeiten hungrig zu werden, vorzugsweise, wenn die Restaurants nachmittags geschlossen haben, und zweitens ist die Entscheidung, welches der verbleibenden Lokale man auswählen sollte, bei uns so mühsam, dass ich schon häufig darüber sinnierte, wie viele Mahlzeiten ich während dieser Phase schon gekocht haben könnte. Im ersten gibt es keinen Schattenplatz, im zweiten sind die Tische schmutzig, das dritte serviert nur Gala-Diners, das vierte sieht zu billig aus, das fünfte hat nur Fischgerichte, das sechste ist verdächtig leer, beim siebten sehen die Mahlzeiten aus wie bei Essen auf Rädern, das achte ist McDonald's... Irgendetwas stört immer und die Angst, sich am Tisch eines den Touristen neppenden Wirtes eine mäßige Mahlzeit für einen übermäßigen Preis andrehen lassen zu müssen, treibt uns von Lokal zu Lokal. Hinzu kommt manchmal, dass weder Hans-Joachim noch ich die Verantwortung für die Wahl übernehmen will. So geht das Spielchen „Wollen wir hier rein?" – „Wenn du meinst…" weiter, bis uns der Magen in den Kniekehlen hängt, wir aus Verzweiflung das nächst gelegene Restaurant aufsuchen und sich oft genug die Befürchtungen bestätigen. Vielleicht sollten wir Christians Vorschläge (im Zweifel McDonald´s) annehmen und ihm den schwarzen Peter zuschieben. An ihm prallt jeglicher Vorwurf ab, wenn er sein Happy Meal auspackt. Auch in Kalmar sind wir satt geworden, aber ein Glücksgriff war die Bude nicht.

Hans-Joachim wollte sich anschließend irgendwelche Runensteine auf Öland ansehen, Christian und ich lehnten dankend ab und ließen uns auf dem Campingplatz absetzen. Da Hans-Joachim nun unser „Zuhause" mitnahm, ließ er uns mit einer Decke, zwei Stühlen und meinem Überlebens-Rucksack zurück. Jetzt konnten wir den First-Class-Platz in Ruhe genießen. Zuerst im Laden eine bunte Naschtüte aus mindestens 40 hübsch aufgereihten Bonbonkästen zusammengestellt, dann den Minigolf-Platz heimgesucht. Christian war völlig begeistert und brachte dies mit einer überbordenden Gewalt gegen Schläger, Ball und Bahn deutlich zum Ausdruck. Fünfundzwanzig Schläge pro Loch waren Minimum, hin und wieder schoss der Ball auf umliegende Bahnen oder Freiflächen, aber Christian war der Spaß anzusehen, wenn er breitbeinig und mit rundem Rücken der Kugel Saures gab. Das blanke Entsetzen dann, als der Ball aus dem zwölften Loch, das in einem Holzschloss verborgen war, nicht wieder herausrollte. Ich Idiot, der ich bei Golf nur in den Kategorien „neun", „achtzehn" und „sechsunddreißig" denke, rechnete nicht im Traum damit, dass die Nummer zwölf die letzte sein könnte und an dieser Stelle die Bälle mit Absicht hinter „Schloss" und Riegel gebracht würden. Also sah ich mich genötigt, noch eine Runde auszugeben. Christian war derartig aus der Tüte, dass er die Reihenfolge bei Staus nicht mehr einhalten konnte und kreuz und quer auf den Bahnen arbeitete – abgesehen von Bahn zwölf. Es war nicht ganz leicht, ihn vom Gelände zu locken, aber die Zeit und ein Eis arbeiteten irgendwann für mich.

Südheide ruft Australien

Die nächste Station unserer Schweden-Tour war Stockholm. Erfreulicherweise ergatterten wir eine Stellfläche auf dem angesteuerten Platz, das Gerangel um den Stromanschluss vermieden wir und kochten unser Wasser mit Gas. Jetzt wissen wir, dass man bequem zwei Tage den Kühlschrank und das Licht über Batterie laufen lassen kann. Auf diesem Platz zelteten viele junge Leute, die offenbar mit wenig Ausrüstung halb Europa in den Ferien bereisen. Beim Abwasch wunderte ich mich, dass so viele vor der offenen Küchen-Baracke herumlungerten, bis ich die circa fünfunddreißig Handys entdeckte, die zum Aufladen an der abenteuerlichen Mehrfachsteckdosen-Kette hingen.

Noch am Abend fuhren wir mit der U-Bahn in die Altstadt. Wie kann ich Stockholm angemessen preisen? Vielleicht mit einer Frage: Wer braucht Sydney, wenn er im Sommer in Stockholm lustwandeln kann? Vom Baedeker mit maximaler Sternezahl bewertet und dem Attribut „schönste Hauptstadt Europas" belegt, kann man einiges erwarten. Ein ausgedehnter Spaziergang durch die engen, hügeligen Gassen zwischen prachtvollen Gebäuden machte hungrig. Die Suche nach einem Restaurant endete diesmal in einer der garantiert miesesten Pizzerien der Stadt: Das Besteck wurde uns vor den Latz geknallt, die Getränke in Dosen gereicht und die Pizza musste sogar den Vergleich mit einem fadenscheinigen Feudel fürchten. Macht nichts, Hauptsache Kalorien! Völlig erledigt schleppten wir uns spätabends in den Camper.

Der nächste Tag war in erster Linie dem *Vasa-Museum* gewidmet. Was für ein Glücksfall für die Schweden (die Opfer der Katastrophe mögen mir verzeihen), dass das Kriegsschiff bei ihrer Jungfernfahrt 1928 direkt vor Stockholm sank und erst 1957, als man die Methoden der Konservierung kannte und beherrschte, wieder gefunden wurde. Jetzt steht es da in seinem höchsteigenen Museum nahezu komplett zusammengepuzzelt mit zweiundsechzig Metern Länge und beeindruckt alle, die die abgedunkelte große Halle betreten, auf der Stelle. Obwohl ich schon auf einem Butterschiff, das noch an der Kaimauer fest vertäut war, seekrank geworden bin, habe ich eine Schwäche für die Seefahrt und insbesondere für Segelschiffe. Es gab Zeiten, da konnte ich Brigg, Bark und Schoner voneinander unterscheiden, wusste was ein Fockmast und was ein Rahsegel ist. Diese Kenntnisse haben sich „verflüchtigt", doch die Faszination bleibt und das *Vasa-Museum* bediente diese vorzüglich.

Trotzdem reichte es Christian und mir nach drei Stunden und wir beendeten die Besichtigung im Schnelldurchlauf, ließen uns in der Cafeteria nieder und warteten dort auf Hans-Joachim, bei dem so ein Museumsbesuch schon mal ein paar Stunden länger dauern kann. Ich erinnere mich an ein Militärmuseum in Wien, in dem er wohl am liebsten in die Vitrinen hineingekrochen wäre. Ich dagegen blamierte mich erstens schwer, als ich mich über die Abteilung „österreichische Marine" lustig machen wollte und mich über die maritime Vergangenheit Österreichs aufklären lassen musste, und trieb mich zweitens stundenlang im Geschenkshop und in der Cafeteria herum, während ich auf den angetrauten Schlachtenforscher wartete.

Nach Käsekuchen, Kaffee und Fanta fand ich einen Block und Stifte in meinem Rucksack, also spielten wir beide „Schiffe versenken". Ich schwöre, dass mir die Geschmacklosigkeit, ja geradezu Frevelhaftigkeit, meiner Spielidee im Schatten der *Vasa* erst Tage später aufgegangen ist!

Als Hans-Joachim wieder auftauchte, waren wir bereit, neue Ziele in Angriff zu nehmen. Eine Fehleinschätzung, denn für den anschließenden Besuch im dreißig Hektar großen *Skansen-Freilichtmuseum* mangelte es doch an körperlicher und geistiger Frische. Müde schlurften wir über einige wenige Wege, arbeiteten mit stetig sinkendem Enthusiasmus einige der nachgebauten Dörfer aus allen Landesteilen mit alten Läden und Werkstätten ab, und nur eine anschwellende Menschenansammlung konnte eine leichte Neugier wecken. Allerlei auffällige Gestalten tummelten sich auf einem großen Festplatz mit einer gewaltigen Bühne: grell geschminkte Transvestiten, Schwule mit Hang zur Selbstdarstellung und ausgeflippte Typen beiderlei Geschlechts. Skandinavien ist für seine Toleranz und Unverkrampftheit bekannt, trotzdem staunte ich zugegebenermaßen nicht schlecht, wie die junge schwedische Gesellschaft so aussieht. Am nächsten Tag bekamen dann sogar wir es mit, dass wir auf der schwedischen Version des Christopher-Street-Days gelandet waren. Wir brauchen also die Hoffnung nicht aufzugeben, dass weiterhin genügend kleine Pippis und kleine Michels geboren werden, um Schweden dauerhaft zu besiedeln.

Die Party selbst erlebten wir nicht mehr. Nicht weil wir uns nicht angemessen aufgebrezelt hatten, sondern weil der Marsch zurück das Äußerste war, was unsere Kraftreserven noch hergaben. Im Camper stürzten wir in die Betten und fielen nach einer kurzen Versicherung, irgendwann noch einmal ganz speziell Stockholm zu besuchen, in Tiefschlaf.

Die Camping-Woche war beendet, einerseits schade, denn es war besonders für Christian aufregend und spannend und trotz Enge harmonisch, andererseits erfreulich, denn gegen ein paar Tage Ruhe und Erholung auf mehr als acht Quadratmetern, eine eigene Dusche und einen vernünftigen Herd hatten wir jetzt nichts einzuwenden. Am nächsten Morgen ging die Reise nach Småland, um den zweiten Teil des Urlaubs in unserem Ferienhaus anzutreten, wo wir uns genüsslich ausbreiteten. Das Wetter zeigte sich nach wie vor vorbildlich, und die uns von diversen Bekannten prophezeite Mückenplage erwies sich als reine Propaganda. Ich liebe Schweden!

Nur das Rudern, das ich mir so schön vorgestellt hatte, ist mir komplett vergällt. In der ersten Nacht träumte ich, dass ich mit

Christian gemütlich im Boot auf dem See schaukelte, die Sonne uns wohlig wärmte, als es unvermittelt nur eine einzige, winzige Bewegung gab. Christian ging über Bord, aber er stürzte nicht, sondern glitt lautlos ins Wasser und – war weg! Ein paar seichte Ringe auf der Oberfläche und dann nichts! Verschluckt! Ich kann mich nicht erinnern, von Rettungsversuchen geträumt zu haben. Ich wusste, dass Christian weg war. Kein Zweifel. Hilflos, ausweglos, trostlos, bewegungslos und sprachlos saß ich im Boot und dachte nur: Nichts! Leer und erschöpft wurde ich an dieser Stelle wach. Die Erlösung erstarb, als die verschwommene Panik einsetzte, dass der Traum irgendetwas mit der Realität zu tun haben könnte. Ich wankte mehr als dass ich ging zu Christian, um mich zu überzeugen, dass er da ist und atmet. Erst jetzt konnte ich mich langsam wieder ins Hier und Jetzt arbeiten. Diese Träume sind seltener geworden, und mittlerweile ist es meistens Christian, der aus einer wunderschönen Situation urplötzlich auf ewig spurlos verschwindet, und nicht Ronja. Der Absturz vom klaren Glück über den Schrecken, die Angst, das Entsetzen bis zur absoluten Leere passiert in Sekunden, aber jedes Gefühl ist unerträglich intensiv. Diesmal wirkte der Traum so nachhaltig, dass ich Christian nicht einmal mit Schwimmflügeln an Armen, Beinen und Hals, mit zusätzlicher Schwimmweste und Rettungsring ins Boot lasse!

Auf der Wiese in der Sonne liegen und lesen, spielen oder erzählen ist doch schließlich auch ganz schön und außerdem herrlich ungefährlich. Albträume können dabei langsam verblassen.

Wir werden in den nächsten Tagen ein paar kleinere Ausflüge machen und ansonsten die Sonne und die Ruhe genießen. Dabei werde ich ab und zu an Dich denken, denn Dein Sabbatjahr geht nun zu Ende. Ich bin gespannt, wo Du Deine Zelte aufschlagen wirst, wie die Schule Dich in Deutschland empfängt und welcher Plan als nächstes in Deinem Kopf Gestalt annimmt. Wie wäre es mit einem Auslandsaufenthalt in Schweden?

Viele Grüße von einem neuen Schweden-Fan. Lang lebe der König!

Marion

AUSTRALIEN

Montag, 14. Juli 2008

Ommmmmmmmmm ... ommmm .... ruhig. Ganz ruhig. Nur nicht aufregen. Ich bin im Urlaub, habe viel Zeit und eigentlich kann es mir völlig egal sein, wenn jedwede Verabredungen nicht eingehalten werden, aber ich mag es nun mal nicht, zu spät zu kommen oder zur vereinbarten Zeit startbereit da zu sitzen und zuzusehen, wie andere gerade erst damit beginnen, Kinder und Hunde einzusammeln, das Essen vorzubereiten oder noch kurz eine Dusche zu nehmen. ‚Andere' heißt in diesem Falle meine liebe Freundin Claudie. Sie ist in vieler Hinsicht ein Schatz, keine Frage, aber gleichzeitig das Chaotischste, was mir jemals als gestandene Frau von Mitte vierzig über den Weg gelaufen ist. Als wir in Peking im gleichen Apartmenthaus wohnten, lenkten ihr Mann und die ganztägig anwesende Ayi, eine Art chinesischer Hausengel, das Chaos in weitgehend geregelte Bahnen, aber eine Ayi kann sich hier kein Mensch leisten und der Mann ist ihr zwischenzeitlich abhanden gekommen. Dafür tobt ein vollkommen unerzogener, kalbgroßer weißer Flauschhund namens Phoebe in großen Sprüngen durch Haus und Garten, eines der zwei Kinder brüllt immer, Lampen funktionieren nicht, Wasserhähne und Klospülungen tropfen, keine Schranktür schließt, weil in bunter Vielfalt Wäsche, Papiere, Kinderspielzeug und Schuhe heraus purzeln. Vergangene Woche ergriff eine zu Besuch weilende Freundin die Initiative und ‚räumte auf', sodass niemand etwas wiederfindet. Dieses Problem haben wir mit dem gestern noch überquellenden Kühlschrank nicht mehr, denn seit ich ihn heute entmüllt und alles Prähistorische daraus entfernt

Australien ruft Südheide

habe, passt der verbleibende Rest sehr übersichtlich auf die Hälfte der vorhandenen Einlegeböden.

Was Kindererziehung angeht, stellen sich mir nach zwölf kinderfreien Monaten ebenfalls einige Fragen: Geht mit Mutterschaft zwingend Taubheit Hand in Hand, so dass Mütter das ohrenbetäubende, hysterische Kreischen ihrer Goldkinder vielleicht gar nicht hören oder warum unterbinden sie es sonst nicht? Verliert das Wort G-R-E-N-Z-E automatisch für sie jegliche Bedeutung, wenn es um das flegelhafte, völlig asoziale Verhalten ihre eignen Sprösslinge geht oder warum setzen sie Limits nicht klar und deutlich zumindest manchmal? Warum gehören hemmungsloser Ungehorsam, bockbeinige Widerborstigkeit und egoistischer Starrsinn umweht vom Mäntelchen der Mutterliebe plötzlich zur Erziehung freier und selbstbewusster Kinder dazu und bewegen Mütter nicht stattdessen dazu, im eigenen und im Interesse der Kinder dem Treiben ab und zu klare Ansagen wie ‚Stop, bis hierhin und nicht weiter!' entgegenzusetzen? Ich weiß, es sind natürlich nicht alle Mütter so und eine gewisse Konsequenz einzuhalten fällt allen Menschen schwer. Außerdem sollte ich mich als Nicht-Mutter, die ihre Weisheiten schließlich nie am lebenden Objekt unter Beweis stellen musste, aus Erziehungsfragen fein raus halten, aber wenn ich bald wieder mit über dreißig solcher herzigen Kleinen – oder Großen – in einem Raum verbringen muss, erscheint mir eine leise Nachfrage und mentale Vorbereitung ganz angebracht. Ommmmmmmmm .... ommmmmmm ....

Jux und Tollerei mal beiseite: Es ist nach all den Monaten *on the road* ganz interessant, wieder in einem Haus mit weitgehend gleicher Belegschaft, eigenem Zimmer und Mahlzeiten im Kreise der Familie zu Besuch zu sein. Ein merkwürdiger Zwitterzustand zwischen Reise und Zuhause stellt sich ein und langsam begreife ich, dass ich in drei Wochen wieder in Deutschland sein werde inklusive aller Vorzüge und Schattenseiten einer festen Bleibe und eines geregelten Alltagslebens. Wirklich schön sind die langen Gin&Tonic durchtränkten Klönabende auf der Terrasse überm Pool. Claudie und mir ist noch nie der Gesprächsstoff ausgegangen, Pekinger Erinnerungen und gemeinsame Bekannte verbinden uns, es gibt viel zu lachen und wenn Kinder und Hund mal Ruhe geben, lässt es sich hier wunderbar leben in einem richtigen Haus, mit richtigen Nachbarn und ihrem Schatz von einer Mutter, die ihr fast jeden Tag unter die Arme greift. Claudie ist unkompliziert und gesprächig, die Ausflüge in Richtung Nordspitze Australiens und ins Inland zu Märkten und Kaffeeplantagen waren sehr schön und ganz ohne Zwischenfälle aus dem Tierreich, keine von Ästen baumelnde Schlangen, keine flauschigen Riesenspinnen im Bad und leider auch kein *Cassowary*, kein Helmkasuar, ein scheuer, bis zu zwei Metern großer Vogel, der allerdings ziemlich rabiat werden kann und dem man besser aus dem Wege geht. Dafür gab es reichlich undurchdringlichen Urwald: runde Palmblätter von bis zu zwei Metern Durchmesser und zynischerweise herzförmige, feinst behaarte Blätter des Stinging Tree, die übelste Reizungen hervorrufen, besonders wenn man sie, wie von Einheimischen grinsend berichtet wird, als Toilettenpapier verwendet. Auch einen weiteren Tag auf einem riesigen Katamaran im Great Barrier Reef mit Flossen und Schnorchel bewehrt habe ich erlebt, aber die ganz große Begeisterung stellte sich auch hier nicht ein. Was Schnorcheln, Unterwasserwelt und Strände angeht, finde ich Western Australia nach wie vor unschlagbar.

Hast du mal auf das Datum geachtet? Ich bin schon fast zwei Wochen in Cairns und Umgebung! Das Ende ist unwiderruflich abzusehen, der letzte Inlandflug zurück nach Sydney gebucht. Am Donnerstagfrüh fliege ich, drei Tage später geht es dann weiter nach Vancouver, einige Tage Zwischenstopp in Canada, dann

Australien ruft Südheide

weiter Richtung Osten auf meinem Flug um die Welt zurück nach Hause. Würde ich gern länger bleiben, wenn ich könnte? Hier in Queensland werden wie überall in Australien Lehrer dringend gesucht. Nein, ich glaube, ich freue mich auf den Neustart in Deutschland. Ich freue mich auf meine alten Freunde, auf die Nähe und die Geborgenheit, die ich hier manchmal so vermisst habe. Selbst auf die Arbeit freue ich mich, auf eine Aufgabe, auf eine zielgerichtete Beschäftigung, die ich hier bei aller Freiheit und positiver Unbeschwertheit manchmal vermisst habe. Ich werde an einer neuen Schule arbeiten, der Wechsel nach Berlin klappt allerdings nicht und nach anfänglich großer Enttäuschung versuche ich es jetzt positiv zu sehen, in mein altes Nest nach Bonn zurückzukehren. Meine Mutter freut sich sehr, dass sie mich bald wieder ‚in der Nähe' hat, fünfhundert Kilometer sind nach den halben Erdumrundungen der letzten sieben Jahre ein Katzensprung. Wir telefonieren viel und sie macht Pläne für die Zeit nach ihrer Knieoperation, ist endlich wieder zuversichtlich und guter Dinge. Aber trotz aller Vorfreude bin ich sehr melancholisch. Das Sabbatjahr, auf das ich mich sieben Jahre lang gefreut hatte, geht seinem Ende entgegen, es bleiben unendlich viele Eindrücke, neue Freunde, tausende wunderschöner Fotos – und ein einige hundert Seiten langer Brief an dich!

Montag, 21. Juli 2008

Dass mir mal ein Papst das Bett streitig machen würde, hätte ich mir auch nicht träumen lassen! Naja, zumindest indirekt, denn in Sydney herrschte wegen des Weltjugendtages und des Papstbesuches Ausnahmezustand und es war zunächst unmöglich, in irgendeinem Hostel ein Bett zu bekommen. Nach langen Telefonaten mit meinem geliebten YHA in Glebe sicherte man mir dort aber doch ein Lager zu und so gab es ein Wiedersehen mit einigen Leuten, die dort schon vor zwei Monaten gehaust hatten. Drei Tage lang genoss ich noch einmal die schönste aller Städte, die diesmal durch die vierhunderttausend Jugendtags-Teilnehmer noch lebhafter, noch vergnügter, noch lebendiger war als im Mai. Wieder lief ich mir von morgens bis abends die Füße platt und nahm Abschied. Von Sydney, von Australien, von meinem Sabbatjahr, von einem Lebensabschnitt. Wieder war es einer jener herzzerreißenden Abschiede von einem Ort, von Menschen oder von einem Gefühl und es fiel schwer, mir vorzustellen, dass etwas so Schönes, etwas, das mir so gut tut, vorbei sein soll.

Jetzt sitze ich in Vancouver, in einer Stadt, in der an jeder Straßenecke Unmengen von Pennern herumhängen und einen anschnorren und es in vielen Ecken nach Urin stinkt, in der die Sonne mittags wieder im Süden und nicht im Norden steht und das Wasser im Ausguss gegen den Uhrzeigersinn abfließt, in der Bäume saftig grün und die Erde braun ist und ich beim Einsteigen in den Bus auf die falsche Seite gehe. Ich sehne mich jetzt schon nach staubiger roter Erde zurück, nach silbrigen Gum Trees, nach Unmengen von kreischenden, rosaroten oder quietschebunten Papageien mitten in den Großstädten, nach dem australischen Akzent und immer fröhlichen, ungekünstelten, herzlichen Menschen. Nach Sydney hat Vancouver keine Chance. Aber vielleicht sind meine Sinne auch einfach gesättigt und ich bin gar nicht mehr in der Lage, Neues aufzunehmen. Es gibt auch hier sehr schöne Ecken, die Wanderung auf den Hausberg Vancouvers, den Grouse Mountain, das *Bard-on-the-Beach Shakespeare Festival*, die Cafés ... alles gut und schön. Aber der Himmel ist nicht so weit und Luft und Wasser sind nicht so klar und frisch wie in Sydney. Genug jetzt!

Australien ruft Südheide

Eine lange Reise geht zu Ende. Reisen heißt nicht Antworten zu suchen, sondern zu lernen, bessere Fragen zu stellen, hat mal jemand gesagt. Mit welchen Fragen bin ich losgefahren, mit welchen Fragen kehre ich heim? Ich reise, um das Unerwartete zu finden, ziehe Unsicherheiten den alltäglichen Sicherheiten vor und bin bereit, für Neues, Aufregendes und Ungewöhnliches auch Gefahren und Unbequemlichkeiten auf mich zu nehmen. Nie ende ich, wo ich losgefahren bin. Ich bin unterwegs nicht die gleiche Frau wie zu Hause. Natürlich habe ich die gleichen Werte, die gleichen Vorlieben, den gleichen Hintergrund. Aber der Blick nach vorne ist ein anderer. Schubladen und Pläne sind andere, ich kann offener, spontaner, hedonistischer sein. Halt, kann ich das zu Hause nicht auch – oder wähle ich nicht vielmehr selbst, dort nicht so zu agieren? Das Reisen vereinfacht es, aus alten Mustern auszubrechen, aber mehr Offenheit, Spontaneität und ein gesundes Maß an zielgerichtetem Streben nach eigener Zufriedenheit und eine Abkehr von allem, was mir beruflich und privat nicht gut tut, sind auch zu Hause möglich.

Zu Beginn dieser Reise habe ich dir aus Thailand geschrieben, dass ich Ruhe suche, innere Ruhe, und dass ich lernen will, besser auf mich acht zu geben. Auf meiner Reise habe ich tatsächlich immer wieder solche Zeiten der Ruhe, der tiefen Zufriedenheit und des Glücks gefunden. Manchmal hatte das mit anderen Menschen zu tun, meist aber mit mir selbst. Nicht selten war es ein ganz besonderer Ort, der etwas in mir anrührte. *Heaven is not a place, it's a feeling?* Ich habe hier endgültig gelernt, dass Zufriedenheit mit mir zu tun hat, dass ich niemanden für Zufriedenheit oder Unzufriedenheit verantwortlich machen kann außer mich selbst. Es liegt an mir, was ich aus einer Situation mache. Ich habe die Wahl und sei sie auch manchmal noch so unbequem. Die Entscheidung liegt bei mir, sagt Reinhard Sprenger und hat Recht. Gelernt habe ich auch, dass Entscheidungen wie ‚Esse ich heute Reis oder Nudeln?' ‚Fahre ich jetzt nach links oder rechts?' ‚Mache ich jetzt eine Wanderung oder lege ich mich an den Strand?' mir auf die Dauer nicht reichen. Die Entscheidung lag bei mir, die Reise abzubrechen oder nicht. Ich tat es nicht und das war gut so, auch wenn die Wahl in der Konsequenz bedeutete, phasenweise die Banalitäten und Nachteile des Alleinreisens ertragen zu müssen.

Als Reisende, so wie ich das Wort verstehe, mute ich mir manchmal eine Menge zu, suche geradezu Mühsal und Härten, lote meine Grenzen aus. Ich suche anders als ein Tourist in der Ferne nicht ein Stück weit das Bekannte, nicht das Vertraute, das Zuhause. Gerade deshalb erkenne ich, was mir das Zuhause bedeutet, was mir grundsätzlich überhaupt etwas bedeutet. Ich kann am Ende meiner Reise nicht große Reden schwingen, was ich alles über mich herausgefunden habe, welche fundamentalen Erkenntnisse ich gewonnen habe und dass jetzt alles anders und natürlich besser wird. Aber ich glaube immerhin, dass ich einen Begriff für mich entdeckt habe, der mir im vergangenen Jahr zunehmend wichtig geworden ist: den der Geborgenheit.

Ein wunderbar altmodisch klingendes Wort, das bei mir Assoziationen hervorruft wie Wärme, Sicherheit und Schutz, behütet und gut aufgehoben sein. Manchmal fühlte ich mich im Gegenteil eingerollt in den eigenen Katzenjammer wie damals in Neuseeland, als ich dieses behagliche Gefühl zeitweise nicht hatte, und dann wurde alles beliebig, Landschaften, Menschen um mich herum, Erlebnisse. Zu wenig Geborgenheit, zu weit geöffnet zu sein, entzieht einem den festen Boden unter den Füßen.

Bei aller Konzentration auf mich und in dem Bewusstsein, dass Glück und Zufriedenheit letztlich in mir liegen, ist mir doch die Gesellschaft besonderer Menschen sehr wichtig. Ich kenne Leute, die sind tage- und wochenlang zufrieden damit, allein mit

Australien ruft Südheide

ihren Büchern oder ihrem Computer zu Hause zu sein. Ich bin nicht so. Ich brauche gute Gespräche, Lachen, Weinen, gegenseitiges Vertrauen, Freunde. Dass ich auch das Reisen mit all seinen neuen Eindrücken und immer neuen Erlebnissen brauche, widerspricht dem nicht, sondern beides ergänzt sich, bildet nur zusammen eine ganze Sigrid.

Das Hin und Her in meinem Leben ist anstrengend und aufregend zugleich und ich werde es immer lieben und wohl immer so leben, gerne auch wieder für eine längere Zeit im Ausland, und zwischendurch immer wieder kurze oder lange Reisen unternehmen mit allen Freuden und allen Entbehrungen. Es ist gut, diesen Mechanismus des Wechsellebens als selbst bestimmtes Wunschleben zu durchschauen und anzunehmen. Ich habe gemerkt, wie sehr diese Reise und letztlich mein gesamtes selbst gewähltes Leben mir entspricht, und so glühend ich dich manchmal beneide um Hans-Joachim und Christian und deine Dorfgemeinschaft und deine Pfarrei und deine Landfrauen und all die Höhen und Tiefen, alle Aufregungen und alle Einförmigkeit des Lebens in der norddeutschen Provinz, so sehr freue ich mich doch darüber, dass wir offensichtlich beide genau da gelandet sind, wo wir hingehören, du in deinem Leben und ich in meinem.

Liebe Marion, liebste Schnecke, liebes Mimilein, dies ist dann wohl das Ende des sicherlich längsten Briefes meines Lebens und mir wird richtig wehmütig ums Herz. Ich kann mir mein Sabbatjahr ohne unseren Briefwechsel nicht mehr vorstellen. Es hat mir riesige Freude bereitet, dich ein Stück weit mit auf die Reise zu nehmen und auf der anderen Seite waren deine Briefe eine Nabelschnur, die mich mit dir und irgendwie mit allem Vertrauten zu Hause in Kontakt hielten und mich auch erkennen ließen, welch eine fantastische Chance ich gerade wahrnehmen darf.

Ein letzter Gruß vom anderen Ende der Welt, ich freu mich darauf, dich bald wiederzusehen!

Herzlichst deine
Sigrid

Donnerstag, 13. August 2008

Liebe Marion,

„Wir haben jetzt nur noch uns." Das war es, was sie immer gesagt hatte, seit Papa tot war. Das sollte die Basis sein für unseren Neubeginn. Es hätte noch so viel gesagt werden können, hätte gesagt werden müssen, ich hätte gern so viel mehr über sie erfahren, was auch für mein Leben von Bedeutung gewesen wäre. Es hatte so schön angefangen, als ich kurz nach meiner Rückkehr bei ihr war. Wir schmiedeten Pläne, sie erzählte viel von früher, aus der Heimat, ich aus Australien, wir kamen vom Hölzchen aufs Stöckchen, begannen gemeinsam und ungewöhnlich harmonisch unser Haus zu entrümpeln ... Wir hatten nur noch uns.

Dann kam alles anders: Am vergangenen Freitagabend ist meine Mutter nach ihrer Routine-Knieoperation an einer Lungenembolie gestorben. Es ging und geht mir so schlecht, wie ich es selbst nie für möglich gehalten hätte. Warum? Warum jetzt? Jetzt, da wir uns gerade gefunden hatten? Es fällt mir schwer, die sinnlose Frage nach dem Warum, nach dem Grund für eine so unfassbare Ungerechtigkeit, nicht zu stellen. Kein Zeitpunkt ist zum Sterben der richtige, aber doch bitte nicht jetzt! Auch wenn man weiß, dass Eltern sterben und auch wenn man weiß, dass sie in der Regel vor einem gehen, wenn es passiert und dann noch so überraschend, hilft einem diese Kopf-Logik nicht. Es tut so weh, ich fühle mich so allein, so Mutter-Seelen allein. Wo kann ich hin mit meinem Schmerz? Du warst die erste, die ich anrief, aus dem Auto auf der Fahrt nach Holstein. Ich weiß nicht mehr, wie ich dorthin gekommen bin, wie ich keine zwölf Stunden nach ihrem Tod alle Formalitäten beim Bestatter in die Wege leitete, wie ich ihre Sachen aus dem Krankenhaus abholte, das Rätselheft, das ich ihr vor nicht einmal einer Woche gekauft hatte, wie ich die nächsten vierundzwanzig Stunden in unserem Haus überstand, in dem alles nach ihr roch, sie sich mit jedem Geräusch im Haus anzukündigen schien – und dann war es doch nur Elli nebenan. Wut, Trauer, Frustration, Schmerz, Einsamkeit. Wir haben uns nicht mehr, ich habe niemanden mehr.

Doch, ich habe noch meine Freunde. Dein Mitgefühl, deine Anteilnahme und dein spontanes Angebot, mich am kommenden Wochenende zur Trauerfeier zu begleiten und anschließend das Wochenende mit dir im Haus deiner Schwester zu verbringen, haben mir so gut getan. Ich weiß nicht, wie ich diese Tage durchstehen soll. Ich weiß nicht, wie du damals vor zehn Jahren den Tod deiner Tochter überstanden hast. Eine Freundin schrieb mir: „Wenn der erste Tag vergangen ist, an dem du nicht an sie gedacht hast, dann wird es besser." Auch sie hat ein Kind verloren. Auch sie konnte sich kaum vorstellen, dass es einen solchen Tag jemals geben könnte, aber er ist doch gekommen und es wurde besser.

Ich danke dir, dass du für mich da bist.

Deine Sigrid

SÜDHEIDE

15. August 2008

Liebe Sigi,

es tut mir so leid, Du tust mir leid, Deine Mutter tut mir leid! Ich bin noch schockiert von Deinem Anruf. Ich kann mich nicht erinnern, Dich überhaupt jemals weinend erlebt zu haben seit wir erwachsen sind, obwohl ich sehr wohl weiß, wie empfindsam Du bist. Es hat ein bisschen gedauert, bis ich diese zitternde Stimme mit meiner Sigi in Verbindung bringen konnte und ich verstanden habe, dass Deine Mutter gestorben ist. Ich wusste leider nicht viel zu sagen, etwas Tröstendes ist mir gar nicht eingefallen.

Es gibt nichts, was sich hier schön reden ließe. Wenn eine Frau, die ihr ganzes Leben nur geschuftet hat (und vielleicht dabei einige wichtige zwischenmenschliche Aspekte aus den Augen verloren hat), sieben Jahre lang ihren schwerkranken und völlig hilflosen Mann bis zu seinem Ende Tag und Nacht gepflegt hat, sich dann endlich zu einer längst überfälligen Knieoperation durchringt, um wenigstens die letzten Jahre aktiv am Leben teilzunehmen, und dann nach diesem angeblich kontrollierbaren Eingriff ohne jede Vorwarnung stirbt, muss man schon extrem beseelt sein, um das in Demut oder Ergebenheit hinzunehmen.

Ich mochte Deine Mutter gern. Ihre dunkle raue Stimme, das angenehme Maß an ostpreußischem Dialekt, das fleißige Hausfrauenleben mit Batterien von Einweckgläsern und immer leckerem Essen. Als Kind habe ich Dich manchmal beneidet, ob Du es glaubst oder nicht. Einmal (wir waren ungefähr zehn Jahre alt) wolltest Du nach dem Mittag unbedingt in die Badewanne – und Du durftest! Mitten in der Woche! Du hattest diesen Flokati in Deinem Zimmer, der mir jetzt seit fast vierzig Jahren in Erinnerung geblieben ist, weil

Südheide ruft Australien

er in seiner verschwenderischen Nutzlosigkeit so gar nicht in Euer oder unser Haus passte. Aber Du hattest ihn, einfach weil Du ihn Dir gewünscht hast! Ich fand es schön, wie Deine Mutter mit mir gesprochen hat. An die Themen kann ich mich nicht mehr erinnern und ich glaube auch nicht, dass da Wesentliches in aller Ausführlichkeit ausdiskutiert wurde. Das Entscheidende war, dass ich mich von ihr ernst genommen fühlte, und das funktionierte auch, wenn man über Hausaufgaben oder Zahnspangen sprach. Ich will kein Salz in Deine Wunden streuen, wenn ich dies hier schreibe, ich möchte Dir nur sagen, dass mir Deine Mutter in Erinnerung bleiben wird.

Ich weiß, dass Du sie anders gesehen hast. Du bist schließlich ihre Tochter, da sind ganz andere Dinge wichtig. Aber seit sie Deinen Vater nicht mehr zu pflegen brauchte, wart ihr Euch beide endlich wieder näher gekommen, hattet gemeinsame Pläne für die Zeit nach Deinem Sabbatjahr. So lange hast Du Dich gegen jede Wurzelpflege oder -bildung gesträubt, aber nun warst Du schließlich doch bereit, nach Hause zu kommen und Deine Mutter, die einzige direkte Verwandte, die Du noch hast, in Dein Leben mit einzubeziehen. Deshalb ist es besonders grausam, dass der Tod gerade jetzt kam. Es ist zwar schön, dass ihr nach Deiner Rückkehr noch ein paar Tage in einer Aufbruchstimmung verbracht und genossen habt, aber wie viel mehr hätte da noch kommen können!

Keine Angst, Du darfst solange trauern und weinen, wie Du willst. Ich halte das aus. Vielleicht werde ich nicht immer etwas dazu sagen, sondern warten, bis Du Deine Fassung wiedergefunden hast, denn es wird mir nicht immer überhaupt etwas einfallen oder das, was mir einfällt, wird mir selbst als überflüssig oder abgedroschen erscheinen. Vielleicht werde ich nach den Tränen einfach da weitermachen, wo wir vor ihnen aufgehört haben. Du kannst aber sicher sein, dass ich nie sagen werde, dass Du mit dem Tod „fertig" werden oder ihn „verarbeiten" musst.

Südheide ruft Australien

Wer ist bloß auf die Idee gekommen, die Wörter Trauer und Arbeit miteinander zu verbinden?

Spontan fällt mir kein Gefühl ein, das weniger eigenes Tun erfordert als die Trauer. Sie bricht über Dich herein, Du kannst gegen den Auslöser nicht das Geringste unternehmen. Sie ist ein Gefühl von Schmerz und Verzweiflung, die auf unabsehbare Zeit erduldet werden müssen. Passiver geht es nicht. Die Sehnsucht ist so groß und ganz sicher für immer. Nichts, was man dagegen tun könnte. Man kann so tapfer sein, wie man will, es nützt nicht das Geringste. Es hilft nicht wirklich, wenn man weint oder nicht, ob man funktioniert oder nicht, ob man schwarz trägt oder nicht, ob man darüber spricht oder nicht. Der Mensch, den man liebt, fehlt für immer.

Jeder trauert anders. Der eine versucht zu vergessen, beginnt ein neues Leben, vernichtet und verdrängt Erinnerungen. Der andere klammert sich an diese, trennt sich von nichts, errichtet sogar eine Art Gedächtnisschrein. Einige ertragen es nicht, wenn man über den Verstorbenen spricht, andere ertragen es nicht, wenn man ihn im Gespräch auslässt. Alle Reaktionen sind gleich hilflos, an den Tatsachen ändern sie nichts mehr. Das Problem ist nicht die Trauer, sondern der Verlust selbst.

Aber für die anderen ist nach einiger Zeit die Trauer das eigentliche Problem geworden. Man sieht nicht gerne Menschen leiden, man würde doch gern das Tabuthema Tod aus dem eigenen Leben fernhalten, solange es eben geht, man möchte, dass sich der Trauernde von seiner Last befreit oder befreien lässt. Schließlich sterben ständig Menschen um uns herum. Irgendwann muss man doch einmal damit fertig werden!

Und da kam irgendjemand auf den Begriff „Trauerarbeit".

Südheide ruft Australien

Arbeit ist Tätigsein, sich anstrengen, aber auch etwas schaffen, zielgerichtetes Handeln, wobei das Ziel erreichbar scheint. Ist die Arbeit getan und war sie obendrein erfolgreich, ist man zufrieden und möglicherweise auch stolz auf das Erreichte.

Was kann man also arbeiten, und vor allem, was ist das Ziel? Die Toten kann man nicht lebendig machen, es gibt also höchstens zweitbeste Lösungen. Kann man durch Fleiß lernen, seinen Liebsten nicht mehr zu vermissen, kann man üben, nicht mehr an ihn zu denken, kann man trainieren, die Trauer zumindest der Umgebung nicht mehr zuzumuten?

„Damit fertig werden" ist die Redewendung, die mich am meisten aufregt. Will ich denn mit dem Verlust fertig werden? Muss ich das? Für wen? Ich will nicht vergessen, ich will, dass Ronja wenigstens in Gedanken dableibt, will mit ihr nicht „fertig" sein. Und dann bleibt das Kinderzimmer eben, wie es war, und es stehen überall Bilder von ihr, und es wird viel von ihr geredet. Und wen stört das? Muss ich mich dafür rechtfertigen? Soll ich mit dem Tod meiner Tochter „fertig" werden, weil einige vielleicht nicht mit ein paar Bildern an der Wand „fertig" werden können?

Es könnte doch sein, dass eben dies die Art und Weise ist, wie man am besten weiterleben kann. Für einige geht es eben nicht darum, das Licht am Ende des Tunnels zu erreichen, sondern nur darum, die Taschenlampe im Tunnel zu finden. Sie wollen sich damit begnügen, die Lücke, die der Verstorbene hinterlassen hat, zu akzeptieren. Sie wollen die Lücke nicht geschlossen sehen.

So ist es jedenfalls bei mir. Vielleicht findest Du ja doch irgendwann den Ausgang. Bis dahin kann die Wunde offen bleiben.

Ich denk an Dich
Marion

Südheide ruft Australien

31. August 2008

Liebes Sigiherz,

auch wenn wir jetzt wieder telefonieren können, möchte ich diesen Brief unbedingt noch schreiben.

Erstens weil wir es uns fest vorgenommen hatten uns ein ganzes Jahr lang gegenseitig schriftlich zu begleiten und es für uns beide ein Gewinn an Selbsterkenntnis und Fremdleben-Schnuppern war. Zweitens weil Du beim Anknüpfen an unsere gemeinsame Handarbeit wieder ein paar bunt schimmernde Fäden aufgreifen könntest, aus denen sich neue Lebensfreude spinnen ließe. Und drittens habe ich mich so daran gewöhnt, Dir zu berichten, dass ich mittlerweile schon gedankliche Notizen mache mit der Kopfzeile „muss ich Sigi schreiben", wenn ich etwas Besonderes erlebe.

Im letzten Jahr ist mir aufgegangen, dass mein Dasein nicht ganz so gleichförmig ist wie man auf den ersten Blick vermuten könnte. Mann, Kind, Haus, Pfarramt – eine Aufzählung, die nur bei hartgesottenen Menschenfreunden die Gier nach weiteren Details wecken kann. Trotzdem gab es vieles, was mir mitteilenswert erschien. Tatsächlich war ich selbst überrascht, wie exotisch manche Begebenheiten in meinem beschaulichen Dorf am Rande der Südheide anmuten, wenn man sie genau betrachtet.

Mir bieten sich genügend Reize, mein Leben zu bereichern. In Deutschland ist von jedem Nest aus Kultur, Bildung und Erlebnis erreichbar. Gleichzeitig brauche ich die Geborgenheit, nach der Du Dich sehnst, nicht zu suchen; sie umgibt mich wie die Luft zum Atmen. Vertrautheit und Vertrauen sind meine Grundbausteine für Geborgenheit. Es beruhigt mich, ständig bekannte Menschen zu treffen. Ob ich sie alle mag oder sie mich, ist dabei sekundär. Entscheidend ist, dass sie vertraut sind. Die Freunde,

Südheide ruft Australien

die Nachbarn, die Kassiererin bei Edeka, die Postboten, die Kinder beim Laternenumzug, die Teilnehmer beim Seniorennachmittag, die Landfrauen, der Schützenkönig, die Bürgermeisterin, die DRK-Helfer beim Blutspenden, auch die Abläufe, der Tages-, Wochen- und Jahresrhythmus, mein Zuhause: Immer gibt es bekannte Gesichter, Routinen, Traditionen und Gewohntes. Einbringen muss man das Vertrauen in die Gemeinschaft. Wo jeder jeden kennt, gibt es kein Ausweichen, Vertuschung gelingt selten. Fehler, Fehltritte und Versäumnisse werden bemerkt. Es wird registriert, wenn ich einer Verpflichtung nicht nachkomme, krankgeschrieben das Haus verlasse, meinen Mann in der Öffentlichkeit angifte. Es wird bekannt, wenn jemand seine Frau schlägt, eine Firma in finanzielle Schwierigkeiten gerät, das Kind ein Schuljahr wiederholen muss oder jemand an Krebs erkrankt. Wenn jemand stirbt, läuten um zehn Uhr die Kirchenglocken. Man muss auch damit rechnen, Gegenstand von Klatsch und Tratsch zu werden. An dieser Stelle zeigt sich, ob man zum Dorfleben taugt. Schafft man es, diese Öffentlichkeit auszuhalten, nach einem Streit wieder zu einem unverbindlichen Umgang zurückzukehren, ohne seine Überzeugungen und Standpunkte aufzugeben, nach einem peinlichen Zwischenfall den Leuten wieder unter die Augen zu treten? Man muss aushalten können, denn es gibt keine anderen Kreise, in die man ausweichen könnte. Die Reisehelden der Provinz gehen den eigenen Weg, ohne die Umgebung zu wechseln. Doch die Geborgenheit ermöglicht ihnen, mit sich selbst auch ihr Umfeld zu ändern. Sicherheit gibt Kraft und Freiräume.

Vor ein paar Jahren entwickelte eine Gruppe von Gemeindemitgliedern das Leitbild unserer Kirchengemeinde: „geborgen, frei, aktiv" - für das Kirchen-Kabarett umgewandelt in „verbogen, high, naiv". Ich war nicht daran beteiligt, aber das Leitbild spricht mir aus der Seele. Genau wie Du führe ich das selbst gewählte Leben, wenn auch manchmal eine Prise Neid auf Dein Abenteuerdasein aufkommen mag. Wie vielen Menschen ist das vergönnt!

Nun zum letzten Bericht aus meiner Heimat:

Kurz nach unserer Rückkehr aus Schweden kam Dein Anruf, der nicht nur Deine Traurigkeit und Verlorenheit, sondern auch meine tiefe Verbundenheit mir Dir offenbarte. Zur Beerdigung machte ich mich allerdings nicht nur Deinetwegen auf. Ich wollte Deiner Mutter „die letzte Ehre erweisen". Ein Ausdruck, den ich selbst als formelhaft, altertümlich oder sogar hohl verdächtigte, der aber genau das trifft, was mir an diesem Tag wichtig war. Sich vor einem Sarg zu verneigen ist zumindest für mich viel mehr als eine rituelle Geste. Ich fand es auch schön, dass Du auf das althergebrachte Kaffeetrinken nicht verzichtet hast. Für mich ist die Aufgabe des „Leichenschmauses", dass die Gesellschaft zusammen bleibt und sich gemeinsam öffnen kann nach dieser traurigen und für jeden einsamen Stunde, in der jeder einzelne Gedanke so unerhört bewusst wahr genommen, auf mögliche Folgegedanken untersucht, auf Angemessenheit geprüft und in Hinblick auf die Situation bewertet wird. Dann dürfen die Gedanken zu Wort kommen: über Deine Mutter, über Dich, aber auch über das Wetter, Australien und den Kuchen. Und jeder, besonders aber Du, kann feststellen, dass es keine Bewertung gibt, ob Du weinst oder nicht, ob Du an etwas anderes denkst, wieder traurig bist, ob Du lachst, ob Du in Erinnerungen schwelgst, ob Du den Hausverkauf planst, ob Du über die Andenken im Elternhaus grübelst oder ob Du bald in Urlaub fährst. Keiner, der zu denken scheint: „Na, die kann ja schon wieder lachen" oder „Schön, dass sie schon wieder lachen kann", denn es geht allen in dieser Kaffeegesellschaft gleich. Es ist wie es ist, es gibt ausnahmsweise wirklich keine zweite Ebene. An keiner Stelle wird mir so klar, dass die Trauer und das Weitermachen sich nicht im Geringsten ausschließen.

Südheide ruft Australien

Am Rande sei noch erwähnt, dass ich den sympathischen Pastor beim Kaffee so verblüffen konnte, dass seine Kaumuskeln kurzfristig Lähmungserscheinungen zeigten. Wir ließen uns ein klein bisschen über die mangelnden Reize Wahlstedts aus. Da fragte ich vorsichtshalber: „Kommen Sie eigentlich von hier?" „Oh, nein!!!" war die abwehrende Antwort und ich überlegte angesichts dieser heftigen Reaktion, ob ich versehentlich statt „hier" „Vorhof der Hölle" gesagt hatte. Er sei gebürtiger Norweger, klärte er mich auf. „Ach, da weiß ich was", war meine Antwort, und ich sang ihm die erste Strophe der norwegischen Nationalhymne in Originalsprache vor. Das saß! Das Kuchenstück in seinem Mund musste auf die weitere Fermentierung warten. „Na, da brauchen Sie nicht gleich vom Glauben abzufallen", beruhigte ich ihn. Jetzt musste er doch lachen und das Kuchenstück hätte beinahe den Gang der Dinge von vorn beginnen können. Nein, ich kann nicht alle Nationalhymnen auswendig. Ich konnte nur zufällig gerade diese, nachdem ich sie mit ungefähr dreihundert Wiederholungen auf *You Tube* gelernt hatte, um sie zusammen mit fünfzehn anderen Silberhochzeitsgästen in Norwegen-T-Shirts, Fähnchen schwenkend, mit Norwegen-Torte und einem Koffer voller Geld für eine Fahrt nach (na rate!) Norwegen vorzutragen.

Als wir noch kurz Dein Gepäck aus Deinem Elternhaus holten, war ich froh, dass Susi uns eingeladen hatte, das restliche Wochenende in ihrem Haus zu verbringen, aus dem die ganze Familie ausgeflogen war. Ich hätte Dich nur höchst ungern in dieser Atmosphäre der Stille und Leere allein zurückgelassen. So konntest Du auf neutralem aber privatem Gelände in Gesellschaft wenigstens ein Wochenende lang den Gefühlen und Gedanken einem vertrauten Gegenüber äußern.

Als ich nach Wahrenholz zurückkam, hatten wir noch eine volle Woche, um uns auf den Schulanfang vorzubereiten: Turnschuhe, Hefte, Stifte und sonstiges Material kaufen, eine Taschengeldvereinbarung treffen, morgens früher aufstehen und ohne Anlaufphase waschen, anziehen und frühstücken. Der frühe Tagesbeginn war auch für mich eine Herausforderung, der ich mich nur ungern stellte. Wie bin ich froh, dass wir einen gemütlichen Start in den Tag so lange genossen haben!

Beim Schnuppertag drei Tage vor der Einschulung reservierte Christian schon mal seinen Platz, auch gleich für seine Liebste, die noch im Urlaub war, direkt neben sich. Denn: „Ich werde Lara wohl heiraten. Und dann werden wir auch ein Baby haben. Ich wollte ja eigentlich keins, aber wie ich meine Lara kenne, will sie ein Mädchen haben. Und dann werden wir in der Wassermühle heiraten, nicht in der Kirche! Oh, Mama, ich kann jetzt schon fühlen, wie schön das sein wird!" Alles klar. Ich habe die Brauteltern bereits informiert, worauf sie sparen können.

Endlich brach der lang ersehnte Tag der Einschulung an. Erstaunlich reibungslos verliefen die Vorbereitungen und wir fanden uns pünktlich in Begleitung von Patenonkel Ulrich und Susi und Hans-Werner in der Kirche ein. Wie selbstverständlich ging Christian nach vorne. Wie groß und selbstsicher er plötzlich aussah. Kein banger Blick zu Mama, ja um der Wahrheit die Ehre zu geben, wir registrierten überhaupt keinen Blick zu uns. Ein kleiner Hauch von Wehmut stieg in mir auf und bei der anschließenden Begrüßung in der Turnhalle der Schule wurden die Augen sogar feucht. Gleichzeitig war da die Freude, dass er ein neues Stück eigenes Leben erobern kann, dass er offenbar alles hat, was er braucht, um dem „Ernst des Lebens" alles Erfreuliche abzutrotzen: Offenheit, Humor, Freunde, Selbstsicherheit, Intelligenz, Spaß an der Leistung und die Fähigkeit, kleine Mengen Ärger und Ungerechtigkeit wegzustecken. Wenn er jetzt auch noch körperlich ein wenig aufholen könnte, wären keine Wünsche mehr offen.

Südheide ruft Australien

Zur Begrüßung führten die zweiten Klassen ein kleines Theaterstück auf, bei dem mich besonders die beiden Hauptdarsteller beeindruckten, die ihre Rollen erstaunlich souverän und ausdrucksstark spielten. Da bekam ich gleich wieder Lust auf Theaterspielen, und siedend heiß fiel mir ein, dass unsere Kindergarten-Theatertruppe auch in diesem Jahr wieder aktiv werden wollte und man womöglich schon auf einen Text von mir wartete. Es gelang mir zum Glück, diesen bedrohlichen Gedanken zu stornieren, denn jetzt gingen die Lehrerinnen mit den Kindern in die Klassen und wir beklatschten den geordneten Auszug. Die erste Schulstunde dauerte nur dreißig Minuten und anschließend waren die Eltern und Gäste geladen, den Sprössling in seiner Klasse zu besuchen. Großes Foto Shooting, Kind am Tisch, mit Paten, mit Eltern, mit Susi und Hans-Werner, mit Lehrerin, mit Schultüte, anschließend vor der Klasse, auf dem Schulhof und so fort. Christian strahlt auf jedem Foto wie zu Weihnachten, und ich bin froh, dass ich ihm später wenigstens genügend Einschulungsfotos zeigen kann, während ich sonst sträflich wenig fotografiere.

Während andere Kinder an diesem Tag schon einen Vorgeschmack auf ihre Konfirmation erhielten, was den Umfang der Feierlichkeiten angeht, gingen wir sechs gemütlich essen, begaben uns anschließend nach Hause und packten Geschenke aus. Hin und wieder klingelte es an der Tür, weil jemand Christian seine Glückwünsche übermitteln wollte, aber es blieb alles überschaubar und für Christian ein Tag, der nur ihm zu Diensten war. Er war glücklich.

Und er blieb es. Die Schule hielt, was er sich von ihr versprochen hatte. Wieder ist er innerlich ein Stück gewachsen und genießt es, dass ich nicht mehr immer und jederzeit Einblick in seine Angelegenheiten habe.

Und ich? Ich genieße auch! Christian morgens zur Schule bringen und dann mit frischem Schwung in den Tag starten, hat in mir neuen Tatendrang aufleben lassen. Ich habe erstens jetzt mehr Zeit als zur Kindergartenzeit, zweitens bin auch ich morgens produktiver und drittens ist Christian nachmittags noch ausgeglichener und zufriedener als zuvor, so dass ich dann mit ihm ganz andere Dinge in Angriff nehmen kann. Wir können nachmittags ins Theater, ins Kino, zum Schwimmen oder in die Autostadt. Zur Kindergartenzeit bedeutete dies immer, dass der Kindergarten ausfallen musste, da weder vormittags noch nach dem Kindergarten genügend Zeit für solche Unternehmungen war. Natürlich sind wir nicht jeden Tag unterwegs, es ist genauso schön, den langen Nachmittag hinplätschern zu lassen oder sich einen Freund einzuladen. So oder so haben auch meine Freiräume einen Wachstumsschub zu verzeichnen – und das bei dem allerruhigsten Gewissen!

Natürlich fällt es mir nicht schwer, die gewonnene Zeit zu füllen. Susis Tochter, die Berufsschullehrerin wird, und Nachbars Tochter, die sich bald Diplom-Ingenieurin nennen darf, hatten mich gebeten, einen korrigierenden Blick auf ihre Haus- bzw. Examensarbeit zu werfen. Ulrike hat in ihrer Arbeit zum Thema „Nachhaltigkeit und nachhaltige Entwicklung" in Bezug zur Ausbildung von Hotelfachkräften zitiert, definiert, spezifiziert, differenziert, analysiert und postuliert und ich schließlich fast hyperventiliert. Während ich zuvor noch eine ungefähre Vorstellung hatte, was nachhaltige Entwicklung bedeuten könnte, wage ich es jetzt nicht mehr, mich zu diesem Begriff zu äußern. Aber schön, dass ich mal alle Aspekte gesehen habe. Genauso umfassend informiert bin ich durch meine junge Nachbarin über die Geheimnisse des Brückenbaus. Allerdings nur in die einer Spannbeton-Plattenbalkenbrücke ohne Berücksichtigung von Erdbeben- und Schiffsanprallgefahr. Mir ist nun sehr wohl bewusst, dass es auch noch Fertigteil- und Bogenbrücken gibt, dass es die verschiedensten Betonarten, Bewehrun-

Südheide ruft Australien

gen und Lastenverteilungen gibt. Was bin ich froh, dass ich das jetzt weiß! Hier nun eine kleine Kostprobe, wobei Du immer daran denken solltest, dass es sich hier um eine wissenschaftliche Arbeit zum Brückenbau handelt und um NICHTS ANDERES!:

„Spannkraftverluste infolge Reibung treten beim Vorspannen auf, wenn das Spannglied gegen das Hüllrohr reibt… Der Spannkraftverlust ist abhängig von der eingetragenen Spannkraft, dem planmäßigen und dem ungewollten Umlenkwinkel und dem Reibungsbeiwert des Hüllrohrs… Bei der externen Vorspannung kommt es zu keinem Spannungszuwachs: Der Spannstahl liegt nicht im Verbund und wenn im Bruchzustand eine Zusatzdehnung auftritt, verteilt sich diese auf der gesamten Spanngliedlänge und führt lokal zu keinem nennenswerten Spannungszuwachs…"

Aufgelockert wurde der Text durch Formeln, die leicht eine halbe Seite füllen konnten und bei denen ich schon die verwendeten Symbole nicht kannte, umrahmt von einem bunten Strauß obskurer Nebenbedingungen. Als ich durch war, war ich fertig mit den Nerven! Nicht wegen der paar Fehler, die ich finden konnte, sondern wegen der Thematik: In mir surrte es von „Bewehrung, Torsion, Hüllrohren, Druckstrebenneigungswinkeln" usw. Ich ahnte nicht, dass man so viel berücksichtigen muss, um eine kleine Brücke zu bauen, die noch nicht einmal erdbeben- und schiffsanprallsicher ist. Ich verneige mich in tiefer Demut vor allen Brückenbauern dieser Welt und bin fassungslos, dass so selten eine einstürzt.

Nach diesem Sondereinsatz nahm ich mir leicht gefühlsduselig meine Diplom-Arbeit, die den spannenden Titel „Agrarreformen in Entwicklungsländern" trägt, zur Hand. Hier nun ein Zitat, das mich dieses Werk gleich wieder zuklappen ließ: „Diese Oase in der Wüste verdankt Ägypten dem Nil…" Wenn ich an die Entstehungszeit dieses Werks denke, kommen mir nicht zuallererst erhabene wissenschaftliche Erkenntnisse oder konzentriertes produktives

Arbeiten in diversen Bibliotheken in den Sinn, sondern der erbitterte Kampf mit der Schreibmaschine, der mich trotz des damals revolutionären Korrekturbandes an den Rand des Wahnsinns und meinen Schreibtischstuhl nach einer gewaltsamen Entladung an mehrere Schraubzwingen brachte. Technisch waren wir von Laptop und Word genauso weit weg wie von Baumrinde und Keilschrift.

Genug zur Theorie, jetzt kam wieder etwas Praktisches in mein Dasein: Das große Festwochenende der 1000-Jahr-Feierlichkeiten stand vor der Tür und das bedeutete Landfraueneinsatz. Drei Tage Party waren eingeplant – diesmal wurden noch größere Zelte als für das Schützenfest an den Schützensaal angeflanscht –, außerdem ein Festumzug durch das ganze Dorf, das schon zeitig mit Sonnenblumensamen versorgt worden war und nun an allen Wegen und in allen Vorgärten gelb leuchtete.

Die Vorbereitungen für den Umzug waren arbeitsintensiv. Sechzig Wagen, tausend Mitwirkende, in jeder dritten Scheune ein verhüllter Gummiwagen. Vereine, Firmen, Nachbarschaften und sonstige Gruppen wie zum Beispiel die Schützenfest-Helfersleute waren geschäftig am basteln und schmücken und haben dabei natürlich auch ein bisschen „die Gemeinschaft gepflegt". Der Landfrauenwagen war zweigeteilt: Die eine Hälfte wurde von einem uralten Sofa, Küchenschrank, Zinkwanne, Waschschüssel und diversem antikem Hausfraueninstrumentarium ausgefüllt. Auf dem Sofa saßen dann unser ältestes Mitglied (83) und unsere Jahrmarktsbudenchefin und strickten Strümpfe. Auf der anderen Hälfte umgaben Computer, Sitzsack, Hometrainer, Headset, Aktenordner und eine überquellende Pinnwand die moderne Landfrau (nämlich mich) und ihr Einzelkind (nämlich Christian). Die Rückwand des Wagens zierte unser Motto: „Wir leben auf dem Land und nicht hinter dem Mond". Uns folgte eine sechzigköpfige Fußtruppe in alten, originalen Kleidern: Hochzeitspaare, für die sich für mich unfassbar Jugendliche im besten Anti-Erwachsenenwelt-Alter zur Verfügung

Südheide ruft Australien

gestellt hatten, nicht mehr ganz taufrische Konfirmandinnen in schwarz mit grünen Kränzen, Landarbeiterinnen mit Haube und Kiepe und zwei süße kleine Mädchen in alten Schürzenkleidern und mit strengen Zöpfen, die uralte Puppenwagen schoben und das am häufigsten fotografierten Motiv des Umzugs boten. Wir waren toll! Und wir haben toll gearbeitet: Endlose Girlanden gebunden mit Grünzeug aus diversen Gärten. Als die Vorräte lange vor Ende der Girlanden verbraucht waren, mussten die Buchsbaumbestände des Hofes, auf dem die Aktion stattfand, herhalten. Ich weiß nicht, wann oder ob überhaupt sich die Pflanzen von dieser Radikalkur erholen werden. Die Utensilien und Möbel herangekarrt, Kleider zusammen geborgt, Kostüme probiert, Proviant besorgt und gerne zwischendurch Kaffee getrunken, Kuchen gegessen und Klatsch ausgetauscht.

Die Tischdekoration auf dem Festsaal war auch den Landfrauen vorbehalten. Unter Anleitung einer vereinsinternen Floristin wurden in einem alten Stall hunderte von Sonnenblumen mit Anhänger-Ladungen von Ziergräsern und Laub dekoriert. Ich habe nachts davon geträumt, Gräser zu Dreiecken zu knicken.

Und dann konnte es losgehen. Eingeläutet wurde das Wochenende mit einem Kommers, bei dem allerlei Reden gehalten wurden, unter anderem auch von unserem geschätzten Ministerpräsidenten, der mit stehenden Ovationen verabschiedet wurde. Der Mann meiner Freundin Gaby, der in Wahrenholz als stellvertretender Bürgermeister fungiert, und eine Ratsfrau moderierten den Abend gekonnt. Einige Sketche der Vereine gingen mangels Textsicherheit ein bisschen daneben oder besser sie sorgten an anderen als an den geplanten Stellen für Lacher, aber insgesamt war es ein gelungenes mehrstündiges Programm.

Am Samstag hatte ich Pause, denn zum Festball war Hans-Joachim als Kassierer eingeteilt, und – so fortschrittlich man in vielen Dingen auf dem Dorf ist – alleine zum Ball geht frau nun doch nicht. Es soll eine schöne Party gewesen sein. Als ich mich mit Christian am Sonntagmorgen pünktlich am Umzugs-Startpunkt einfand, waren da einige Gestalten, die nur kurz oder gar nicht in die Waagerechte gekommen waren. Es gab sich natürlich niemand die Blöße öffentlicher Erschlaffung, es gab keine Ausfälle.

Als die Wagen und Fußtruppen in Stellung waren, sollte es per Startschuss losgehen. Nach fünf Rohrkrepierern landete die Knarre im Knick und der Zug setzte sich ohne weitere Aufforderung in Bewegung. Einige Wagen konnte ich bewundern: Eine mittelalterliche Burg mit Hofstaat aus dem Burgweg, ein mit Vorhängen aus tausend oder mehr Spielkarten halb verhüllter Wagen des Skatvereins „Löns-Asse", ein mit Gräsern und anderen Pflanzen wunderschön dekorierter Hänger vom Gartenbaubetrieb, ein fahrender Teich mit Uferbepflanzung und Wassergeistern aus dem Ortsteil Teichgut, die Damen vom Blumengeschäft in langen Kleidern, die aus tausend oder mehr frischen Blüten und Blättern gefertigt waren und die Tennissparte mit Gottfried vom Kramm und Partnerin in stilechter Aufmachung. Die meisten Teilnehmer konnte ich allerdings erst später auf Fotos in Augenschein nehmen.

Ich hatte befürchtet, dass kaum noch jemand als Jubelvolk übrig bleiben würde, da ja schon ein Drittel der Bevölkerung aktiv am Umzug beteiligt war. Aber die Show hatte doch eine Menge Menschen aus der Umgebung angelockt, was sich beim Einzug auf den Festsaal leider so auswirkte, dass nur einem Teil der Gäste Einlass gewährt werden konnte, dass die Wartezeit für eine Schale Pommes zwei Stunden betrug und dass der Schnaps schon vor dem Dunkelwerden leer war. Man hatte die Bewirtung in fremde Hände gegeben, um nicht noch mehr eigene Leute durch Arbeitseinsätze zu binden. Diese Firma wäre allerdings gut beraten gewesen, sich über die Trinkgewohnheiten in Wahrenholz ins Bild setzen zu lassen. So eine Peinlichkeit, dass der Schnaps ausgeht, ist auf

Südheide ruft Australien

einem Schützenfest noch nie passiert! Gefeiert wurde trotzdem, da wurde schnell Vorrat von zu Hause rangeschafft. Da es ein ziemlich kühler Tag war und es in den Zelten zog wie Hechtsuppe, waren wir gezwungen, uns mit Tanzen warm zu halten. Man begutachtete noch die Aufmachungen der anderen Gruppen, bedauerte, dass man selbst so wenig vom Umzug mitbekommen hatte, woraufhin Gabys Mann aus dem Stand einen Kinoabend für das ganze Dorf mit den Mitschnitten der verschiedenen Hobbyfilmer ankündigte, vermischte sich, registrierte hier und da einige alkoholbedingte Abstürze und feierte das Jubiläum, sich selbst und das vorläufige Ende der Arbeitseinsätze.

Das war natürlich nicht die letzte Aktion des Festjahres. Es folgen noch der lebendige Adventskalender im Dezember und – neu im Programm – der Kinoabend mit Feuerwerk am 30. Dezember. Jetzt konnte also der neue Alltag beginnen mit neuen Freiräumen für Marion! Eines schönen Morgens schossen mir folgende Gedanken durch den Kopf: Wie wäre es eigentlich, wenn ich nun etwas Neues anpacke? Wer sagt denn, dass ich bis zur Rente Pfarrsekretärin bleiben muss? Habe ich nicht ein Abitur, das mir zu fast allen Bildungsangeboten Zugang verschafft? Könnte ich nicht meinen alten Traum vom berufsmäßigen Umgang mit Literatur in die Tat umsetzen?

Am Abend befragte ich sofort das Internet: Fernstudien, Literaturwerkstätten, Schreibseminare. Donnerwetter, wer sich in Deutschland nicht bildet, kann es niemandem anders als sich selbst vorwerfen! Das Angebot ist da, meine Überlegungen sind noch nicht ganz abgeschlossen, aber ich bin mir ziemlich sicher, dass ich in absehbarer Zeit eine der vielen Möglichkeiten nutzen werde!

Hin und wieder beneidete ich Hans-Joachim darum, dass sich sein beruflicher Werdegang unabhängig von der Familie entwickeln konnte. Ob wir Kinder hatten oder nicht, beeinflusste seine Arbeit kaum, während sich für mich das Leben komplett umkrempelte. Nun aber bin ich die Privilegierte! Da wir nicht darauf angewiesen sind, dass ich dazu verdiene, kann ich jetzt eigentlich machen, was ich will. Es muss in die Freiräume passen, die ich jetzt habe, und ich muss wissen, was genau ich will. Feine Aussichten!

In dieser Aufbruchstimmung will ich unseren einjährigen Briefwechsel von meiner Seite beenden. In dieser Zeit veränderte ich meinen Standort nur kurzfristig, aber meine Welt ist so viel größer geworden. Ich danke Dir, dass Du mich begleitet hast und dass Du mich in die fernen Länder mitgenommen hast. Ich schlage vor, dass wir bei einem neuerlichen Fernwehanfall Deinerseits, mit dem ich in naher Zukunft rechne, unseren ausschweifenden Dialog wieder aufnehmen…

Viele tausend Grüße

Marion

Australien ruft Südheide

18. Oktober 2008

Liebe Marion,

wie viele Tränen hat ein Mensch? Wie jammervoll kann man heulen? Wie tief sitzt Schmerz? Wie lange hält man ihn aus? Wie kann man ihn herausreißen?

Nach Muttis Tod dachte ich, es geht nicht weiter bergab. Blindflug durch's Leben, funktionieren, sich selbst und andere anlügen, so tun als sei man ganz.

Trotzdem half die Routine, jede Woche ein bisschen mehr.

Dann der Einbruch. Gestern wurde in meine Wohnung eingebrochen. Geld, Schmuck, durchgewühlte Schränke, Regale und Zimmer – nichts davon ist wichtig. Aber meine beiden Laptops sind weg und mit ihnen alle meine Fotos. Unwiederbringliche Jahre in China, meine Reisen, mein Sabbatjahr.

Meine Fotos sind die Freunde, die ich von meinen Solo-Reisen mit nach Hause einlade, mit denen ich lange Stunden verbringe, meine Gäste, mit denen ich meine Erinnerungen austausche, bunt, lebendig und beredt. Sie sind eine Brücke in meine Vergangenheit, von der mir gerade durch den Verlust meiner Mutter, meines Vaters und die Trennung von meinem Elternhaus ein so großes Stück genommen wurde. Diese Fotos waren ich.

Ich wollte sie teilen, mit meinen anderen Freunden zu Hause, mit Besuchern von geplanten Ausstellungen, mit den Lesern unseres Buches.

Lange, manchmal gewagte Reisen in die entlegensten Winkel dieser Welt – und im vermeintlich so sicheren Deutschland, in meiner Wohnung werden sie mir gestohlen. Welch ein Zynismus!

Australien ruft Südheide

Jeden Abend schaue ich auf ein kleines, hölzernes Stehaufmännchen, das mir vor Jahren jemand mit den Worten „Das bist du" geschenkt hat.

Das dachte ich bis gestern auch.

Australien ruft Südheide

Grobe Reiseroute

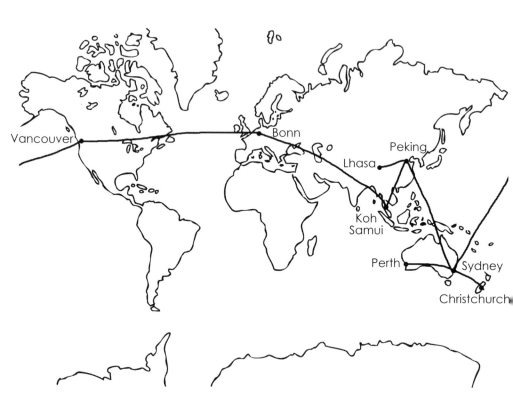

337
Australien ruft Südheide

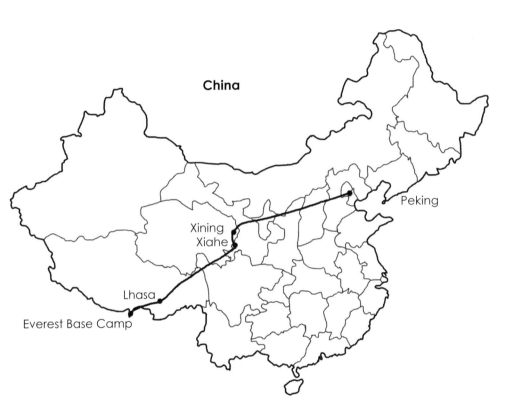

Australien ruft Südheide

Australien ruft Südheide

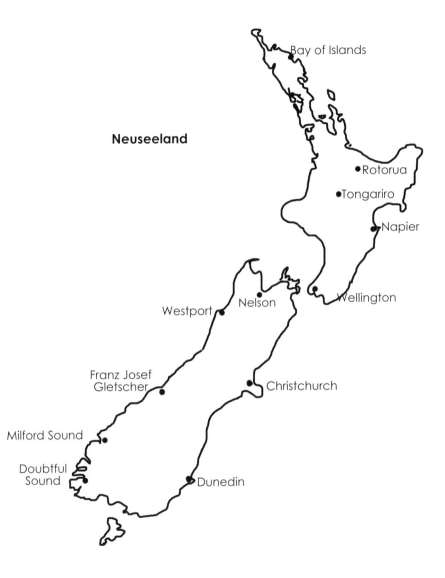

Südheide ruft Australien

Südheide ruft Australien

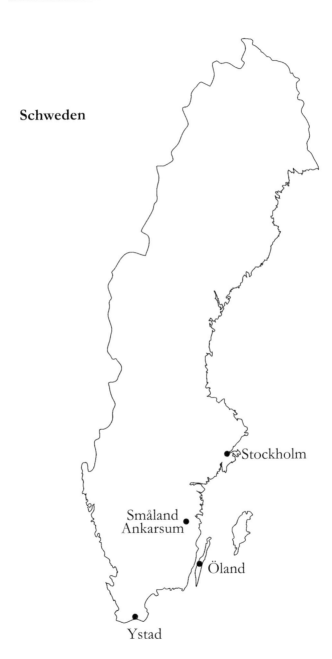

Australien ruft Südheide

„Blaue Liste"

Wurde vor vielen Jahren zufällig auf blauen Schmierpapier begonnen, weil ich zum –zigsten Mal die Sonnenmilch vergessen hatte, und über die Jahrzehnte ergänzt. Ist sehr persönlich und erhebt keinen Anspruch auf Vollständigkeit!

Laxoberal / Abführmittel
Ethnokette
Sonnenmilch
Schutzsack für Rucksack
Wecker / Handy
Pass
Kopfkissen aufblasbar
Moskitonetz
Verhüterlis
Mückenspray
Tagebuch
Regencape
Kitengi / Sari (gr. dünnes Baumwolltuch)
Enthaarungszeugs / Rasierer
Kl. Plastiktüten für Sand etc.
Kerzen / Teelichter (Romantik!)
Weltempfänger / i-Pod
Elastik-Spinne
Hipbag / Hüfttasche
Versch. Sandalen / Plastikstrandschuhe / Laufschuhe
Sonnenbrille
Luftballons etc. kids
Kamera
Minitauchsieder
Medikamente

inner spleeping bag / Inlett
Teebeutel / Nescafé
ausländische Währung
Nagelfeile
Pinzette
Haarband, -reif
Reisebügeleisen
Pflaster
Taucherbrille
Nähzeug / Schere
Saptil / Waschmittel
Badeanzug

Adressbuch
Taschenmesser
Taschenlampe
Flachmann / Sigg-flasche
Walkman
Pfefferspray

Massagezeug
dunkle Kleidung
Elektro-Adapter
Mercurochrom
Sicherheitsnadeln

Australien ruft Südheide

Plastiktrinkbecher / Chines. Teeflasche
Handbürste
Zahnseide
1 Lockenwickler
Brille

Gr. Löffel
Oropax
Wäscheleine
Laptop

Die beiden Websites, mit deren Hilfe man auch als über 30-Jährige weltweit Arbeit gegen Kost und Logis bei Einheimischen findet:

www.wwoof.com

www.helpx.net

Website, unter der man in vielen Ländern Autos zur Überführung finden kann:

www.standbyrelocs.com

Danksagung

Liebe Marion - von der Idee am Frühstückstisch bis zu einem Buch mit unseren beiden Namen auf dem Titelblatt – ohne dich wäre all das nicht möglich gewesen. Ich danke dir!

Lieber André Hille mit Wolfgang Büscher bei der Textmanufaktur Leipzig – ohne euch gäbe es in diesem Buch viel zu viele ‚ungekillte Darlings'. Grauenhafte Vorstellung!

Liebes lit.COLOGNE-Team – eure liebevoll-kreative Betreuung vor, während und nach der Lit gab mir den Mut und das Selbstvertrauen weiterzumachen. Einen herzlichen Dank dafür!

Liebe Unbekannte auf der lit.COLOGNE ‚After-Show-Party' – durch deine Erwähnung des Drachenmond Verlages fanden wir unsere quirlige, enthusiastische Verlegerin/Lektorin/Lay-outerin. Oder war der Name Drachenmond doch eine höhere Eingebung nach dem dritten Glas Cabernet-Sauvignon?

Liebes Buch – du hast den vergangenen 21 Monaten ein Ziel gegeben, hast nach dem Tod meiner Mutter vieles leichter und heller werden lassen. Die tiefe Freundschaft zwischen Marion und mir ist nach all den gemeinsamen Erlebnissen, dem Lachen und Vergnügen der vergangenen Monate noch weiter gewachsen. Es war eine tolle Zeit mit dir!

Bonn, den 13. Mai 2010

Sigrid

Danksagung

Ich danke allen, die mir Mut zum Schreiben gemacht haben, vor allem meiner Schwester Susi Dohse und meinem Mann Hans-Joachim Schuckart.

Ich danke Sigrid Bonkowski für ihren Enthusiasmus und ihre Unerschrockenheit.

Ich danke André Hille und der Textmanufaktur Leipzig für ein sehr lehrreiches Seminar zur rechten Zeit.

Ich danke den Veranstaltern lit.COLOGNE für den Wettbewerb „Verlangt eingesandt" und Dominik Wessely für seine aufmunternden Worte.

Am Ende der glücklichen Fügungen steht unsere Verlegerin Astrid Behrendt, der ich für ihre Begeisterung und ihre herzliche Einladung, das „Abenteuer Buch" hautnah mitzuerleben, danke.

Wahrenholz, den 15. Mai 2010

Marion

Leseprobe

Astrid Behrendt

Please keep gate closed

Auf der Suche nach dem irischen Herzschlag

ISBN 978-3-931989-37-8

„Rough, but passable"
Unterwegs zu den Ganggräbern von Carrowkeel

In der Gegend um den Lough Arrow suche ich mit meiner Mutter ein B&B und wir kurven endlos durch die Gegend, da uns weit und breit kein grünes Kleeblattschild willkommen heißen möchte. Dann - endlich ein Schild, das verspricht, in vier Kilometer Entfernung würde eine Unterkunft auf uns warten. Der Weg führt über Stock und Stein, hügelige und sehr schlechte Straßen. Entweder hat man unseren Kilometerzähler frisiert, oder aber die B&B-Gastgeber wollen die potentiellen Gäste nicht mit der wirklichen Fahrdauer entmutigen. Als wir endlich durchgeschüttelt am Haus ankommen und uns wundern, wo wohl die nächste ordentliche

Straße zu finden ist, müssen wir nicht lange suchen, da sie direkt vor dem Garten der Gastgeber langführt. Wir haben uns quasi durch den Hintereingang herangepirscht...
Im gemütlichen Zimmer bilden wir uns noch ein wenig per Reiseführer, da wir am nächsten Morgen nach Carrowkeel möchten. Dort sind Gräber anzusehen, die laut gut unterrichteter Quelle zu den interessantesten und wichtigsten prähistorischen Stätten des Nordwestens zählen.

So weit, so gut. Gestärkt durch ein leckeres Frühstück machen wir uns am nächsten Morgen auf den Weg und zählen die Schafe, die aussehen, als seien sie von der Touristeninformation zu Dekorationszwecken am Berghang platziert worden. Eine Hinweistafel begrüßt uns mit der, wie wir hoffen, realistischen Einschätzung, der Weg sei *rough, but passable*. Da uns unebene Wege nicht gänzlich unbekannt sind und unsere Blech-Rosinante erwartungsvoll mit den Gummihufen scharrt, nicken wir uns entschlossen zu und sehen uns schon durch die großartigen Ganggräber stapfen.
Ich habe wirklich nichts gegen holprige Wege, denke ich mir, als ich Carrowkeel entgegensteuere. Doch der Weg entpuppt sich als Elch-Teststrecke für Panzerwagen, gespickt mit tückischem Schotter, kilometertiefen Schlaglöchern und Abhängen, die die halbe Straße verschluckt haben. Mir tritt der Schweiß auf die Stirn bei dem Gedanken an die zwangsläufige Rückfahrt! Runter geht der Spaß ja noch, aber wie sollen wir da ohne Raketenantrieb je wieder rauf kommen?

Vor einer stellenweise unterspülten Haarnadelkurve halten wir und starren ungläubig auf den kaum noch vorhandenen Weg vor uns. Da dämmert es mir, dass ich an die schlammigen Kuhwege hätte denken sollen, die als normale Straßen getarnt auf der Landkarte auf ahnungslose Touristen lauern. Ich steige vorsichtig aus und schaue den Abhang hinunter, um mich zu sammeln. Uneben, aber passierbar? Für Helikopter und Batmobile mag das stimmen. Unser Auto allerdings überlegt sich wahrscheinlich gerade, ob es sich nicht mit einem doppelten Achsenbruch elegant aus der Affäre ziehen könnte. Zurückfahren ist keine Option, denn ohne Kran bekommt man das Auto auf dem schmalen Weg nicht umgedreht. In einiger Entfernung entdecken wir vier abgestellte Autos. Na also, irgendwie sind die ja wohl auch runtergekommen, also kann es doch so schlimm nicht sein! Ich stimme ein episches Gebet für die Schutzheiligen der Mietwagen und abenteuerlustigen Touristen an und rangiere den wimmernden Wagen zentimeterweise um die Kurve, während sich meine Mutter mit schreckgeweiteten Augen stumm am Sitz festkrallt. Da es neben mir steil abwärts geht, zwinge ich meinen Blick, sich durch die Windschutzscheibe auf dem Holperweg festzusaugen.

Irgendwie kommen wir tatsächlich den Berg runter und ich halte nassgeschwitzt und mit zitternden Knien neben den anderen Autos an. Nachdem sich unser Herzschlag reguliert hat und wir uns wieder trauen zu atmen, harren wir des historischen Wunders, dessen wir nun ansichtig werden sollen, und durch dessen Anfahrt wir uns einige graue Haare verdient haben. Nach dieser Tour de Force werden wir doch sicher mit einem phänomenalen Erlebnis belohnt werden! Erwartungsvoll erkunden wir das Gelände und suchen die Gräber. Und suchen - und suchen! Seltsamerweise finden wir nur Schafe, die uns spöttisch beobachten (vielleicht haben wir die Tagesstatistik verdorben, weil wir bei der Anreise nicht den von dieser Stelle aus ersichtlichen Abhang runtergefallen sind). Weder die Gräber, noch die Menschen der geparkten Autos sind irgendwo zu sehen...

Leseprobe

Mareike Schuldt

Wo der Mond auf dem Rücken schläft

Ein Reisetagebuch aus Indien

ISBN 978-3-931989-57-6

„Den Reisepass vom Bürgeramt abholen. Und bloß 'ne Kopie davon machen, auch für Papa. Der schneidet mir auch noch 'ne Haarsträhne ab, nur für den Fall, dass ich nicht mehr lebendig zurückkomme - damit man mich bloß identifizieren kann. Überhaupt machen mich meine Eltern wahnsinnig - besonders meine Mutter.

Alles muss man bereits im Voraus wissen, auf alles wollen sie eine Antwort. Wo wirst du volunteeren? Wo reist du lang? Kommst du mit dem Geld aus? Bist du jetzt auf deinem Selbstfindungstrip oder was? Und du meinst, es bringt was für deine Persönlichkeitsentwicklung, auf einer Ökofarm zu arbeiten und im Dreck zu wühlen? Ach, wie süß. Und denk dran: Wenn dir da was passiert, wir holen dich nicht ab! Du machst jetzt ja eh` dein eigenes Ding.
Das meiste ist wohl nur Sorge und die elterliche Bekümmerung, wenn die Kinder zum ersten Mal richtig in die Welt hinaus ziehen, aber ich bin bis zur Unendlichkeit genervt.

Und all dieser Papierkram und die eigene Angst, ich bin ganz wuschig, schon Wochen vorher. Wie sind die Menschen? Wie wird es riechen? Wie wird es sein? Man hat sein Bild. So wird es sein, klammert man sich an jeden Strohhalm, bevor das Abenteuer losgeht. Bis man dann drin ist und sowieso alles wieder ganz anders kommt als man denkt. Manches besser, manches schlimmer. Aber alles anders. Alles neuer. Die Hotels. Die Vegetation. Die Menschen. Das Essen. Die Religion. Die anderen Reisenden. Die Inder selbstverständlich und man selbst sowieso.

Wenn man mit dem festen Vorsatz reist, „sich selbst finden" zu wollen, kann man von einem ausgehen: dass man alles erfährt, nur sich selbst nicht..."...

Lust auf mehr?
www.drachenmond.de

DRACHENMOND VERLAG

Bücher mit Herzblut